THOMAS ADERS
ÜBER DIE ANDEN BIS ANS ENDE DER WELT

1. Auflage 2013
© 2013 DuMont Reiseverlag, Ostfildern
Lizenziert durch SWR Media Services GmbH
Alle Rechte vorbehalten
Gestaltung: Herburg Weiland, München
Umschlagfoto: ARD, Rio de Janeiro
Umschlagkarten: Gerald Konopik, DuMont Reisekartografie
Innenkarten: Thomas Aders
Printed in Spain
ISBN 978-3-7701-8254-1

www.dumontreise.de

Für Kerstin

INHALT

Teil 1 Peru

Tag 1	Alles ist möglich, nichts ist sicher	10
Tag 2	Plan A	20
Tag 3	Die Mutter aller Dünen	24
Tag 4	Die Abfahrt	29
Tag 5	Hinauf in die Anden	35
Tag 6	Das Sterben der Gletscher	42
Tag 7	Der Weißheit* letzter Schluss	49
Tag 8	Zombies in Huancarama	59
Tag 9	Absprung	63
Tag 10	Systemcheck	67
Tag 11	Sternenkriegerinnen	70
Tag 12	Nebenwirkungen beim Frühstück	77

Teil 2 Bolivien

Tag 13	Wrestling im Überrock	84
Tag 14	Träume auf dem Titicaca-See	93
Tag 15	Der Weg des Todes	102
Tag 16	Migräne in der Minenstadt	116
Tag 17	Spuren der Verzweiflung	122
Tag 18	Der Tote auf dem Salzsee	127
Tag 19	Eingepökelt in der ersten Reihe	138
Tag 20	Lamagnese	152
Tag 21	Talfahrt nach dem Höhepunkt	156

Teil 3 Durch Chile nach Feuerland

Tag 22	Auf dem Trockendock	164
Tag 23	Standing Ovations am Pazifik	169
Tag 24	Road to Hell	173
Tag 25	Der Kamera-Hermes	177
Tag 26	Flashback	180

Tag 27	Unaussprechlich	191
Tag 28	Von Stromschnellen und Nichtschwimmern	196
Tag 29	Teufelskerle	204
Tag 30	Das Prinzip Hoffnung	211
Tag 31	Homo Faber in Patagonien	217
Tag 32	Augen auf und durch	221
Tag 33	Kurzfilmfestival im Kasino	226
Tag 34	Back to Earth	232
Tag 35	Ende Gelände	241
Tag 36	Ausgesetzt am Ende der Welt	253
Tag 37	Biberburger	264
Tag 38	Pferdenarren	275
Tag 39	Yendegaia, Feuerland	283
Tag 40	Pferdeflüstern auf die harte Tour	289
Tag 41	Full House	293
Tag 42	Que la fuerza te acompañe	295
	Stimmen der Reisegefährten	299
	Sendetermine	303

*Anm.: Es geht um die Farbe Weiß

Teil 1

PERU

Tag 1

Alles ist möglich, nichts ist sicher

Kurz nach Sonnenaufgang, Flughöhe elftausend Meter. Benebelt und bewegungslos vor Müdigkeit, die Augenlider bleischwer. Schlafen oder schauen, das ist wie immer die Frage. Am Ende gewinnen sie jedes Mal: die Anden.

Graubraune, frühnebelmatte Täler, wolkenumspielte Hänge, schwarze Gipfel, dabei eisverziert, wie ein Hauch Stracciatella auf Schoko. Rasiermesserscharf zerschneiden die Sonnenstrahlen das Spektakel in zwei Farbebenen: unten farblos und oben blutrotorange.

Wenige internationale Flugrouten führen so lange über diese bizarre Welt aus Bergen, Gipfeln und Vulkanen wie die aus Südbrasilien bis Zentralperu. Südlich des 20. Breitengrads verlaufen die Anden fast senkrecht von Nord nach Süd. Wer also beispielsweise von Buenos Aires nach Santiago de Chile fliegt, überquert die Gebirgskette in denkbar kurzer Zeit, nur eine gute halbe Stunde hat man hier das Vergnügen. Nördlich des 20. Breitengrads aber, wo wir unterwegs sind, knicken die Anden diagonal und in einem Fünfundvierzig-Grad-Winkel nach Westen ab. Und da wir in fast dieselbe Richtung fliegen, sehen wir über dem bolivianischen Santa Cruz bereits die ersten Hügelketten, erklimmen mit unseren Blicken die großen Höhen beim Titicaca-See und tauchen schon weit vor Cuzco in das Hochgebirge ein, folgen ihm über Ayacucho und Huancayo bis kurz vor die Hauptstadt Perus. 1500 Kilometer über die Anden, mehr als anderthalb Stunden Genuss. Dann flachen die Berge ab und wir mit ihnen: Landeanflug.

Um 5.50 Uhr Ortszeit sind wir vom Flughafen Galeão–Antônio Carlos Jobim in unserer Heimatstadt Rio de Janeiro aufgebrochen: Thorsten Thielow, Kameramann und Cutter und Allroundtalent, Axel Lischke, diplomierter Toningenieur, und ich, Thomas Aders, ARD-Korrespondent für Südamerika. Jetzt, um 9.39 Uhr Ortszeit, nach gut fünfeinhalb Stunden Flug, setzen wir auf der Piste des Aeropuerto Internacional Jorge Chávez in Lima auf. Unsere Lieblings-Latino-Airline TACA hat sich wieder einmal nicht mit Ruhm bekleckert: ahnungsloses Bodenpersonal, unfreundliche Kassenwarte, defekte Kreditkartenlesegeräte. Und da wir das schon kennen, sind wir nicht zwei Stunden vor Abflug im Flughafen angekommen, sondern drei Stunden, um drei Uhr. Und weil wir außerdem diesmal schier unglaubliche Mengen an Gepäck dabeihaben, hatten wir uns schon gegen ein Uhr nachts im Studio getroffen, mit anderen Worten: Eigentlich haben wir überhaupt nicht geschlafen. Unser tariflicher Achtstundentag hätte also bereits irgendwo oberhalb der Inkastadt Cuzco enden müssen, aber über solche Petitessen wird innerhalb eines Fernsehteams schlicht und einfach nicht gesprochen.

Und über Flugsicherheit am besten auch nicht. Nur um eine Ahnung zu bekommen: Da wäre zum Beispiel der in Aviationshistorikerkreisen durchaus bekannte Jorge Chávez Dartnell, dessen Name den internationalen Hauptstadtflughafen Perus ziert. Der in Paris geborene Sohn eines nach Frankreich emigrierten peruanischen Millionärs überquerte als erster Mensch mit einem Flugzeug den Alpenhauptkamm. Ein höhen- und rekord-, aber nicht gerade arbeitsversessener Bohemien, der es schaffte, am 23. September 1910 mit seinem Eindecker von Ried-Brig im Kanton Wallis herüberzumachen ins italienische Piemont. Prima, nur dass man bei der Lektüre seiner Biografie darauf stößt, dass sein Todesdatum der 27. September ist, und zwar 1910! Was war passiert? Der Mann war bei seinem Landungsversuch in Domodossola abgeschmiert. Den darauf einsetzenden Sturzflug konnte der Peruaner nicht mehr so weit abfangen, dass er seinen Rekordflug heil hätte überstehen können. Vier Tage danach verstarb Jorge Chávez infolge seiner schweren Verletzungen. Peru benennt also seinen wichtigsten Flughafen nach einem Bruchpiloten.

Aber Lima ist noch gar nichts gegenüber anderen exotischen Destinationen, die man als Korrespondent so anfliegt, und TACA muss im Vergleich zu den katastrophalen Kamikaze-Klitschen dieses Subkontinents mit ihren übermüdeten, unrasierten und improvisierenden Piloten als geradezu vorbildlich bezeichnet werden. Was haben wir nicht alles erlebt: Der Motor stockt über dem unendlichen Dschungel auf der Strecke zwischen Tefé und São Paulo de Olivença am brasilianischen Amazonas, und dein Herz macht mit! Das Wasserflugzeug auf dem Río Negro, voll beladen mit uns und unserer Ausrüstung, beschleunigt bis zur Höchstgeschwindigkeit, kämpft kilometerlang mit den Wellen und der Schwerkraft wie eine zu fette Ente und gibt schließlich auf. Die Cessna, die uns vom peruanischen Pucallpa an den Gestaden des Ucayali weit hinein tragen soll in die menschenleere Urwaldregion, hat zu wenig Benzin getankt. Die Triebwerke heulen auf, aber die vollbesetzte Maschine will von der 4061 Meter hoch gelegenen Piste des Aeropuerto Internacional El Alto in Bolivien einfach nicht abheben. Als sie es schließlich dann doch tut, sind der Asphalt und wir am Ende.

Am eindrucksvollsten aber ist Quito, Ecuador. Die einzige Landebahn des Flughafens Mariscal Sucre liegt praktisch mitten in der Hauptstadt, was ja nicht weiter schadet, solange nichts Schlimmes passiert. Aber eigentlich ist es jedes Mal ein Wunder, wenn es das nicht tut: Die Landebahn liegt auf immerhin knapp dreitausend Metern, hat keine längenmäßigen Sicherheitsreserven und ist keineswegs eben, sondern hat ein ziemlich massives Gefälle – und der Pilot ein massives Problem. Besonders interessant, wenn man in Richtung Süden landet (und die Maschine Bremsfallschirme bräuchte, um nicht in die Hochhäuser zu rasen) oder wenn man in Richtung Norden startet, bergan! Zwar hebt der Flieger irgendwann tatsächlich ab, scheint dann aber noch einmal regelrecht durchzusacken, etwa in Höhe des »Quito Tenis y Golf Club«. In wenigen Metern Höhe über das achtzehnte Loch hinweg, man muss froh sein, wenn gerade niemand abschlägt. Wenn das überstanden ist und man bereits aufatmet, sollte man schlicht und ergreifend nicht nach vorne schauen. Vor einem: der nördliche Abschluss des innerandinen, schmalen Längstals, in dem die Hauptstadt liegt. Und diesen Abschluss bilden die Ausläufer des Vulkans Pululahua, die wie eine senkrechte Wand vor einem stehen. Du weißt es in Sekundenbruchteilen: Dieses Flugzeug wird diese Steigung nicht schaffen. Und machst dir so deine Gedanken dazu. Irgendwann, nach gefühlter Tatortlänge, leitet der Pilot in nicht allzu großer Distanz zu den bewaldeten Steilhängen eine Rechtskurve ein. Einer der gefährlichsten und für Piloten schwierigsten Flughäfen der Welt bleibt unter dir zurück, und du freust dich aufs nächste Mal. Südamerika: Flugangst ist nicht gerade hilfreich.

Gänge, Pässe, Laufbänder, das Gepäckband. Und dann stehen wir drei nebeneinander und warten auf unsere Koffer und die Ausrüstung. Übermüdet schon jetzt, bevor es überhaupt losgegangen ist. Drei Gepäckwagen neben uns, sie sollen nicht ausreichen. Die erste Zarges-Metallkiste mit Kabeln und Kassetten rollt auf uns zu und der erste Koffer, ein Riesengerät. Er passt zu seinem Besitzer: Thorsten Thielow.

Ein Hüne, über einen Meter neunzig misst er vom Scheitel bis zur Sohle. Leicht gewellte Haare, die meist strubblig in alle Himmelsrichtungen weisen. Wenn er nicht gerade wieder Streichholzschnitt trägt, hängt eine Strähne oft bis über die Augen hinunter. Wie auch heute: ein Zwei- bis Siebentagebart und mittendrin ein fast niemals endendes Lächeln. Meist in einem braunen, zuknöpfbaren Pullunder steckend oder in schlabbrigen Hemden, darüber Outdoor-Jacken von hoher Qualität. Doch seine Kleidung hält meist nicht lange, sondern wird einer besonderen Kameraeinstellung jenseits von Weidezäunen oder auf steilen Felsen geopfert. Ein grenzenloser Mensch in seiner Begeisterungsfähigkeit, in seiner Sorgfalt beim Arbeiten, in seinen Ansprüchen an die technischen Voraussetzungen, beim Rauchen, Schlafen, Trinken, Kochen und Unsinn reden.

Thorsten ist mein Freund, wir haben uns vor über fünfzehn Jahren in Stuttgart kennengelernt, wo er schon mit siebzehn Jahren ein genialer Cutter bei Bernhard Stegmanns Produktionsgesellschaft AV Medien war und ich meine erste ARD-Halbstundenreportage gemeinsam mit ihm schnitt. Wir waren zusammen in den Überschwemmungsgebieten im südlichen Afrika, in Kairo und vor allem in Baghdad. Damals, im Jahr 2004, hatten wir uns bei Zitronentee und einer Wasserpfeife geschworen, irgendwann einmal in einem Auslandsstudio zusammen zu arbeiten, und nach vielen Umwegen klappte es dann 2009: Thorsten als neuer Kameramann der ARD in Rio, abgeworben von den nicht eben begeisterten Kollegen in Washington. Denn alle wissen, was der Mann so kann: alles! Unsere Andenreise, dieses Megaprojekt, haben wir zum Höhepunkt unserer gemeinsamen Arbeit in Südamerika erkoren. Thorsten ist jedenfalls schon mal die halbe Miete.

Neben ihm, eher filigraner gebaut: Axel Lischke, ein helles, waches, konzentriertes Gesicht, aus dem es immer wieder verschmitzt hervorlugt, um ab und zu in einem göttergleichen, überirdischen Lachen zu explodieren. Sorgfältig gestutzter Oberlippen- plus Kinnbart, Axel ist grundsätzlich aufgeräumt, schon vom ersten Eindruck her, anders als Thorsten und ich. Een Berliner, wa? Mit einer Riesenklappe, einer Million Geschichten und einer niemals (!) enden wollenden Kommentierungsinbrust. Und zwar auf Portugiesisch genau so schnell wie auf Deutsch. Gerade hat Axel seine Camilla geehelicht, Hochzeit an der Copacabana! Eigentlich nehmen wir für unsere Touren durch den Subkontinent unser Studio-Eigengewächs mit, den supertollen Leonardo Cardoso aus São Gonçalo bei Rio. Thorsten höchstpersönlich hat ihn angelernt. Doch bei diesen Dreharbeiten der Superlative brauchen wir jemanden, der schon alles gemacht hat und jedes Format kennt. Zum Beispiel Stereo. Das ist nämlich um einige Dimensionen anspruchsvoller als ein herkömmlicher Monoton. Und man sollte Spielfilmerfahrung haben, was auf Axel zutrifft. Nun ist es in Rio nicht eben leicht, solche hochqualifizierten Tonleute für siebenwöchige Survivaltrips aus der Tasche zu zaubern. In São Paulo übrigens auch nicht, womit Brasilien dann auch ausgeschöpft ist. So war es wie ein Wunder, dass Axel, natürlich wieder über Thorstens Privatkontakte, plötzlich im Studio wie ein preußischer Paradiesvogel auftauchte. Mit ihm haben wir im Anschluss umgehend das Erdbeben in Chile gecovert (siehe dazu Tag 26) und ihn jetzt, wenig später, zum Herrn der Geräusche gemacht.

Das Gepäck ist jetzt vollständig, vier gewaltige Gepäckwagen sind bis über alle Stahlohren bepackt, und wir schieben in Richtung Zoll. Kein Leser, keine Leserin interessiert sich vermutlich dafür, was in den exakt achtzehn Behältnissen verpackt ist. Das Problem ist, dass die Beamten aber genau das wissen wollen, und zwar im Detail! Unsere *equipment list,* von Thorsten vor Reiseantritt in Excel aufgestellt und bis zum Abflug etwa drei Dutzend Mal verändert, beginnt in Zeile 583 und endet in Zeile 715. Warum zum Henker finden die drei Herren es spannend, dass wir nicht nur die Filter Grey Soft ND6 und 9 nebst Polarizer 4x4 dabeihaben, sondern auch UV 5x4 und Fog 4x5? Warum müssen wir unseren kleinen Stromgenerator vorzeigen? Unser Sennheiser Mono und unser Schoeps MS Stereo-Mikro? Unser Iridium-Satellitenhandy? 98 000 Kabel? Wir freuen uns ja über ihre Anteilnahme, aber fünfhundert Kilogramm Gepäck durchzuschauen, hält uns so lange von einem Wachmachkaffee und einer Zigarette ab, dass wir auf die Dauer doch ein wenig ungehalten werden.

Wir kommen heraus aus dem einem unglücklichen Flugpionier geweihten Terminal, und da steht sie auch schon vor uns: Verena, alter preußischer Adel, zeitgenössische argentinische Hautevolee. Nichts entspräche in Wirklichkeit unserer Chief-Producerin für den spanischsprachigen Teil Südamerikas weniger als diese beiden Titel. Sie kleidet sich, nun, man könnte es so ausdrücken, eher individuell. Und außer dem »von« in ihrem Namen trägt sie kein einziges stocksteifes, wichtigtuerisches oder standesdünkelhaftes Gen in sich. Verena von Schönfeldt ist, obwohl blond, eher eine Latina als eine Preußin, sie ist das spanischsprachige Rückgrat der ARD, sie ist eine Recherche-Riesin, ein Organisationsorkan, eine Königin der Kommunikation. Wenn eine Story am Ende zu sein scheint, weil keiner mehr ein Interview zu geben bereit ist, dann hat schon unendlich oft die »Methode Verena« das Blatt gewendet: Die gute Dame redet die Gesprächspartner mit ihrem geschliffenen Spanisch einfach platt, Widerstand zwecklos! Sie biedert sich niemals an, aber sie umarmt und knuddelt, fleht und droht, argumentiert und übertreibt – und schließlich überzeugt sie. Ihre grelle Kleidung und ihre Kopftücher in Gelb, Orange und Grün sorgen dafür, dass man sie schon von Weitem erkennt und niemals vergisst. Wenn sie nicht für uns arbeitet, kickt sie mit einer Frauenmannschaft in Buenos Aires auf höchstem sportlichem Niveau. Sie dabeizuhaben, ist nicht nur ein Gewinn, sondern unsere Formel für den Erfolg.

Neben ihr steht ein netter, großer, nicht mehr ganz junger Mann. Christopher Gallegos Kalafatovic, unser Motorradprofi und Streckenexperte, der jeden Feldweg in Peru und Bolivien kennt und dazu viele andere Länder bereist und durchfahren hat. Eigentlich müsste mir die gelblich-schillernd-spiegelnde Sonnenbrille in seinem Kämpfergesicht unsympathisch sein, ist sie aber nicht, denn der Typ dahinter ist spitze. So viel steht schon nach unserem ersten gegenseitigen Beschnuppern fest. Chris, mit seinem typisch peruanischen Familiennamen (!), hat osteuropäische Wurzeln und einen deutlich geringeren Pigmentanteil in Haut und Haaren als jeder andere Zeitgenosse auf dem Parkplatz außer uns Deutschen. Wir lachen uns gleich zu Beginn scheckig mit ihm, und zwar, als er uns für verrückt erklärt: Eine solche Tour in sieben Wochen, das sei nicht anspruchsvoll, sondern krank. Ob wir so einen Unsinn eigentlich ständig machten? Und warum wir ausgerechnet ihn dafür ausgesucht hätten ...

Umladen Teil eins: hinauf auf den Pick-up, rein ins Haushaltswarengeschäft auf der anderen Seite von Lima. Kochgeschirr, Töpfe, Pfannen, Plastikteller, Alubesteck, Gaskocher, Tüten, Taschen, Toilettenpapier.

Umladen Teil zwei: Bocuse-Zubehör auf die Rücksitze und ab zur Lagerhalle. Da steht er, einigermaßen unbeschadet hat der schwerste Teil unserer filmischen Ausrüstung die Schiffspassage von Rio nach Lima (vermutlich durch den Panamakanal) überlebt: Zelte, Schlafsäcke und vor allem unser neuer, eigens für diese Reise angeschaffter Kamerakran! Mit eigenem, schwerem Stativ und einem acht Meter langen *Magic Arm* nebst Fernbedienung, Monitor und Kabeln. Allein dieses Zubehör wiegt weit über einhundert Kilogramm.

Umladen Teil drei: Kran & Co auf den zweiten Wagen, der gerade mit Fahrer Ernesto Paiva eingetrudelt ist, und zurück zum

Flughafen. Dort soll, nur eine Stunde verspätet, unser letzter deutscher Teamkollege ankommen, nach einer halben Weltreise von Stuttgart via Amsterdam. Auch er hat umfängliches Übergepäck dabei, auch er stammt aus der Stegmannschen Kaderschmiede im Stuttgarter Westen (wie Thorsten), auch er ist Oberschwabe (wie Thorsten), auch er ist Kameramann (wie Thorsten). Vor allem aber ist er aus nahe liegenden Gründen dessen bester »alter« Kumpel, und die beiden haben sich seit Jahren nicht mehr gesehen. Die zwei Herren haben Munition für sechs Jahre Unterhaltung und beginnen noch auf dem Parkplatz damit. Florian Bentele, unsere Rettung!

Eigentlich hatten wir unseren gerade frisch pensionierten SWR-Kamerachef Fritz Moser für den Job vorgesehen, doch der musste kurz vor dem Abflug noch sein Haus renovieren. Und dabei ist er vom Gerüst gefallen, was seine Rippen gar nicht gut fanden. Und wir auch nicht. Der Mann liegt jetzt im Hospital, kann aber ab und zu schon wieder lachen. Fritzens Ersatz ist Flo, was sich als wahrer Glücksgriff herausstellen soll: hoch motiviert, zupackend und geduldig und ein verdammt guter Kameramann. Gleicher Haarschnitt, gleiches Baujahr wie Thorsten, 1976, gleiche Bildsprache, gleiches Mundwerk. Wir zusammen scheinen die Richtigen zu sein für den Wahnsinn, der vor uns liegt.

Umladen Teil vier: Gegen Abend, also nach siebzehn Stunden Arbeit, geht es dann gemütlich auf die Autobahn in Richtung Süden. Ich sitze neben Chris, und der Mann wird mir von Minute zu Minute noch sympathischer. Ich bekomme eine Vorstellung davon, wie viel Spaß wir während der nächsten Wochen mit ihm bekommen werden, und eine Idee habe ich auch schon, obwohl sie mal eben unser gesamtes Konzept umwerfen würde: Nicht ich allein werde während der Tour im Bild auf dem Motorrad durch Südamerika brettern, sondern ich könnte doch die Strecke zusammen mit ihm machen, auch im Bild. Verena findet das großartig, und Thorsten und Florian sehen es genauso. Ich frage

Chris, er ist nicht einmal geschockt. Aus dem Streckenlogistiker ist soeben ein Protagonist geworden, ein fester Bestandteil unserer Reportage. Nach nur wenigen Tagen soll sich diese Entscheidung als Segen herausstellen, der peruanische Herr Kalafatovic ist ein Knaller. Sein Lieblingsspruch, mit dem er eigentlich jede seiner bunten Geschichten beendet und der grundsätzlich für ganz Südamerika gilt, heißt: »*Todo posible, nada seguro*«, »Alles ist möglich, nichts ist sicher.« Irgendwann gegen Mitternacht erreichen wir unser Ziel: ein günstiges, aber weitläufiges und sauberes Hotel an der berühmten *Panamericana sur*, auf Höhe von Kilometer 449, in einem Vorort der ebenso berühmten Stadt Nazca. Wir sind hier nicht wegen der nahen gigantischen Nazca-Linien, nicht wegen parawissenschaftlicher Theorien, nicht wegen Aliens. Unser filmisches Anliegen ist, auch wenn es Göttliches streifen mag, im Diesseits verhaftet, im Bereich des Extremsports.

Es folgt noch ein »wenig« stundenlanges Herumräumen unter Tagesordnungspunkt fünf, und schließlich fallen wir nach einem Bierchen im Morgengrauen am nicht genutzten Pool kollektiv in die Waagerechte.

Das ARD-Filmteam auf einen Blick:
Thomas Aders: ARD-Korrespondent Südamerika (Rio de Janeiro)
Thorsten Thielow: ARD-Kameramann und Cutter (Rio de Janeiro)
Florian Bentele: zweiter Kameramann (Stuttgart)
Axel Lischke: Toningenier (Berlin/Rio de Janeiro)
Verena von Schönfeldt: ARD Producerin (Buenos Aires)
Nadia Arze: Producerin für den bolivianischen Teil des Films
Lorena Salas: Producerin für den chilenischen Teil des Films
Christopher »Chris« Kalafatovic: Motorradprofi (Lima)
Elkar Paúl Ochoa: Fahrer (Lima)
Ernesto »Che« Paiva: Fahrer (Lima)
Henry Gómez: Fahrer (Lima)
Thomas Schneider: Überbringer der Ersatzkamera

Tag 2

Plan A

Am nächsten Morgen, nach einem deftigen Frühstück mit Rühreiern, beginnen wir mit der Umsetzung unseres Tagesplans: Ordnung machen! Jedes Zelt wird gezählt und ausgepackt, jedes Kabel überprüft, jeder Monitor angeschlossen. Den ganzen Tag über wuselt es in dem hoteleigenen Garten, sogar der Generator wird mit Benzin gefüllt und getestet. Am Ende dann der Showdown, der Aufbau unseres Reise-Kamerakrans *Crane 100:* Gesamtlänge 8,05 Meter, davon Frontlänge stattliche 6,39 Meter! So weit und so hoch kann die Kamera in der Gegend umherschwingen, und nicht nur das: Eine Fernbedienung kann die Kamera zusätzlich schwenken, unabhängig von der Bewegung des Krans. Damit das Mordsgerät die vierzehn Kilogramm schwere Kamera heben kann, ohne dabei umzukippen, müssen das Stativ sehr belastbar und die Gegengewichte sehr schwer sein: Neun stabile Sandsäcke müssen mit jeweils zwanzig, dreißig Kilogramm Erde oder Steinen gefüllt werden. Florian Bentele hat mit einem ähnlichen Modell schon gearbeitet, er wird zu unserem Joystick-Kranführer ernannt. Thorsten assistiert ihm beim Feintuning. Bis alle Steuerseile richtig sitzen, die Sandsäcke hochgehievt sind und das Ding endlich einsatzbereit ist, vergeht dann erneut weit über eine Stunde.

Chris und ich nutzen die Zeit, um zusammen mit den drei peruanischen Fahrern und unserem Techniker Eduardo (später mehr zu ihnen, unseren wahren Freunden) unsere Motorräder vom Anhänger zu holen und uns mit ihnen vertraut zu machen. Im ersten Augenblick bin ich ein wenig enttäuscht, denn es handelt sich um einfache Honda Falcons mit überschaubaren 30 PS. Nicht, dass ich einen glänzenden Chopper erwartet hätte, aber ein wenig mehr Sportlichkeit oder ein kleines bisschen Enduro-Style vermisse ich schon. Na ja, denke ich, während Chris und ich über die schlaglöchrigen Zufahrtspisten zum Hotel holpern, dafür war die Leihgebühr ja auch wirklich günstig.

Zum Ende hin, als die Sonne schon wieder unterzugehen beginnt, machen wir noch eine Aufnahme für unsere studioeigene Homepage, auf der wir für eine wachsende Fangemeinde Südamerikas Bilder, Filme, Musik und Impressionen von unseren Dreharbeiten einstellen. Die Kamera steht fest auf einem Stativ und hat einen leeren Teil des Rasens im Visier. Dann kommt der erste ARDler und legt einen Koffer ins Bild, dann schleppen zwei eine Alukiste, dann kommt Verena mit drei Schlafsäcken. Es dauert fast eine Stunde, bis hier unsere komplette Ausrüstung versammelt ist, inklusive des Krans. Dann hüpfen Chris und ich auf unsere Motorräder und fahren aus unterschiedlichen Ecken auf die Kamera zu, während sich das gesamte Team um uns herum gruppiert. Das Ganze wird später im Schnitt in bis zu dreißigfacher Geschwindigkeit zusammengerafft, und fertig ist das recht witzige Minivideo über uns und unser gigantisches Equipment.

Noch nie hatten wir bei irgendeiner Reise mehr Gepäck am Start, zusammen kommen wir auf gut eine Tonne! Aber eigentlich ist das auch verständlich, wenn man bedenkt, was jetzt vor uns liegt. Eine Fahrt durch Peru, durch Bolivien und durch ganz Chile: von der Atacama-Wüste im Norden des Landes durch das stürmische Patagonien bis nach Feuerland. Die Erstausstrahlung in der ARD (Silvester, fünfundvierzig Minuten) werden die Programmzeitschriften als »Über die Anden bis ans Ende der Welt« bezeichnen, und der knackige Titel für die Langfassung in 3sat (Ostern, neunzig Minuten) wird lauten »Südamerika extrem«. Nicht weniger als achttausend Kilometer zu Lande liegen vor uns, und dazu noch mehrere Schiffspassagen. Es ist ein Wahnsinnsunternehmen. Mein eigener Sender, der Südwestrundfunk in Stuttgart, hat dafür eine Menge Geld in die Hand genommen, und deshalb sind die Erwartungen der Redakteure und Direktoren so hochgesteckt, dass uns angst und bange wird. Unsere Produktion soll am 31. Dezember in der ARD laufen, an Silvester! Und damit gehört unser Film in die Kategorie Hochglanz- oder Feiertagsreportage. Um diese wenigen, besonderen Programmplätze (Weihnachten, Silvester, Ostern, Pfingsten) kabbeln sich die verschiedenen ARD-Sender, und wir haben mit unserer Idee immerhin unter anderem den großen WDR mit einem besonders renommierten Autor aus dem Rennen geworfen. Schön und gut, man freut sich zunächst über das Vertrauen der wichtigsten Programmmacher, aber der Druck auf unserem internationalen Team ist vom ersten Tag an enorm.

Die Planungen für unsere morgen beginnende TV-Expedition gehen bis ins (europäische) Frühjahr zurück. Und erst jetzt, im südamerikanischen Frühjahr, mehr als sechs Monate später und erst hier im Garten unseres Hotels im peruanischen Nazca unweit der berühmten Bodenlinien werden die Ergebnisse dieser internationalen, mehr als halbjährigen Koordination sichtbar. Die redaktionelle, technische und logistische Abstimmung fand zwischen Menschen in folgenden Städten statt: Stuttgart, Baden-Baden, Mainz, München, Berlin, Los Angeles, Rio de Janeiro, Buenos Aires, Lima, La Paz und Santiago de Chile. Mehrere Hundert Mails sind über den Atlantik hin- und hergeschickt worden, Telefonkonferenzen wurden abgehalten und Faxe mit Preislisten verschickt. Das daraus resultierende Exposé hatte zehn eng bedruckte Seiten (von Punkt A »Die Geschichte« bis Punkt L »Die Postproduktion«) und die kurz vor der heißen Phase an alle Beteiligten gemailte letzte Version des Drehplans vierzehn Seiten, und zwar noch enger bedruckt.

Trotzdem ist das nur unser Plan A. Jeder Filmschaffende weiß, dass sich die Dinge vor Ort praktisch nie so entwickeln, wie man sich das am grünen Tisch vorgestellt hat. Ohne die Bereitschaft, jeden Tag seine Vorstellungen an die Realität anzupassen, geht jede Reportage in die Hose. Aber selbst, wenn man vor der Reise alles Menschenmögliche getan und bedacht hat, und selbst, wenn man während der Tour so flexibel wie möglich ist, kommt es am Ende des Tages immer auch auf eines an: ein gar nicht mal so kleines Quäntchen Glück!

Aber sich verrückt machen, bevor es überhaupt losgegangen ist? Nein! Wir haben den Zuschlag für die interessanteste Reise bekommen, die jemals einer oder eine aus unserem Team gemacht hat. Südamerika liegt vor uns, und alle haben unbändige Lust, dieses Wagnis einzugehen. Morgen heißt es: Leinen los! Endlich, wir können es kaum erwarten!

Nachdem wir unser Gepäck nach Sonnenuntergang schließlich wieder zusammengeräumt und in den drei Begleitfahrzeugen verstaut haben, sitzen wir noch eine Weile auf Plastikstühlen im Garten. Es wird geredet, dass es nur so scheppert, vor allem die Kameraabteilung lässt nun jede verbale Hemmung fallen. Irgendwann machen »Toni« Axel und ich uns vom peruanischen Hotelacker, während Thorsten und Florian noch einmal aufdrehen. Am nächsten Morgen sollen sie die Quittung dafür bekommen.

Tag 3

Die Mutter aller Dünen

Die Rub al-Chali, die sich über den Süden Saudi-Arabiens, den Norden des Oman und des Jemen sowie den Südosten der Vereinigten Arabischen Emirate erstreckt, ist die größte Sandwüste der Welt; etwa fünfhunderttausend Quadratkilometer bestehen hier ausschließlich aus Dünen. Man sollte annehmen, dass sich hier die größten Sandhaufen der Welt befinden, doch selbst die Moreeb-Düne, die als die höchste innerhalb der Rub al-Chali gilt, liegt nur 210 Meter über dem Meeresspiegel. Und wenn man sie von der Basis, einer Schotterpiste, aus betrachtet, ist sie sogar nur 120 Meter hoch. In Nordamerika erreichen die Great Sand Dunes in Colorado 230 Meter. Höher hinauf geht es da schon in Namibia: Die Crazy Dune oder Big Daddy hat eine Höhe von 380 Metern zu bieten, und der Biluthu in der Inneren Mongolei ist mit einer relativen Höhe von 440 Metern die höchste Megadüne Zentralasiens.

»Doch es gibt da noch eine Sanddüne«, schreibt einer ihrer bekanntesten Bewunderer, der Profisportler Marco Malaga Muller, »so gewaltig, dass sie sich jedem Begriffsvermögen widersetzt und sich weit über die Vorstellungskraft hinaus erstreckt. Es handelt sich um den ›Everest der Wüste‹, die ›Mutter aller Dünen‹.« Sie ist der Grund, weshalb wir genau hier unsere Abenteuertour beginnen wollen, fünfzehn Kilometer östlich vom peruanischen Nazca. Ein Ungetüm, in Hunderttausenden von Jahren aufgeschichtet vom ewigen Wind: der Cerro Blanco, der »Weiße Hügel«, den die internationale Sandboardergemeinde in *The Dune* umbenannt hat.

Am frühen Morgen treffen wir uns mit Martín Guerra, dem groß gewachsenen, freundlichen Chef der Sandboarderclique, Victor Chávez, seinem älteren Adlatus, und Enrique Tomairo, einem kleinen, drahtigen Burschen, der eine Vorliebe für Transzendentales hat. Dazu kommen die anderen Verrückten: Renzo, Gerson, Diego, Darwin und die hübsche Paola, allesamt Sandboardanfänger oder logistische Helfer Martíns. Es sind diejenigen, die die Düne auf Brettern hinunterrasen: wie Snowboarder, nur eben auf Sand. Und hier am Cerro Blanco ist dafür der beste Platz auf der Welt: 2100 Meter hoch, davon 1600 Höhenmeter befahrbare Piste! Wir wollten einen »Reinzieher« für unseren Film, eine bildgewaltige Minigeschichte, in der es direkt zur Sache geht und die gar nicht einmal etwas mit den Motorrädern zu tun haben muss. Und deshalb stehen wir nun, es ist noch beinahe dunkel, am Fuß des Hügels, verteilen unser Gepäck auf die Rucksäcke und beginnen loszulaufen.

Schon nach wenigen Metern geht es aufwärts. Über felsige, sehr steile Fußpfade erklimmen wir eine Art Hochebene. Von hier oben sehen wir hinunter ins Tal von Nazca: dunstig und staubig die Luft, verschwommen die wenigen bewachsenen, grünen Flächen in der Landschaft, gräulich-braun die gegenüberliegenden Berge. Nicht eben ein prachtvoller Anblick. Am Vormittag beginnt die unbarmherzige Sonne auf uns herabzustechen, schon jetzt sehen Flo und Thorti gerädert aus und bereuen ihre nächtlichen Eskapaden bitterlich. Aber eigentlich alle aus unserem Team werden niedergedrückt von der Hitze. Fünfunddreißig Grad, nirgendwo auch nur die Spur von Schatten.

Und dann stellt sich heraus, dass unsere jungen, chaotischen peruanischen Sportsfreunde ihr eigenes Wasser vergessen haben. Für eine Umkehr ist es zu spät, ab jetzt müssen wir unsere öffentlich-rechtlichen fünfundzwanzig Liter durch fast zwanzig Leute teilen. Eigentlich sehen die Proviantpläne vor, dass jeder Andinist auf dem Weißen Hügel pro Tag drei Liter trinken soll, mindestens! Nun bleibt uns jeweils nicht mal ein Liter, denn das Kochen des Abendessens wird vermutlich schon mal eine Menge verbrauchen. Jeder Schluck wird seit diesem Augenblick zu einem höchst kostbaren Gut. Besonders schlimm ist das für einen Wasserfanatiker wie Thorsten, der schon im Normalfall und bei milden Temperaturen drei Liter am Tag trinkt.

Der Energieverbrauch beim Aufstieg hat es in sich, schon die Durchwanderung der relativ einfachen Ebene zu Beginn kostet Kraft. Die schweren Rucksäcke ziehen an unseren Schultern und zehren an unserer Kondition. Und der von uns geforderte Kraftaufwand wird exponentiell größer, als wir den extrem sandigen Teil des Cerro Blanco erreichen. Jeden Schritt muss man drei-, viermal gehen, denn der Sand unter unseren Füßen gibt immer mehr nach. Aus dem anfänglichen beschwingten Klettern und dem anschließenden Wandern ist plötzlich ein Sich-Hinaufschleppen geworden. Mit den Stunden fällt einem nur noch ein Wort ein: durchbeißen. Wir japsen nach Sauerstoff, der Schweiß rinnt in unsere T-Shirts, Krämpfe schütteln die Beine der meisten von uns, die Rucksäcke scheuern unsere Rücken wund, unsere Hälse sind staubtrocken. Und noch immer sind es fast tausend Höhenmeter, die vor uns liegen, beziehungsweise über uns. Die Blogeinträge selbst von Sandboardgöttern wie Marco Malaga Muller zeigen, dass nicht nur wir schwächeln: Selbst er hatte es am ersten Tag gar nicht auf den Gipfel geschafft, sondern war entkräftet und dehydriert auf der Hälfte der Strecke wieder umgekehrt.

Immer öfter müssen wir eine Pause einlegen, und wenn sie mehr als fünf Minuten dauert, schlafen wir Nichtperuaner kollektiv und auf der Stelle ein. Eigentlich wunderschön, was wir rechts und links neben unserer Karawanenstrecke sehen: steile Kämme, wellenförmige Flächen, spitze Grate, alles aus gelblichrotem Sand. Ohne Unterlass ist der Wind dabei, das Bühnenbild zu ändern, schüttet hier einen neuen Hügel auf oder trägt nebenan einen anderen wieder ab. Leider können wir in unserem bemitleidenswerten Zustand diese Schönheit nicht so recht genießen. Erst als wir endlich auf dem Gipfel angekommen sind und kurz verschnauft haben, die tauben Beine im Sand ausgestreckt, und als die Sonne ihre Kraft verliert, erst da lassen wir die betörende Szenerie in unsere Sinne: Der Blick fällt weit hinunter ins Tal, wo die ersten Straßenlaternen in Nazca die langsam anbrechende Nacht einläuten, darüber Dutzende von Kämmen und Wellen aus Sand, die sich bis zu uns heraufziehen, und auf der anderen Seite des Tales schwarze, gezackte, schroffe Wände aus Stein.

Die Zeit, bis das Tageslicht vollständig gegangen ist, nutzen wir Nachwuchssandboarder, um uns mit dem neuen Medium vertraut zu machen. Während die Profis selbst den kleinsten Hügel in rasantem Tempo nehmen, bleiben wir zumeist bereits nach einem Meter stecken oder kommen gar nicht in Fahrt. Der Sand, selbst wenn das Gefälle hier und da fünfundvierzig Grad beträgt, hemmt jede Beschleunigung. Der Zaubertrick ist die Gewichtsverlagerung auf dem Brett, die Martín uns immer wieder spielend vormacht. Jedenfalls sind wir schon froh, als wir es nach Dutzenden Versuchen endlich schaffen, wenigstens unseren »Haushügel« hinunterzukommen, zwanzig Meter weit. Für morgen steht unsere große Abfahrt auf dem Programm, und wir sind deshalb ziemlich aufgeregt.

Die großen Anstrengungen dieses Tages aber sollen schließlich noch belohnt werden: mit einem unglaublich leuchtenden Sonnenuntergang in den Farben Tiefrot, Orange und sogar Lila, der die Schäfchenwolken fast am gesamten Himmel über uns zum Erstrahlen bringt. Während wir unsere »Thorstennudeln« mit Eiern, Ketchup und viel knirschendem Sand verzehren, laben wir uns an diesem fantastischen Anblick. Dann wird noch ein wenig Televisionsgarn gesponnen, und todmüde geht's ins Bett. Die Schlafsäcke werden entrollt und einfach in den Sand gelegt, für den Aufbau der Zelte hat niemand mehr die Kraft. Wir schlafen in Sekundenbruchteilen ein.

Tag

4

Die Abfahrt

Nächster Morgen: Es ist eiskalt. Nach der kurzen Nacht unter freiem Himmel in Schlafsäcken, in der Sandmulde nebeneinander aufgereiht wie die Heringe, kommt unser Kreislauf nur sehr langsam in Gang. Wenigstens war gestern Abend jemand so weise, einen Liter Wasser für den Instantkaffee aufzusparen. Nun sind unsere Vorräte bis auf einige Tropfen in einigen Plastikflaschen gänzlich zur Neige gegangen, und das werden wir im Lauf des Tages noch zu spüren bekommen. So stehen wir um den Gaskocher herum, die Kommunikation verläuft verhalten und gedämpft. Selbst die peruanischen Hochleistungssportler, außer Logistiker Víctor allesamt Mitte zwanzig, lassen noch nicht die ihnen innewohnende Energie vermuten, die sie nachher so dringend brauchen werden. Wir packen unsere Siebensachen zusammen, unvergesslich ist das knirschende Geräusch, als die

Aluminiumteller in die gestern benutzten Töpfe gelegt werden. Sand ist immer und überall auf dieser Megadüne, selbst in unserem Morgenkaffee.

Langsam kommt die Sonne hervor und lässt uns aus unserer Kältestarre erwachen. Was nun folgen soll, gehört zu den eindrucksvollsten Begebenheiten auf unserer Reise: denn Enrique »Ricky« Tomario rüstet sich für die Anrufung der Andengötter. Dafür verlässt er unsere frühmorgendliche Truppe und sucht weiter unten eine ganze Weile lang nach Holz. Er kennt sich aus hier auf der Düne: Nach rund einer Stunde, als wir gerade zu Ende gepackt haben, kommt er mit den Armen voller vor Trockenheit starrender Zweige und Äste zurück. Oben auf dem Gipfel, unweit jener Stelle, wo wir genächtigt haben, gräbt er eine Kuhle in den Sand und schichtet das Holz auf. Und aus einem neckischen Felltäschchen holt er das weitere Zubehör für die Beschwörung heraus: einige Figürchen aus Kerzenwachs, ein winziges Fläschchen mit Alkohol und eine Handvoll Kokablätter. Wir alle stellen uns im Kreis auf, und Ricky zündet das Feuer gekonnt und mit nur einem Streichholz an.

Lange Zeit galt der Cerro Blanco den Menschen in der Umgebung als sehr gefährlich: Böse Geister, so die allgemeine Vorstellung, würden jeden vernichten, der den Aufstieg wagt. Aberglaube in den Anden: bis in die Gegenwart eine unumstößliche Konstante, die offenbar von Generation zu Generation weitergegeben wird, vor allem in Peru und Bolivien. Enrique hat seinen Tonfall geändert. Der quirlige, drahtige Sportler hat sich eines ruhigen, durchdringenden und – im positiven Sinn – geradezu autoritären Tonfalls bemächtigt.

»Guten Morgen, zusammen«, beginnt er leise, »wir wollen wie immer vor unserer Abfahrt diesem heiligen Berg Respekt zollen!« Langsam kniet er sich hin und überantwortet die mitgebrachten Gaben dem hungrigen Feuer. Es zischt, als der Alkohol in die Flammen spritzt, es dampft, als das Wachs auf den lodernden

Stämmen verdampft, und es knistert, als die trockenen Kokablätter binnen einer Sekunde zu Staub verglühen. Er ist nun völlig eingetaucht in die Mystik der Anden, sein Blick geht ins Ungefähre, er ist zu einem Zeremonienmeister geworden. Während er immer neue Blätter in die Flammen wirft, wendet Enrique sich nacheinander an ein ganzes Sammelsurium von Gottheiten, allein die Aufzählung macht einen schwindlig.

»*Pachamama, Apu Inti, Mama Quilla, Manco Cápac, Paryaqaqa, Wak'a, Wallallu Qarwinchu, Mama Ocllo.*«

Beim nächsten Durchgang müssen wir alle zusammen die Namen wiederholen, unser gemeinsamer Ruf kämpft gegen den auffrischenden Wind vom nahen Pazifik an. Gänsehaut, trotz unserer europäischen Skepsis. Selbst heute, zu Beginn des 21. Jahrhunderts, erstarren die jugendlichen peruanischen Discogänger und Extremsportler neben uns in Ehrfurcht, ihre knallbunten Sandboards vor sich aufgestellt. Ohne ein Feueropfer für die Götter der Anden würde keiner von ihnen das Wagnis eingehen.

Vor allem zwei Gottheiten werden immer wieder genannt: *Pachamama* und *Apu Inti*. Es sind Namen, die selbst jeder Tourist, der die Anden bereist, unweigerlich hören wird. *Pachamama*, die personifizierte Mutter Erde, Lebensspenderin, Vermittlerin zwischen irdischen Sphären und der Unterwelt, allumfassend ihre Zuständigkeit, omnipotent ihre Kraft. Sie betet man an, wenn eine wichtige Entscheidung zu fällen ist, wenn ein Familienmitglied geboren wurde oder gestorben ist, wenn Arbeiter ihre Unterstützung benötigen für den Widerstand gegen kapitalistische Unterdrücker oder Völker sich gegen Eroberer wehrten. Sie sorgt sich, sie beschützt, sie unterstützt die Gerechten und bestraft die Bösen. Wie tief der Glaube an die weibliche Gottheit in der Andenregion verankert ist und wie ungebrochen er ist, wird etwa an der Verfassung von Ecuador deutlich: Die Konstitution aus dem Jahr 2008 nimmt sie als positives Grundprinzip auf. Die Urmutter hat Verfassungsrang!

Die indigenen Völker der Aymara und der Quechua verehren sie und liegen ihr zu Füßen. Aber die göttliche Auflistung von Enrique bleibt beileibe nicht im zeitgenössischen Volksglauben stecken, sondern reicht weit in die präkolumbianische Mystik zurück: *Apu Inti* etwa war der Sonnengott der Inka und *Mama Quilla*, seine Gattin, die Göttin des Mondes. Sowohl *Mama Quilla* als auch *Pachamama* gelten als Erschafferinnen der Erde, ein Widerspruch? Nein, Ausschließlichkeit im Glauben ist ein eher europäisch-christliches Phänomen: In den Anden kommt es nicht so sehr auf die reine Lehre an als vielmehr auf die Reinheit des Glaubens. In Bolivien oberhalb von La Paz sollen wir es später noch plastischer vor uns sehen: Auch christliches Gedankengut hat seinen angestammten Platz neben den Göttern und Göttinnen. Im Himmel über den Anden herrscht offenbar ein ziemliches Gedränge.

Das Feuerritual ist beendet, das Opfer ist dargebracht worden. »Schaden kann's jedenfalls nicht«, denken wir. Immerhin wollen wir nun bald auf der mit Abstand längsten Sandpiste der Welt ins Tal rutschen und hoffen, dass wir uns nicht die Haxen brechen. Und dann setzt sich unsere kleine Karawane in Bewegung, von unserem bereits nicht mehr existierenden Nachtlager bis zur einige Hundert Meter entfernten Kuppe: dem höchsten Punkt der höchsten Düne der Welt. 2100 Meter.

Dort angekommen, verschlägt es uns allen die Sprache: vielen angesichts der wilden Schönheit der Hänge und des unter uns ausgebreiteten Tales, anderen eher vor Panik. Beinahe senkrecht geht es von hier oben hinunter, und die Piste scheint gar nicht mehr aufhören zu wollen. Ich gehöre in diesem Augenblick zur zweiten Gruppe und beobachte mit gemischten Gefühlen, wie die Sandboard-Expeditionsleiter ihre Popart-Bretter wachsen, um noch schneller zu werden, und uns auffordern, es ihnen gleich zu tun. Florian und Thorsten holen jetzt zum ersten Mal ihre Minikameras heraus und schnallen die GoPros an Beine, Helme und auf die Bretter selbst. Diese kleinen Kameras, in einem Kugelgehäuse vor Wasser und Dreck geschützt, zeichnen minutenlang hervorragende Bilder auf, in höchster HD-Qualität. Zusammen mit den Szenen, die die Kameraabteilung heute aufnehmen wird, haben wir die hinabschießenden Protagonisten in unglaublicher Intensität und Nähe gefilmt. Vor allem Florians Fähigkeiten sind heute gefragt: Als alpiner Snowboarder ist er auch in den Anden unser Mann; er fährt in abenteuerlicher Geschwindigkeit mit seiner großen Kamera auf der Schulter parallel zu den Verrückten abwärts. Irre, tollkühn, einzigartig.

Auf ein lautes Kommando von Thorsten hin geht es los, nebeneinander stehen wir Todgeweihten am Grat und schauen in die Tiefe. Ich schicke nochmals ein kleines Stoßgebet zu *Pachamama* und Co und verlagere mein nicht geringes Gewicht nach vorne. Ich beschleunige und beschleunige, doch es will mir nicht gelingen, wie beim Skifahren in Kurvenlage zu kommen. Also beschleunige ich weiter und beschließe dann, der Geschwindigkeit anderweitig Herr zu werden. Thorti und »Go-Flo« drehen in hämischen Großaufnahmen, wie ich mich einen Meter tief in den Hang eingrabe und eine wahre Sandexplosion verursache. Kurzum: Schon nach Sekunden trennt sich die Spreu (ich und die anderen Anfänger) vom Weizen, den Profis. Vor allem Sportdirektor Martín und der wieder zu einem übermütigen Freak mutierte Geisterbeschwörer Enrique geben Vollgas: Mit bis zu siebzig Stundenkilometern jagen sie ins Tal, oft nur wenige Zentimeter an den im Sand liegenden Kameras vorbei, Lawinen aus feinem Sand hinter sich herziehend.

Verena übrigens, die sich die Talfahrt auf Brettern erspart, muss die steilen Hänge hinabsteigen. Und das ist vermutlich mindestens ebenso anstrengend. Als wir alle unten in einem flachen Bereich angekommen sind, lechzt sie nach Wasser und stöhnt vor Kopfschmerzen. Leider sind wir noch lange nicht am Ziel. Wir müssen noch die Ebene überqueren und dann einen eher felsigen

Fußweg bis zu unseren Teamwagen hinunterklettern, die am Fuß des Cerro Blanco auf uns warten. Fast noch mal eine Stunde dauert die Tortur, bis endlich alle die großen Eineinhalb-Liter-Mineralwasserflaschen ansetzen können, von denen eine nach der anderen geleert wird. Unsere Körper sind wie Schwämme, nur dass unsere Bäuche leider gar nicht ausreichend Fassungsvermögen haben, um unseren unendlichen Durst zu stillen.

Insgesamt also ein gigantischer Aufwand für jene neunzig Sekunden, die die höchste Sanddüne der Welt in unserer Reisedokumentation am Ende einnehmen wird. Aber einer, der sich gelohnt hat: Aufsehenerregende Bilder sind das, mit denen wir den Zuschauer in unsere Reise hineinziehen wollen, angemessen für ein Unternehmen von diesen Dimensionen.

Unten wartet Christopher bereits mit den beiden Motorrädern auf mich. Wir drehen eine Begrüßungssequenz, in der wir unsere Reiseroute vorstellen (achttausend Kilometer über die Anden bis ans Ende der Welt), uns gegenseitig Mut machen für die nächsten Wochen und das Abenteuer, das gerade erst beginnt. Jetzt gehen unsere Daumen hoch. Schnitt. Beginn einer filmischen Collage aus Vorbereitungen für die Motorradtour: Bild füllend ziehen wir uns unsere Handschuhe an (Dauer im Film: eine Viertel Sekunde) ..., Helm auf ..., Stiefel zu ..., Spiegel ausgerichtet ..., mit Schwung auf die Sitzbank ..., Seitenständer eingeklappt ..., Sonnenbrille aufgesetzt ..., Licht angemacht ..., Startknopf gedrückt ..., Gas gegeben. Stakkatohafte, hyperschnelle Schnitte und dazu eine fulminante Filmmusik ... Und dann die erste Einstellung unserer Motorradtour, die länger als ein paar Frames dauert: Chris und ich fahren rechts und links an der Kamera vorbei und somit ins Bild hinein. Vor uns die mal felsigen, mal sandigen Pisten in diesem breiten Tal am Fuß der Düne. Wir fahren hinab, der Film hat begonnen.

Tag
5

*Hinauf in
die Anden*

Als ARD-Südamerika-Korrespondent mit Sitz in Rio de Janeiro ist man nicht nur mit Tagesschau & Co, Weltspiegel und Weltreisen beschäftigt, sondern viel zu oft auch mit der Leitung des Studios: Honorare abzeichnen, Statistiken erstellen, Sendeminuten addieren, Papierkram wälzen, Mietverträge zugunsten der ARD modifizieren und dabei hauptsächlich sitzen. Und selbst wenn wir in Ecuador, Venezuela, Kolumbien, Brasilien, Argentinien, Paraguay, Uruguay, Peru, Bolivien und Chile unterwegs sind, benutzen wir die herkömmlichen Verkehrsmittel. Typisches Beispiel: der Ausbruch des Vulkans Puyehue im Grenzgebiet zwischen Argentinien und Chile am 9. Juni 2011. Flug von Rio nach Buenos Aires, aus der argentinischen Hauptstadt mit dem Bus in die (ehemalige) Touristenhochburg Bariloche. Vor Ort wartet ein ortskundiger Fahrer mitsamt seinem Geländewagen und bringt uns bis in die unter den unglaublichen Aschemengen des Vulkans begrabenen Landschaften im argentinischen Patagonien. Wir lassen uns meistens transportieren, und wenn wir mal einen eigenen Mietwagen haben und mehrere Tage damit unterwegs sind, wie in Bolivien bei unserer Reportage zum vierzigsten Todestag von Ernesto Che Guevara im Jahr 2007, dann ist es schon etwas ganz Besonderes.

Und nun das komplette Kontrastprogramm: vom Lederstuhl auf den Ledersitz, vom Fixiertsein zum Fahren, von der Passivität selbst auf Reisen zur aktiven Fortbewegung. Ich fahre Motorrad! Beschleunige auf den geraden Strecken zu Beginn der Fahrt, lege mich in die Kurven, als die Straßen schmaler werden und sich zu winden beginnen, bremse ab vor Gesteinsbrocken und zunehmend häufigen Schlaglöchern, spüre die Hitze der Sonne, wenn wir anhalten, und die Kühle, wenn es weitergeht. Die Enge der minutiösen Planungen wird abgelöst durch die Weite der Landschaft, der Druck fällt von uns ab. Der Fahrtwind schüttelt den silbernen Schutzhelm, der Motor lässt den gesamten Körper vibrieren, und plötzlich fühle ich eine grenzenlose Freiheit. Unwillkürlich grinse ich in den Helm hinein.

Ein vollkommen neues Gefühl: Strecke machen, Kilometer fressen, vorwärtskommen. Ich fühle mich pudelwohl damit und mit meiner neuen Rolle: Jetzt kommt es plötzlich auf Bremsverhalten, Tankfüllungen, Straßenbeläge und Kurvenlagen an. Sieben Wochen durch Südamerika, vorbei an den spektakulärsten Orten und zusammen mit einem Haufen von tollen Menschen: meinem Team! Zusammen haben wir achttausend Kilometer vor uns, und alle sind froh, dass es heute endlich losgeht. Erste Kameraeinstellungen drehen, etwa mit der »langen Tüte«, also dem Spezialobjektiv mit besonders großer Brennweite und Verdoppler. Chris und ich kommen über einen kleinen Hügel gefahren, und die Kamera liegt über einen Kilometer vor uns fast auf Bodenhöhe. Die beiden Scheinwerfer der Motorräder flimmern später auf den digitalen Bildern, und obwohl wir mit beinahe Vollgeschwindigkeit fahren, sieht es aus, als stünden wir. Auch die erste Nahaufnahme von Chris und mir wird gedreht, Florian sitzt auf der Ladefläche am Ende des Vans, die Heckklappe nach oben geschoben. Wir beide fahren in wechselnden Abständen hinter dem Wagen und der Kamera her, die auf uns gerichtet ist. Immer schön parallel nebeneinander, egal wie schnell oder langsam wir fahren. Schon jetzt zeigt sich, dass es ganz wunderbar klappt mit Chris und mir, abends beim Diskutieren und tagsüber beim Fahren.

Von Meereshöhe bei Nazca hinauf in die Anden, mehrfach muss unser peruanischer, eher wortkarger, aber extrem netter Mechaniker Eduardo den Motor an die sich verändernden Verhältnisse anpassen, etwa ein Mal pro tausend Meter Höhenunterschied. Ab etwa zweieinhalbtausend Metern spüre ich es: Die Beschleunigung lässt nach, das Zweirad scheint zu schwächeln. Ab drei Kilometern Höhe sinkt die Höchstgeschwindigkeit, und kurz vor viertausend Metern haben die Maschinen auch den letzten Rest von Spritzigkeit eingebüßt. Man fühlt sich wie auf einem Sofa mit Mofaantrieb.

Sieben Stunden nach unserer Abfahrt: Die Sonne hat sich hinter einer Wolkenwand versteckt, und es beginnt wie aus Kübeln zu schütten. Mittlerweile sind wir auf über viertausend Metern Höhe, mitten in den Anden, und die Hände fallen mir und meinem Freund Chris, stets neben mir auf der anderen Maschine, vor Kälte fast ab. So um die fünfunddreißig Grad Temperaturunterschied zwischen Frühstück und (nicht stattfindendem) Kaffeetrinken, nicht schlecht für den Anfang unserer Reise und meinen ersten Tag auf einem Motorrad in Südamerika!

Schon recht unangenehm, wenn die Handschuhe komplett durchgeweicht sind und dann vom Fahrtwind auf beinahe null Grad abgekühlt werden. Das Wasser kriecht hinter dem Helm abwärts in den Kragen. Nicht literweise, aber so, dass der ganze Rücken feucht wird, genauso wie übrigens die Stiefel. Kneipp-

Kur auf viertausend Metern, Wassertreten in den Anden. Einige Zeit noch versuchen Thorsten und Florian, die »Exotik« der Situation einzufangen und drehen aus der offenen Seitentür heraus. Nicht allzu viel später fallen Chris und ich aus der Kategorie »Spannend« hinunter nach »Häufchen Elend«, und der Regen durchnässt den Teamwagen. Klappe zu, die beiden Abenteurer da draußen werden ihrem Schicksal überlassen. Chris, der Motorradprofi aus Peru, wusste es vermutlich schon, bevor wir losgefahren sind. Ich begreife es in diesen Minuten, als es immer dunkler wird und, nebenbei gesagt, auch immer kälter. Unsere Reise wird spannend, faszinierend und erlebnisreich, aber eines mit Sicherheit nicht: ein pures Vergnügen. Auch auf einer Andenreise ist beileibe nicht alles Gold, was glänzt.

Zum ersten Mal tritt ein, was wir uns vor Antritt der Reise schworen, niemals zu tun: in der Nacht anzukommen! »Viel zu gefährlich!«, hatte Christopher uns im Vorfeld gemailt, »vor allem dann, wenn man die Strecke nicht kennt, wie ihr.«

So brummen wir in immer geringerem Tempo die immer lehmigeren Straßen hinauf, das Wasser quillt jetzt in jeder Kurve aus den Stiefeln wieder heraus. Dann erscheinen am Straßenrand Zeichen von menschlicher Kultur: Gräben, Strommasten, die ersten Häuser. Von Bewohnern jedoch nicht die Spur. Wer geht schon raus bei so einem Sauwetter, mögen die Einwohner des Dorfes Licapa sich denken, und sie haben recht. Alle halten wir hintereinander in einer natürlichen Haltebucht, die drei Wagen und die beiden Motorräder. Verena, unsere Producerin, sucht nach der richtigen Straße. In dieser Zeit quetscht sich die Mehrheit des Teams wie Dosensardinen in die Sitze, während Chris und ich das Ganze von außen beobachten, begossen wie die Pudel.

Gegen einundzwanzig Uhr. Verena kommt zurück, gerade mal eine halbe Stunde ist verstrichen.

»Ich hab's gefunden!«

Keine Reaktion.

»Die Hütte von Salomón, da vorne, gleich rechts hinunter!« Ihre Euphorie will einfach nicht überspringen.

»Okay, Verena«, sagt Thorsten, »dann sollten wir vielleicht einfach mal hinfahren?«

Das tun wir auch, während die Deutschargentinierin ihr blondes Haar in den Nacken und ihre Gesichtszüge in Falten wirft. Stolz, abweisend, unnahbar. »Widerporstig«, wie mein Schwager Helmut sich auszudrücken pflegt.

Wir erreichen Salomóns Behausung, es schüttet wie aus Kübeln, man muss froh sein, dass der Sandweg unter uns nicht weggeschwemmt wird. Und Fahrer Henry schafft es, seinen Van in den seitlichen Graben rutschen zu lassen, direkt neben dem Haus. Na, prima! Chris und mir macht es nicht mehr viel aus, aber die anderen Kollegen fluchen lauthals, als wir zusammen im strömenden Regen das braune Ungetüm herauswuchten. Leider taucht Salomón noch immer nicht auf, wie vom Erdboden verschluckt ist der gute Mann, vielleicht ist er fortgespült worden.

Schließlich kommt er doch noch, gegen zweiundzwanzig Uhr. Klein ist er, wie die meisten Peruaner, einen Hut mit großer, schwarzer Krempe trägt er, dazu undefinierbare, aber in jedem Fall uralte Hosen. Was unglaublich ist: sein Gesicht! Hellwach, beinahe stets grinsend, mit breitem Mund und strahlend weißen Zähnen. Der Mann ist clever, gewitzt und mit allen Wassern gewaschen; ein toller Kerl, supersympathisch. Seine goldbraune Haut würde bei Licht vermutlich goldfarben leuchten.

Er schließt die tiefe Holztüre auf, und schon kann's losgehen. Einchecken in Salomóns Hütte. Unsere Tonne Ausrüstung aus dem Wagen in die Lehmhütte wuchten ist ja auch schnell gemacht. Über eine wirklich wacklige Holztreppe gelangen Axel, Flo, Thorsten, Chris und ich in den ersten Stock, offenbar die gute Stube. Wir machen unsere Taschenlampen an und leuchten den zehn Meter langen, wegen der Dachkonstruktion prismaartigen Raum aus. Und dann passiert Folgendes: Nachdem wir mit der verbleibenden Puste unsere Luftmatratzen aufgeblasen haben und sie auf den Dachboden werfen, entsteht eine Staubwolke, die die gesamte Etage erfasst. Jetzt sehen wir es: Ohne Übertreibung ist die Dreck- und Staubschicht einen Zentimeter hoch, hier hat jedenfalls in den vergangenen hundert Jahren niemand mehr einen Besen benutzt. Axel im Besonderen, aber auch uns vieren, wird ganz anders bei der Vorstellung, in der kommenden Nacht bei jedem Atemzug aus einem Staubsaugerbeutel zu inhalieren.

Wir haben ja schon in Absteigen der untersten Kategorie geschlafen, aber Salomón Qitchkas *adobe,* also seine Lehmhütte, in Licapa, Peru, gehört diesbezüglich zu den absoluten Highlights. Ach ja, das mit der guten Stube in der ersten Etage war irgendwie durchaus ernst gemeint: Die anderen, die unten schlafen, auf einer Art Sitzbank, die an drei Seiten den Empfangsbereich neben dem Eingang einfasst, haben keinen Fußboden vor sich, sondern einen Teich.

Mitternacht oder unwesentlich später: Verena ruft zu Tisch. Sie hat gezaubert, eine Art Pfannengericht mit einem klein gehäckselten, astronautentauglichen Gemisch aus Tofu an Hamburgerpaste mit Fleisch-Atomen. Das Gute: Das Essen ist heiß, und unsere Geschmacksknospen erkennen bei genauerem Hinschmecken, dass sich echte Eier und sogar Kartoffeln darin befinden müssen. Sehen tun wir nichts, es ist »sacknacht«, wie die Oberschwaben Thorsten und Florian es nennen. In der Praxis sieht das Essenfassen so aus: Aus unserer Lehmhütte treten wir nacheinander in den Regen und überwinden die zwölf, fünfzehn Meter bis zur direkt neben dem Lehmhaus gebauten Lehmküche. Mit jedem Schritt bleibt ein Zentimeter Matsch unter unseren Schuhen kleben. Wenn dann die »Essensausgabe« – sorry Verena, du hast dein Bestes gegeben – hinter uns liegt und wir zurück in der Haupthütte sind, tragen wir alle zehn Zentimeter dicke Absätze.

Eigentlich sind wir zu ausgezehrt, um in unseren Vorräten nach einem Bier zu suchen. Irgendjemand, der einen Orden verdient hat, tut es dann doch noch, und so schlingen wir unsere erste On-The-Road-Mahlzeit hinunter, sprachlos vor Müdigkeit und realistischen Bedenken angesichts der uns bevorstehenden Nacht. Dann fallen wir *Fanta Five* in unsere Schlafsäcke im ersten Stock, und eine gigantische Staubwolke breitet sich über über Licapa aus.

Nachtrag: Als ich gegen vier Uhr wach werde, fluchend in meine triefenden Stiefel schlüpfe, mich die ächzende Holzstiege hinuntertaste, draußen im fast gleichstarken Regen einen unverfänglichen Ort für mein Pieseln suche, durch den Matsch zurückwanke, dieselben Treppen erklimme und kurz davor bin, wieder in meine Schlafgelegenheit zu klettern, bemerke ich, dass aus dem früheren Axel aus Berlin/Rio im Schlafsack neben mir eine Auster geworden ist. Nicht nur, dass er sich eingegraben hat in alles Textile, was ihm Schutz vor den Staubangriffen bieten kann, nein: Der Herr Tonmann hat sich geradezu verpuppt, eine Burka-ähnliche, offenbar noch in der Nacht improvisierte Schutzmaske bedeckt Haare, Nase, Hals, Augen, und nur der Mund schaut heraus. Dazu stöhnt er bei jedem Atemzug lauthals auf. Zuerst überlege ich, ob ich ihn aufwecken soll, lasse es dann aber sein. Denn in eine so perfekte Körperlage wird er kaum jemals wieder kommen. Ich gehe schon jetzt davon aus, dass wir es bei Axel »Luschke« Lischke mit einer nicht eben durchschnittlichen Persönlichkeit zu tun haben. Mit einem Grinsen schlafe ich irgendwann ein.

Tag 6

Das Sterben der Gletscher

Salomón, der Hausherr, hatte uns gestern Abend zunächst mit seiner freundlichen Art die Tür geöffnet, uns die Räumlichkeiten gezeigt und auch ein wenig beim Verladen unseres Gepäcks geholfen und war irgendwann unauffällig aus unserem Blickfeld verschwunden. Zwei Tage schlafen er und seine Familie nun bei Verwandten, um uns den vollen Luxus seiner Unterkunft bieten zu können. Natürlich bekommt er dafür eine für unsere Verhältnisse sehr bescheidene, für die dortigen Verhältnisse aber sehr gute Entlohnung. Wo sonst hätten wir auch schlafen können? Die nächste Stadt liegt zweihundert Kilometer entfernt, und in unseren Zelten würden wir weggespült.

Schon gestern also hatte ich Salomón Quichca kurz begrüßen und danach beobachten können, mit welcher fast kindlichen Begeisterung er uns willkommen hieß und diese verrückten Fernsehleute aus seinen Knopfaugen taxierte. Wie diese Leute aus Gott weiß woher binnen Minuten sein Haus auf den Kopf stellten und mit merkwürdigsten Gerätschaften zustellten. Mit einem amüsierten Lächeln hörte der spindeldürre Peruaner uns bei unseren Diskussionen auf Spanisch, Englisch und Deutsch (!) zu, aber die Zeit bis zu seinem plötzlichen Verschwinden reichte nicht, mit ihm in Ruhe zu reden und ihn kennenzulernen.

Heute früh soll sich das ändern: Als wir Herren der Schöpfung nach wenigen Stunden Schlaf von Verena geweckt werden, steht Salomón bereits im Parterre parat, brennend auf die Abenteuer dieses Tages zusammen mit uns. Wieder dieses unverschämt sympathische Lächeln, mit dem er beobachtet, in welchem Zeitlupentempo wir in die Gänge kommen. Und das, obwohl wir heute die Morgentoilette mangels Gelegenheit schon nach Minuten beenden. Erst nach dem starken Morgenkaffee beginnen die ersten halbwegs sinnvollen Sätze aus unserem Mund zu fließen.

Mit zwei Plastiktassen »Löslichem« gehen er und ich in seinen Garten, vor nicht allzu langer Zeit muss es aufgehört haben zu regnen. Fahles Sonnenlicht wärmt den durchnässten Boden, als wir zum ersten Mal miteinander sprechen. Wieder fallen mir seine Bauernschläue auf, seine Zuvorkommenheit und sein großes Interesse an dem, was die ARD hier tut und plant. Gerade mal dreißig Jahre alt ist er, aber schon der unangefochtene Familienvorsteher für seine Kinder, seine Frau und seine alte Mutter. Vielleicht einen Meter siebzig groß, wirkt Salomón in seiner zu großen Tierfelljacke fast zerbrechlich. Wettergegerbt sein Gesicht, strahlend weiß seine Zähne, die er bei jedem Lachen zur Schau stellt. Er ist Alpakazüchter – deswegen hat Verena ihn ausgesucht.

»Wie kommt es«, frage ich, »dass du so jung bist und schon der Chef im Haus?«

»Es ging ja nicht anders«, versetzt er mit seinem entwaffnenden Grinsen, »mein Vater ist schon früh gestorben. Und meine neun Brüder sind weggezogen!«

»Neun Brüder«, frage ich, »und alle sind weggezogen aus Licapa? Warum?«

Sein Gesicht verliert zum ersten Mal Leichtigkeit und Humor.

»Na, weil unsere Lage immer schlimmer geworden ist und das Geld nicht mehr gereicht hat!«

»Ihr habt also immer weniger Geld verdient mit euren Alpakas?«

»Genau«, antwortet er mit bitterem Unterton, »die Händler haben immer weniger gezahlt, und unseren Tieren geht es immer schlechter.«

»Wo stehen sie denn«, frage ich, »hier in der Nähe deines Hauses?«

»Nein, unten im Tal neben der Fernstraße. Wollt ihr sie sehen?«

Genau das wollen wir. Wir packen unsere Ausrüstung zusammen und verladen sie in den Van von Fahrer Henry. »Kleines Besteck« also, die beiden anderen Wagen können zu Hause bleiben, und die übrigen Peruaner entspannen. Zusammen mit Salomón, der uns den Weg zeigt, geht es los. Erst jetzt bemerken wir, wie klein Licapa tatsächlich ist: zwei Querstraßen und vielleicht dreißig Häuser, alle im Stil des von uns angemieteten. Ab und zu kommen uns lachende Männer entgegen, vorsichtig lugen Frauen und Mädchen mit langen, schwarzen Zöpfen aus den Türen, gekleidet in ihre typischen, knallbunten Farben. Manchmal erscheinen Kinder, die neugierig sind, um dann in scheinbar hektischer Panik und zugleich grinsend vor uns zu flüchten. Wir fahren gerade mal zehn Minuten, bis wir von der Straße abbiegen, in ein von Feldwegen, Grasflächen und Bächen durchzogenes flaches Tal hinunter. Dann geht es wieder ein Stück hinauf zu einer ebenen Fläche am Fuß eines vielleicht 4800 Meter hohen Andengipfels.

Salomón dirigiert den Fahrer und weist schon lange im Voraus auf kommende Geröllansammlungen und Furten hin. Dann sagt er: »So, hier hinauf, dann haben wir es geschafft!«

An zwei gedrungenen Steinbaracken lässt er Henry parken, nebenan stehen seine Tiere, dicht gedrängt und unseren Auftrieb misstrauisch beäugend.

»Kommt herein«, lädt Salomón uns ein, »meine Familie ist schon seit Sonnenaufgang hier und erwartet euch.«

Wir klettern förmlich in die enge, fast lichtlose Behausung. Dort sitzen sie: Salomóns Frau, seine drei Kinder und die Mutter, die sofort einen gewaltigen Eindruck auf uns macht. Ihre faltige Haut, ihre geschätzten zehn braunschwarzen Röcke verleihen ihr den Status einer Matrone. Der tief in die Stirn gezogene Hut lässt uns ihr unglaublich ausdrucksstarkes Gesicht nur dann sehen, wenn sie ihren Kopf in den Nacken wirft. Ein Bild von einem Gesicht: zerfurcht, gegerbt von der Höhensonne, müde geworden von den großen Anstrengungen. Aber in Wirklichkeit ist sie vermutlich nicht älter als höchstens sechzig, wenn ich Salomóns Alter hochrechne. Der Ernst fällt von ihr augenblicklich ab, als ihr Sohn und wir beginnen, Scherze zu machen. Ein Strahlen überkommt sie, fast ist es, als beginne sie von innen her zu leuchten.

»Habt ihr Hunger?«, fragt sie uns.

»Aber immer!« Thorsten und Florian geben ihre Antwort synchron, bevor ich noch freundlich-bescheiden ablehnen kann.

»Gut, dann setzt euch!«

Aus einem Kessel über der winzigen Feuerstelle holt sie Erdäpfel hervor, immer einen nach dem anderen, und reicht sie uns weiter.

Zum Frühstück gibt's die tolle Knolle: ohne Salz, ohne Butter, ohne Gemüse. Und doch ein wahrer Hochgenuss: wie immer in Peru, der Heimat der Kartoffel. Über dreitausend Arten hat man schon gefunden, und dank professioneller, indigener Kartoffelläufer, die tage- und wochenlang an den entlegensten Stellen der Anden herumkraxeln, um neue Spezies zu suchen, werden es Jahr für Jahr mehr. Wir haben mal einen kompletten »Weltspiegel« über das Thema gedreht.

Die Andenbewohner leben hauptsächlich von Erdäpfeln. Dreimal am Tag: gekocht, püriert, geröstet, gebraten. Als natürliche Kochplatte dient bei der jahrtausendealten Kochkunst die *pachamanca* (Topf der Erde): glühend heiße Steine, die in ein zwei Mal zwei Meter großes Erdloch geworfen werden. Gut hundert Kilo Kartoffeln darüber verteilt und dann mit Gräsern und Erde luftdicht verschlossen. Zu seltenen Festtagen kommt noch Fleisch dazu, aber für so einen Luxus haben Familien wie die Quichcas beileibe nicht die Mittel. Dann brutzeln die stärkehaltigen Rundlinge um die zwei Stunden vor sich hin. Beim Öffnen des Steinofens explodiert ein Geruch, der jedem Beobachter auf der Stelle das Wasser im Munde zusammenlaufen lässt. Ein Festessen ist das, garantiert!

Viermal mehr Vitamin C als Äpfel oder Birnen enthält die Kartoffel, und sie ist praktisch fettlos. Sieglinde oder Grata, das ist die Frage in deutschen Supermärkten. In Peru dagegen: Varianten von A bis Z, von violett bis blau, von gewellt bis bananenförmig. Das Internationale Kartoffelinstitut in der Hauptstadt Lima ist das Fort Knox der Knollen, hier werden Proben aller gefundenen Sorten gefroren und gesammelt. In den nächsten zwanzig Jahren, so die Wissenschaftler, wird die Weltbevölkerung jährlich um einhundert Millionen Menschen wachsen, und die Ernährungsprobleme haben längst begonnen. *Solanum tuberosum* könnte dazu beitragen, diese in den Griff zu bekommen, denn die Kartoffel wächst auch dort, wo Reis und Mais nicht mehr angebaut werden können. Das einstige Schmuddelkind hat sich zum viertwichtigsten Grundnahrungsmittel der Welt gemausert. Auch Gentechnik wird eingesetzt, um die »olle Knolle« noch leistungsfähiger zu machen.

Peruanische Wochenmärkte sind ein Schmaus für den Gaumen und fürs Auge. Kartoffeln und Süßkartoffeln: *Camote, Camotillo* und *Canchan, Mariba, María Legítima* und *Mashua*. Fest- oder weichkochend, früh- oder spätreif, mehlig oder körnig.

Das nationale Nahrungsmittel bietet unzählige Varianten. Meine Lieblingskartoffel etwa heißt *Chiriruntus:* gelblich, fest, klein, mit einem Geschmack, der an Eigelb erinnert. Peru jedenfalls ist die Heimat der Urkartoffel. Seit achttausend Jahren ernährt das Nachtschattengewächs ein ganzes Volk.

Auch heute früh mundet es uns, vielleicht noch besser als sonst: die Erzählungen von Salomón und seiner Mutter faszinieren uns. Fast hypnotisierend: dieser Lagerfeuerrauch, diese ruhige Erzählweise, diese Entspannung beim Zuhören auf dem nackten Boden. Es ist also ein wenig schade, dass das Frühstück irgendwann verzehrt ist und Salomón uns zum Mitgehen auffordert.

Draußen: grellstes Sonnenlicht. Zum Glück können zumindest Chris und ich sofort unsere Motorradsonnenbrillen aufsetzen. Wir versammeln uns am Gatter, und dann zeigen uns die Alpakazüchter, zu welchen Aktionen die große Trockenheit in den Anden sie mittlerweile zwingt: In gigantischen Spritzen ziehen die Quichcas ein gelblich-geleeartiges Medikament auf, werfen ihre Alpakas seitlich auf den Boden und impfen die kreischenden, röhrenden, herrlichen Tiere mit ihren rosaroten Schleifen an den Ohren, das weithin sichtbare Zeichen für den Status »Eigentum von Salomón«.

»Unsere Alpakas sind kraftlos«, sagt er, während er ein Tier nach dem anderen behandelt, »weil ihnen das Gras fehlt. Sie haben nicht in ausreichendem Maß Nahrung. Das alles kommt daher, dass hier Wasser fehlt. Und das wiederum liegt daran«, doziert er, »dass wir keinen Schnee und kein Eis haben. Nur wenn die Gletscher mit Eis bedeckt sind, kommt hier im Tal genug Schmelzwasser an. Jetzt fehlt das Gras, weil es kein Wasser gibt.«

So teuer sind die Impfungen, dass Familien wie die Quichcas nun von der Hand in den Mund leben müssen. Trotz der gelben Spritzen verenden Jahr für Jahr mehrere ihrer Alpakas. Die Kameltiere sind wunderschön, friedlich und vor allem genügsam; doch wenn ihnen Wasser und Gras fehlen, werden sie krank.

Dehydrierung und Unterernährung: Folge der Gletscherschmelze, Folge des Klimawandels. In den vergangenen zwanzig Jahren ist in Peru ein Fünftel aller Gletscher verschwunden. Die globale Erderwärmung, die von 1955 bis 2005 im Weltdurchschnitt rund vierzehn Meter Eis an den Gletschern abgeschmolzen hat: eine Katastrophe in jeder Beziehung. Der Campo de Hielo Norte etwa, das Nordpatagonische Eisfeld in Chile, war in den vergangenen drei- bis fünftausend Jahren fast stabil. Nach 1975 hat es dann in gut zwanzig Jahren 174 Quadratkilometer Eisfläche verloren. Das Gletschersterben verläuft rasant, allein der San-Rafael-Gletscher im Nordpatagonischen Eisfeld ist seit Ende des 19. Jahrhunderts zehn Kilometer kürzer geworden. Gerade in Patagonien, durch das wir auf unserer Motorradreise in Richtung Süden kommen werden, schmelzen die Eisflächen in dramatischer und weltweit einmaliger Geschwindigkeit. Bis 2030, so schätzen Experten, werden viele der früheren monströsen Eiskappen in den Anden vollkommen verschwunden sein.

Morgen früh werden wir einen Mann treffen, der sich vorgenommen hat, das nicht zuzulassen.

Tag 7

Der »Weißheit« letzter Schluss

Am frühen Morgen ist es schneidend kalt und feucht, die Motorräder sind mit Tau überzogen. Nur vereinzelte Einwohner von Licapa wagen sich auf die zwei Straßen hinaus. Doch das soll sich bald ändern, als sich die ARD in Gang setzt beziehungsweise in Gang setzen will. Denn die beiden Zweiräder, die gestern bereits stockten und spuckten, wollen heute früh gar nicht mehr anspringen. Wir schieben, zerren und lassen die Kupplung brutal kommen. Ein Motorrad brummt bereits, aber das andere bleibt stumm. Eduardo, unser Mechaniker, schwitzt vor Anstrengung und Ärger, aber es hilft nichts. Dann endlich hat mein Mitstreiter Chris Kalafatovic die im wahrsten Sinne des Wortes zündende Idee: Er setzt sich auf seinen »Bock« und schiebt Eduardo auf dem anderen mit gestrecktem Bein den Hügel hinauf und wieder hinunter. Dutzende Männer, Frauen und Kinder sind mittlerweile aus ihren Häusern gekommen und beobachten das Spektakel. Zuerst amüsiert, dann lauthals lachend. Schließlich kommen wir in Gang und winken ihnen triumphierend zu.

Es geht hinauf, einige Kilometer felsiger Pfade müssen wir bergan fahren, bis eine weitere Ziegelbaracke vor uns liegt. Diesmal stehen auf der Koppel keine Alpakas, sondern die deutlich größeren und robusteren Lamas. Als wir von unseren Motorrädern absteigen und auch die Kollegen sich aus ihrem Lieferwagen geschält haben, kommt ein Mann in dickem, grünem Anorak auf uns zu. Wir haben so viel über ihn gelesen, jetzt steht er leibhaftig vor uns. Er ist der Grund, weshalb wir nicht nur unsere Route so gewählt haben, dass sie durch die Umgebung von Licapa führt, sondern auch den gesamten Filmbeginn völlig neu konzipiert haben.

Eigentlich war unsere Idee, mit den oben beschriebenen Kartoffelläufern eine ihrer Entdeckungstouren durchs Hochgebirge zu machen. Eine schöne Geschichte, die viel mit der Kartoffel und damit viel mit der Kultur Perus zu tun hat. Verena, die Produzentin, hatte alle Termine bereits festgezurrt, als ich eine winzige Meldung in einer lokalen Zeitung las. Wenige Zeilen, die mich elektrisierten! Als ich Verena über die Änderung des Masterplans informierte, war sie zuerst *not amused,* denn bis zu unserem Drehbeginn blieben nur noch wenige Wochen. Aber wer Verena kennt, weiß, dass sie Herausforderungen in Wirklichkeit liebt. Also nahm sie binnen weniger Tage Kontakt zu unserem peruanischen Hauptdarsteller auf, passte die Streckenführung an die neuen Bedürfnisse an, sagte den Kartoffelläufern ab und hat es geschafft, dass Eduardo Gold heute Morgen vor uns steht.

Ein freundlicher, in sich gekehrter, ruhiger Zeitgenosse mit offenbar nicht eben lateinamerikanischen Wurzeln, seine Haut ist deutlich heller als die der umstehenden Bauern. Er trägt eine wirklich krasse, nämlich gelb getönte Brille. Kurzhaarschnitt, dicke, robuste Wanderschuhe und einen Schal, der ihm aus dem Anorak quillt, um ihn vor der Kälte der Anden zu schützen. Dieser fünfundfünfzigjährige Peruaner hat es sich zum Ziel gesetzt, mit einer einzigen Idee die Welt zu retten.

Eduardo Gold hatte über die letzten Jahrzehnte sein Geld als Erfinder verdient und mehrere Dutzend Patente gesammelt, die es ihm offenbar ermöglichten, ohne größere finanzielle Engpässe durchs Leben zu kommen: Motoren, Hydraulik und einige Erfindungen mit Temperatur senkenden Industriefarben. Ein sehr erfolgreicher und geradezu wohlhabender Mann, bis eine schwere Krebserkrankung sein Leben auf einen Schlag veränderte. Die Ärzte räumten ihm kaum Überlebenschancen ein, und trotzdem schaffte er es mit dem ihm eigenen Willen und der ihm eigenen Zähigkeit. Schon im Krankenhaus schwor er sich eines: Wenn er nicht sterben würde, wollte er den Rest seines Lebens für die Menschheit arbeiten, nicht mehr für sein Ansehen oder das Portemonnaie.

Als klar war, dass er dem Tod noch einmal von der Schippe springen würde, raffte er sich tatsächlich auf und fasste alles jemals von ihm Erfundene in einer neuen Vision zusammen. Jahre dauerte die Entwicklungsphase, jahrelang testete er die Idee auf Praktikabilität, und schließlich ging er an die konkrete Umsetzung: Für die Rettung der Anden wählte er die Gegend um Licapa aus – um genau zu sein den dortigen »Hausberg« Chalon Sombrero. Der gehört der Kommune und damit den Familienvorständen in dem kleinen Dorf. Letztere fanden die Ideen des Herrn Erfinders aus der Hauptstadt zwar in hohem Maß verrückt, wer würde das nicht tun, aber auch ziemlich interessant. Denn für die verarmten Männer, darunter natürlich Salomón, bedeutete der Plan einen Hoffnungsschimmer. Eduardo Gold bot ihnen, zumindest zwölf von ihnen, einen Job für die nächsten Jahre an. Ihr Arbeitsplatz: der Fünftausender-Gipfel oberhalb ihres Dörfchens.

Langsam kommt die Sonne heraus, als wir so zusammenstehen bei der Koppel mit den hoch aufgeschossenen Lamas, auch sie tragen Schleifen im Ohr. Das weitere Vorgehen haben wir jetzt besprochen, ich nehme Eduardo als Beifahrer mit auf die Reise. Eine spannende Unterhaltung über seine Lebensgeschichte und seine Ideen. Dann werden die Lamas herausgelassen, und Chris sowie der Südamerikakorrespondent der ARD zusammen mit einem Peruaner hinter ihm auf der Sitzbank betätigen sich als motorisierte Hirten: Die Lamas preschen vor uns auf der Straße her, und wenn eines ausbüxen will, treiben wir sie auf unseren Zweirädern wieder zusammen. Ein tolles Bild für Thorsten, der uns in einem der Geländewagen begleitet und diese Szene selbstverständlich filmen will. Florian ist übrigens in einem anderen Wagen bereits am Morgen zu dem Treffpunkt unterhalb des Chalon Sombrero vorausgefahren, zu dem wir gerade in Begleitung der Kameltiere unterwegs sind. Er will, bis wir ankommen, den Kamerakran aufbauen.

Am späten Vormittag erreichen wir unser Ziel. Die Lamas haben unsere Treibjagd gut überstanden, versammeln sich im Schatten bei einer Felshöhle und entspannen in der Kleingruppe. Auch die Männer aus Licapa sind mittlerweile eingetroffen, darunter der freudig strahlende Salomón. Die zwölf Arbeiter lachen und scherzen, die für uns ziemlich erstaunlichen 4200 Meter Höhe machen ihnen rein gar nichts aus. Wir dagegen prusten und japsen bereits, als wir die Stative, Batterien und Kameras zum Drehort auf einem kleinen Hügel tragen. Selbst der Hauptstadtbewohner und Flachlandperuaner Christopher ächzt, auch für ihn ist die dünne Luft nicht seine natürliche Umgebung.

Bevor wir die Kamera für das Interview mit Eduardo Gold vorbereiten, wollen Thorsten, Axel und ich noch schnell bei Florian vorbeischauen. Tatsächlich liegen die Einzelteile des Krans bereits nebeneinander auf dem felsigen Boden, aber von unserem Herrn *crane operator* ist weit und breit nichts zu sehen. Wir fragen einen der Nachbarn von Salomón, wo unser Kollege denn abgeblieben sei. Er weist mit dem Daumen herunter ins Tal und beginnt, lauthals zu lachen. Wir sind erstaunt und wollen gerade unverrichteter Dinge wieder abrücken, als wir Florian sich den

Berg hinaufschleppen sehen. Er prustet und ringt nach Sauerstoff, als er uns schließlich erreicht:
»Leute, ich halt's nicht aus!«
»Was?«
»Na, die Höhe. Ich kriege überhaupt keine Luft hier oben!«
»Und was machst du da unten?«, frage ich kopfschüttelnd.
»Luft schnappen!« Florian versteht nicht, dass wir ihn nicht verstehen. »Da unten ist es besser. Liegt hundert Meter tiefer, da kann ich durchschnaufen.«
»Und du glaubst nicht«, meint Thorti süffisant, »dass du beim Hoch- und Runterlaufen dreimal mehr Energie verbrauchst, als wenn du hier oben bleiben würdest?«
»Hey Leute, ich hab' keine Alternative! Hier oben geht es gar nicht, nach fünf Minuten glaub' ich, ich ersticke!«
»Oh Mann, Flo, du Weichei!« Thorsten ist entsetzt. »Und jetzt sollen wir deinen Kran aufbauen?«
»Tja, müsst ihr wohl! Ich bin am Ende!«
Wir schütteln kollektiv die Köpfe, und Axel, dessen eigene Gesichtsfarbe langsam ins Grünliche wechselt, sagt grinsend: »Okay, aber du hilfst mit.«
Also bauen wir am Kran herum, schleppen Geröllbrocken herbei und füllen damit die Gewichtssäcke. Als der Koloss endlich gebrauchsfertig dasteht, sind anderthalb Stunden vergangen, und wir alle sind körperlich ziemlich erledigt.
»Okay, Leute«, sage ich schwer atmend, »machen wir jetzt das Interview?«
»Gleich. Erst mal 'n Rettli.« Thorsten fischt eine Lucky Strike aus seiner Schachtel und setzt sich auf einen Felsen. »In der Ruhe liegt die Kraft!« Ich rauche mit, Axel rümpft die Nase, und Florian geht zur Sauerstoffbehandlung hinunter ins Tal.
Endlich ist es dann so weit. Eduardo steht bereit, und unser erstes Gespräch mit dem Erfinder kann beginnen. Im Hintergrund beladen die Männer aus Licapa ihre Lamas mit fünfzig Kilo

schweren Säcken, die stärksten Tiere können drei Stück von ihnen schultern, die kleineren schaffen immerhin noch zwei.

Erste Frage: »Eduardo, was ist in den Säcken?«

»Das ist ein ganz spezieller Kalk«, meint Señor Gold, und augenblicklich fährt eine bislang nicht beobachtete Energie in den Mann. »Für eine andere Erfindung, einen Motor, habe ich jede Menge Trockeneis benötigt, und dabei ist als Abfallprodukt dieser weiße Kalk entstanden.«

»Und was machst du damit?«

»Dieser Kalk ist so beschaffen, dass er die Oberflächentemperatur sinken lässt, durch ganz bestimmte chemische Reaktionen. Genau diese Eigenschaft nutze ich, um hier auf dem Gipfel wieder Schnee und Eis entstehen zu lassen. Ich benutze den Kalk, um den Gipfel des Chalon Sombrero weiß zu streichen!«

Natürlich wussten wir bereits im Groben vorher, was Eduardo plant, aber es dann in einem Satz bestätigt zu hören ist doch schon eher befremdlich.

»Aber wieso sollte das funktionieren?«

»Ganz einfach: Ich wende die Gesetze der Physik an, zum Wohle der Menschheit. Eine dunkle Fläche erhitzt sich durch die Sonneneinstrahlung auf rund zwanzig Grad Celsius. Wenn der Schnee einmal abgeschmolzen ist, besteht durch diese Erhitzung des Bodens praktisch keine Chance mehr, dass er jemals in der Zukunft wieder liegen bleibt. Durch meinen Kalk aber wird der Gipfel wieder weiß und reflektiert die Sonne. Damit bleibt er kalt, statt zwanzig nur noch fünf Grad warm. Und wenn es dann schneit, bleibt der Schnee liegen.«

Für dieses womöglich letzte Großprojekt seines Lebens hat Eduardo eine Hommage an einen der bekanntesten Songs der Rolling Stones gewählt: »*Paint it white*«, »streich' ihn weiß!« Auf den ersten Blick jedenfalls: total durchgeknallt, der Mann. Aber deshalb sind wir ja auch hier.

Nun kommt die sogenannte Anfangsszene des Aufstiegs: einige Lasttiere, einige Hundert Kilo Kalk und die höhentauglichen Malermeister unter der Führung des Herrn Erfinders sowie wir in seinem Gefolge. Die Lamabesitzer treiben also ihre schwer bepackten Tiere an der Kamera vorbei, dann folgen Salomón und seine elf Kollegen, dann Eduardo, Chris und ich. Dabei soll sich die Kamera auf dem Kran langsam nach oben bewegen und den Blick auf den Chalon Sombrero freigeben, der majestätisch über uns thront.

Doch irgendwie laufen die Tiere zu schnell und wir zu langsam. Bis aber Thorsten und Florian sich dazu durchgerungen haben, die Szene zu wiederholen, sind Salomón & Co schon über alle Berge. Es dauert beinahe eine halbe Stunde, die Menschen-und-Tier-Truppe wieder hinter der Kamera zu versammeln, unter deutlichen Missfallensbekundungen der Männer aus Licapa übrigens.

Der zweite Versuch glückt, und wir atmen auf. Aber nicht lange! Schon nach lächerlichen fünfzig Höhenmetern denken wir, unsere Köpfe würden platzen. Dann wird es immer steiler, und wir fühlen uns nach jeweils wenigen Schritten wie kurz vor dem Kollaps. Furchtbar, diese Kopfschmerzen, furchtbar, diese Krämpfe in den Waden und Oberschenkeln. Wir hecheln den Berg hinauf, nur Eduardo hält sich mit seinen Beschwerden zurück. Fast leichtfüßig steigt er empor, was Chris und ich überhaupt nicht lustig finden, denn wir müssen für die Reportage zusammen mit ihm im Bild sein. Drei bis vier Kilometer sind es bis zum Ziel und beinahe achthundert Höhenmeter, die wir schaffen müssen. Reinhold Messner würde darüber lachen, wir tun es nicht.

Als wir schließlich vollkommen erschöpft oben auf fünftausend Metern ankommen, sind die Jungs aus Licapa bereits längst bei der Arbeit, und auch Eduardo zwängt sich in einen orangefarbenen Schutzoverall.

»Warum tragt ihr diese Kleidung?«, pruste ich.

»Weil die Kalkfarbe sehr aggressiv ist«, meint Eduardo, »und weil sie die Haut verätzt!«

Wir denken über die Ökologie als solche nach und beobachten, wie Salomón und seine Kollegen den weißen Kalk kiloweise in eine Plastikwanne mit Wasser schütten und mehrere Minuten lang mit einem Holzbalken umrühren, bis sich die Klumpen aufgelöst haben.

Was dann kommt, ist so einfach, dass man es fast archaisch nennen möchte: Die Bergmaler bewaffnen sich jeweils mit einem Wassereimer und einem kleinen Messbecher und klettern die Steilwand hinauf. Schon vier Hektar erstrahlen in zahnpastawerbungstauglichem Weiß, und jeden Tag werden es einige Dutzend Quadratmeter mehr. Aus der Theorie ist Praxis geworden. In hohem und weitem Bogen ergießt sich die gesättigte Wasserlösung über die Felsen. Drei Mal, an aufeinander folgenden Tagen, muss man den Vorgang wiederholen, bis ein Flecken Andenerde vollkommen weiß ist und selbst der Regen die Chemiefarbe nicht mehr abwaschen kann.

»Eduardo«, frage ich, »was kostet es, einen Andengipfel zu streichen?«

»Eine Tonne Kalk kostet mich in der Herstellung etwa dreihundert Dollar. Und die reicht so in etwa für einen halben Hektar.«

»Gar nicht so teuer, oder?«

»Nun, das kommt drauf an. Sechshundert Dollar kostet ein Hektar, und wir wollen etwa vierzig Hektar streichen, also sind das schon mal vierundzwanzigtausend Dollar. Aber das sind die geringsten Kosten. Der Kalk muss aus einer Fabrik nach Licapa transportiert werden und von dort auf den Gipfel. Das ist alles sehr teuer.«

»Stimmt es wirklich, dass die Weltbank in »*paint it white*« eingestiegen ist?«

»Ja«, Eduardo strahlt, »das stimmt wirklich!« Man fühlt, wie stolz er darauf ist.

Was hatten die Leute den Mann verspottet. Jahrelang. Doch

dann reichte er sein Projekt ein und begründete es wissenschaftlich und siehe da: Die Unterorganisation der Vereinten Nationen aus Washington D.C. fand es interessant, vielversprechend und förderte es mit zweihunderttausend Dollar. Nach der Verleihung dieses Gütesiegels erster Klasse waren die Kritiker verstummt.

»Wie lange wird es noch dauern, den Berg zu streichen?« Eine durchaus berechtigte Frage angesichts der gerade erst begonnenen Titanenarbeit.

»So etwa zwei, drei Jahre liegen schon noch vor uns. Und den ganzen Chalon Sombrero wollen wir auch gar nicht schaffen. Es geht um eine vierzig Hektar große Fläche unterhalb des eigentlichen Gipfels, hier ...«, er zeigt mit seinen Armen in beide Richtungen, »... nach links und rechts, dort hinauf.« Dabei gestikuliert er weit ausholend, sodass vor unserem geistigen Auge die gesamte Steilfläche in strahlendes Weiß getaucht wird. So überzeugt ist Eduardo, so willensstark, so euphorisch.

»Letzte Frage, Eduardo, hast du denn schon erste Erfolge vorzuweisen? Kann man schon etwas sehen?«

Er grinst, fast so, als hätte er auf diese Frage gewartet, bei seinem ersten Interview für ein Fernsehprogramm überhaupt. »Oh, ja! Kommt mal mit!«

Zusammen mit einem Vorarbeiter klettert er dann schräg bergan auf über fünftausend Meter in die Mitte des bereits geweißelten Steilhangs. Und wir hecheln hinterher.

Dann bückt er sich und dreht sich fast in Zeitlupe zu uns herum. In seiner Hand: eine große, feste, weiße, kalte Kugel, die er im Aufstehen geknetet hat. Mit überwältigendem Selbstbewusstsein sagt der Fünfundfünfzigjährige:

»Seht hier: der erste Schnee! Er kommt zurück!«

Wir können es nicht glauben, obwohl wir es sehen: Überall auf dem getünchten Feld bemerken wir jetzt die ersten Flecken, in denen sich Schnee gesammelt hat. Nicht viel, ein paar Zentimeter nur, aber wenn das kein sensationeller Erfolg ist!

»Wir hoffen«, fügt Eduardo am Schluss noch hinzu, bevor wir uns auf den vergleichsweise gemächlichen Heimweg ins Tal machen, »dass wir die Oberflächentemperatur noch weiter senken können. Im Augenblick sind wir bei fünf Grad. Wir wollen durch eine neue Rezeptur der Farbe vielleicht drei Grad schaffen. Wenn das klappt«, und jetzt setzt der Herr Erfinder ein Siegergrinsen auf, »dann wären unsere Erfolge noch wesentlich besser!«

Wir verabschieden uns von Salomón, dem Alpakazüchter aus Licapa und seinen Kollegen, die mithelfen, eine der verrücktesten, aber vielleicht auch innovativsten Ideen der letzten Jahre in die Tat umzusetzen. Ihren durch den Klimawandel leidenden Familien hilft das Projekt schon jetzt. Die Sonne sticht auf uns herab, als Salomón und wir uns am Ende umarmen, die tiefe Bläue des Himmels über dem Chalon Sombrero ist fast unwirklich. Und dann steigen wir zu Tal.

Nach etwa einem Kilometer halten wir noch einmal inne und schauen zurück: auf einige Lamas, die sich in den Schatten gestellt haben und kaum mehr zu erkennen sind, und auf mehrere orangefarbene, sich langsam bewegende Punkte auf einer großen, weißen, fast quadratischen Fläche unterhalb des Gipfels.

Neben uns steht Eduardo, der sich wieder in seinen grünen Anorak gehüllt hat. Ich schaue ihn fasziniert von der Seite an, wie er sein Werk aus der Ferne betrachtet. Ruhelos seine Augen hinter seiner gelben Brille, schon wieder rechnet er offenbar Formeln im Kopf durch, arbeitet an Optimierungen, überschlägt Transportkapazitäten. Ist er ein Spinner oder ein Genie? In ein paar Jahren wird man es wissen. Vielleicht funktioniert seine Idee, vielleicht kommt das Eis zurück, vielleicht ist sein Rettungsversuch der »Weißheit« letzter Schluss.

Tag

8

Zombies in Huancarama

Nicht, dass das Programm am gestrigen Tag nach dem Abstieg vorbei gewesen wäre: Wir gerieten beim Hinunterfahren nach Licapa in einen regelrechten Schneesturm, mit der Geschwindigkeit eines Fußgängers tasteten wir uns hinab, und der Transportwagen wie unsere Motorräder gerieten dabei mehrfach ins Schlingern und Rutschen. Chris und ich fühlten, wie uns fast die Hände abfroren, aber auch der Rest des Teams hing völlig durch. Mit letzter Kraft ließen sich Thorsten und Verena, vor allem aber Axel und Florian in den Wagen fallen, blass vor Erschöpfung.

Im Nachhinein war es genau dieser verflixte siebte Tag, der uns physisch den Garaus machte: Schon angeschlagen durch die anstrengende Anreise aus Rio und teils sogar Europa, nach der kräftezehrenden Wanderung auf die Düne und dem folgenden

Tag der Dehydrierung, der Fahrt von Nazca auf Meereshöhe hinauf in die Anden und einer wahrlich wenig entspannenden Nacht in Salomóns Dachstube hatten wir zu Fuß fast tausend Höhenmeter überwunden, bis wir schwindelerregende fünftausend Meter erreichten. Praktisch ohne vorherige Akklimatisierung. Thorsten, Verena und mir machte das nicht allzu viel aus, wir hatten in den vergangenen Jahren mehrfach in großer Höhe gearbeitet: in Bolivien, Ecuador und auch Peru. Aber für die Flachlandtiroler Axel und Florian war es einfach zu viel. Und dann noch dieser Temperatursturz am späten Nachmittag. Alles zusammen hatte aus unserem kraftstrotzenden Team binnen einer einzigen Woche einen hustenden, fiebernden, frierenden, von Krämpfen geschüttelten, bemitleidenswerten Haufen gemacht.

Ansonsten: Obwohl ich mir geschworen habe, niemals, und das bedeutet niemals, in der Nacht zu fahren, war es anders gekommen. Die Dinge hatten sich zwar »nur« in normalem Umfang verzögert, das heißt um vier bis sechs Stunden, aber Chris und ich mussten deshalb in die Dunkelheit hinein über rollsplittige, steile, ungesicherte Serpentinen bis ins Tal fahren, um kurz vor der Stadt Andahuaylas wiederum in einen grässlichen, eiskalten Regen zu geraten. Es war jedenfalls »sacknacht«, als wir alle im Billighotel eincheckten. Nicht mal für das Wechseln unserer durchnässten Kleidung hatten Chris und ich noch die Energie und fielen nach dem Verschlingen eines geschmacklosen halben Hühnchens und eines nicht erwähnenswerten Dosenbiers ins Bett.

Heute Morgen: Nach furchtbar kurzer Nachtruhe ist das Wetter besser als gestern, die Wege aber sind schlechter. Kurz noch ein Wort zu Thorsten. Meinen peruanischen Kollegen hatte ich ihn folgendermaßen vorgestellt: »*Eso es Thorsten. Come mucho, bebe mucho, duerme mucho – trabaja nada!*« »Das ist Thorsten. Der isst viel, trinkt viel, schläft viel – und arbeitet nichts!« Nach wenigen Tagen wussten natürlich alle, dass diese Beschreibung ein absoluter Hohn war, denn Thorti ist ein Tier in jeder

Beziehung. Wenn normale Kameramänner ihren Schalter umlegen auf *off,* dann fängt der Mann vom Bodensee erst an. Absoluter Perfektionist, detailverliebter Spieler, schmerzunempfindliche, oberschwäbische »Kampfsau« und nebenbei auch noch der Cutter dieses Filmes. Niemand sonst könnte dieses übermenschliche Pensum über sieben Wochen durchhalten. Während im Teamwagen, den Fahrer Henry umsichtig steuert, über Tag recht viel geschlafen wird, sitzt Thorsten auf seiner hinteren Sitzbank, eingezwängt zwischen Kabeln, Lautsprechern, Festplatten und Mäusen und schneidet den Andenfilm. Dieser Film ist Thorsten, und Thorsten ist dieser Film.

Verena, unsere Chief-Producerin für den spanischsprachigen Raum in Südamerika (alle Länder außer dem portugiesischsprachigen Brasilien, für das unsere andere Perle zuständig ist, Maria Adélia de Mendonça, zu der ebenso viel zu sagen wäre) hat seit gestern einen neuen Spitznamen. Unser Büro in Rio betreibt eine eigene Facebook-Seite (ARD TELEVISION RIO DE JANEIRO), auf die wir regelmäßig Fotos, Filme und Kommentare hochladen, darunter natürlich ganz prominent unsere Erlebnisse auf dieser Reise. Einer unserer über zehntausend ARD-RIO-Freunde hat Verena mit Sonnenbrille und peruanischer Star-Wars-Kutte gesehen und besonders schlagfertig kommentiert. Seitdem lautet der interne Produktionsname: Verena »Obi Wan« von Schönfeldt.

Obi Wan geht es den Umständen entsprechend, sie verteilt dutzendweise *soroche pills* an die Leidenden, die jedem Andenreisenden hinlänglich bekannte Höhenkrankheitsmedizin. Leider hilft nicht einmal mehr diese bei unseren beiden am schlimmsten betroffenen Patienten Axel und Florian. An diesem Tag beginnen die beiden, in eine Art Delirium zu fallen.

Unsere ersten gefahrenen tausend Kilometer werden in einer fünfminütigen Zeremonie auf der Kirchentreppe des Dörfchens Huancarama gefeiert: Der Sekt, den ich am Morgen noch schnell aus einem Trödelladen besorgt habe (für umgerechnet drei Euro), ist so süß, dass daneben ein Asti Spumante wie ein Dry Sec schmecken würde. Tonmann Axel laboriert an seinem kombinierten Höhenkrankheits-Kopfschmerz-Ohnmachtssyndrom und ist, als wir nach der feuchten Zeremonie weiterfahren wollen, plötzlich verschwunden. Gemeinsam suchen wir nach ihm, wobei unser Augenmerk besonders der Umgebung der drei Apotheken in den schmalen, dunklen Gassen gilt. Nicht zu finden, der Tonmann. Wir versammeln uns wieder auf dem Dorfplatz gegenüber der klebrigen Kirchentreppe und warten. Nach weiteren fünfzehn Minuten werden wir so langsam unruhig. Gerade wollen wir eine zweite Suchmannschaft losschicken, als Axel auf uns zuwankt. Die Augen halb geschlossen, die Arme mit den drei Hunderterpackungen Aspirin nach vorne ausgestreckt, kommt er in Schlangenlinien auf uns zu und redet wirres Zeug vor sich hin. Wir müssen uns damit abfinden: Seit heute gehört ein Zombie zum Team.

Über den Abend ist wieder einmal nicht viel zu sagen: ähnliche Unterkunft, ähnliches Geflügel, ähnlich wenig Schlaf.

Tag 9

Absprung

Morgens, nach dem nicht vorhandenen Frühstück, schleppen wir unsere Koffer und Kameras über drei Stockwerke hinunter und an dem mürrischen »Concierge« vorbei durch den schlauchartigen Eingangsflur. Ein Bild für die Motorradgötter: Unsere beiden Honda Falcons stehen schnurgerade eine hinter der anderen im Gang und versperren uns und den übrigen »Hotel«-Gästen den Weg. Schnell noch einen Kaffee irgendwo um die Ecke (achselwarme Milch mit Instantpulver), und die Fahrt geht los. Es soll ein hochdramatischer Tag werden.

Und dann diese katastrophalen Rollsplitt-Schlagloch-Sandpisten, die sich wie silbernes Lametta die atemberaubenden Andenhänge hinab ins Apurímac-Tal winden. Immer noch einen Tick schlimmer, staubiger und steiler. Chris und ich fahren stundenweise wie auf Schmierseife. Natürlich: Mein peruanischer Freund ist ein Vollprofi und versucht ständig, mich zum Beschleunigen zu bewegen. Er fasst dieses Anliegen zwar nicht in Worte, fährt aber immer weit voraus, manchmal so weit, dass er hinter der nächsten Steilkurve oder der nächsten Bergkuppe aus meinem Sichtfeld verschwindet. Dann lässt er sich wieder zurückfallen, bis er mit mir auf gleicher Höhe ist, um wieder zu beschleunigen. Seit Tagen ist mir das schon aufgefallen, und während einer Pause am Straßenrand erläutere ich ihm ein für alle Mal meine Gedanken zu der Sache:

»Chris, bin ich dir zu langsam?«

»Nein, Tommy, gar nicht. Es ist nur so ...«

»Hey Chris, natürlich bin ich dir zu langsam, ist doch klar!«

»Na ja, wenn wir nur zehn, zwanzig Stundenkilometer schneller fahren würden, dann hätten wir am Ende des Tages einige Stunden Fahrtzeit gespart!«

»Ich weiß das, Chris, aber hör' mir mal zu: Ich habe vor zwanzig Jahren zum letzten Mal für mehr als einen Tag auf einem Motorrad gesessen, und das war auf Asphalt in New England und New York. Dies hier ist eine ganz andere Sache, und du selbst hast mir gesagt, wie gefährlich das Fahren ist.«

»Ja, hab' ich«, gibt Chris kleinlaut zu, »man muss sehr vorsichtig sein, weil die Autos und Lkw uns nicht respektieren und oft auf der falschen Seite fahren.«

»Genau. Und dazu noch der Rollsplitt und die Felsbrocken überall und die Schlaglöcher und das Gefälle. Chris, ich fahre so schnell, wie ich kann, aber ich will bis nach Feuerland kommen und nicht vorher einen Unfall haben, okay?«

»Schon gut, schon gut!« Es war das letzte Mal, dass wir über meinen Fahrstil sprachen.

Als ob ich Chris dann noch eine praktische Lektion erteilen will. In einer dieser 180-Grad-Kurven mein erster Sturz: Beim Temporverringern blockiert das Hinterrad, und ich rutsche mit rund vierzig Stundenkilometern auf den rund dreißig Meter tiefen Abgrund zu. Das ist zwar nicht allzu schnell und das Tal ist auch nicht allzu tief, aber für einen amtlichen Halsbruch würde es sicherlich reichen. Was tun? Mit dem Bremsen, das wird nichts mehr, ausweichen auch nicht. Also die Notbremse: Absprung! Mit Karacho knalle ich auf den Feldweg, der Rollsplitt gräbt sich durch die Handschuhe tief in meine Haut und zerfetzt die Motorradhose, aber ich kann mich dann irgendwie abrollen. Immer schneller geht das Herumgekugele, und ich nähere mich immer mehr dem Abgrund. Schließlich bleibe ich hustend liegen, etwa fünf Meter noch bis zur Kante. Leider fährt das Motorrad führerlos ein Stück weiter, um schließlich genau neben mir umzukippen, und zwar auf meinen Fußknöchel, der nach hinten gedreht wird. Ich liege da und kann mich nicht regen. Nach fünfzehn Sekunden sind meine Leute zur Stelle und reißen das Motorrad hoch.

Natürlich wird weiter gefahren, schon jetzt auf »Schlaffi« zu machen, widerspräche unseren selbst gesteckten Zielen aufs Gröbste. Gegen Sonnenuntergang dann auch unsere immer wieder im Detail durchgesprochene Kamerakraneinstellung für den Filmtitel: Chris und ich kommen aus einer Kurve, der Kran schwenkt schnell mit, fährt nach oben und zeigt gegen Ende der Sequenz, wenn die Motorräder als zwei kleine Lichtpunkte hinter der nächsten Kurve verschwinden, das atemberaubende Andenpanorama.

Im späteren, finalen Schnitt in Rio de Janeiro werden wir diese Szene für die geplante Titelsequenz dennoch nicht nehmen, sondern durch drei andere Bilder ersetzen. Diese drei Bilder stammen vom Salzsee Salar de Uyuni im Hochland Boliviens und sind schlicht und einfach besser: Chris und ich auf unseren Zweirädern vor einer monströsen, blutorangenen Sonne, die in Echtzeit hinter uns am Horizont verschwindet. Trotzdem: Das Drehen hat Spaß gemacht, und das Aufbau-Training soll uns bereits in wenigen Tagen noch sehr zugute kommen. Doch einen Nachteil hat der Aufwand: Als der Kran endlich zurückgebaut wird, ist die Nacht da, und bis Cuzco sind es noch mal fast zweihundert Kilometer! Das Gute an der Kälte und dem heftigen Regen: Ich spüre meinen Knöchel fast nicht mehr ... Gegen 22.30 Uhr kommen Chris und ich am »Hotel« Panamericana Inn an, der Regen tropft uns in den Nacken, unsere Motorradstiefel sind bis obenhin mit Wasser gefüllt. Bislang war dies, zumindest für Chris und mich, der härteste Tag.

Tag 10

Systemcheck

Der SWR-Laptop, auf dem Thorsten eigentlich den Film schneiden wollte, hat einen Totalausfall und lässt sich nicht mal mehr starten. Die technische Fraktion (Thielow/Bentele/Lischke) macht sich daher auf, um den ganzen Tag in mehr oder weniger dubiosen Computerläden das Problem zu beheben. Ergebnis: Keine Chance, der Laptop hat nach den permanenten Schlägen und Rumplern auf den Schlaglochpisten Perus seinen Geist aufgegeben. Alternative eins: Meinen Laptop nehmen, doch auf dem ist kein Schnittprogramm installiert. Alternative zwei: Wir nehmen Thorstens privaten Laptop, doch die Lizenz für dessen Schnittprogramm ist abgelaufen. Gegen Mittag ist klar: Heute wird es nichts mit der Einhaltung unserer Kilometervorgabe, denn die technische Problembewältigung stellt sich in den Worten von Thorti als »was Größeres« heraus, und das sagt er sonst nie! Zum ersten Mal weichen wir von unserem Masterplan ab, nicht aus Gründen der Entspannung oder um Kräfte zu schöpfen, sondern weil es nicht anders geht. So wird es auch die folgenden Male sein, aber mit fortschreitender Reisedauer summieren sich solche unumgänglichen Verzögerungen zu einer fatalen Zeitbilanz.

Eigentlich trifft sich das erzwungene Warten für mich persönlich gut. Denn als um 6.50 Uhr mein Wecker klingelt und ich ins Bad laufen will, schreie ich lauthals auf. Mein Fußgelenk ist geschwollen, dick wie eine Grapefruit, ein pochender Schmerz durchfährt mein ganzes Bein bis hinauf in den Oberschenkel. Auftreten? Unmöglich! Am Nachmittag kommt ein Arzt ins mottenpulvergeschwängerte Zimmer Nummer 306, befühlt meinen Knöchel und sagt nach meinem erneuten Aufschrei: »Ab ins Krankenhaus – röntgen!« Dort setzt man mich in einen Rollstuhl und schiebt mich von Wartezimmer zu Wartezimmer, bis Dr. Bueno (!) mir Einlass in sein Behandlungszimmer gewährt. Schon nach lächerlichen drei Stunden liegt das Ergebnis vor: Dehnungen, Quetschungen und Prellungen, aber kein Bruch. Dasselbe gilt übrigens auch für meine Rippe, die seit meinem unsanften Sturz beim Sandboarden auf dem Cerro Blanco so sehr schmerzt, dass ich schlecht Luft bekomme. Diagnose auch hier: *piano, piano,* ist noch alles am rechten Fleck.

Auch Tontechniker Axel ist ins Krankenhaus mitgekommen, um sich durchchecken zu lassen. Dieser Technikfreak mit eingebautem Labermodul ist, wie bereits ausgeführt, normalerweise in seiner Kommunikationsfreude nicht zu bremsen. Die Reise durch Peru aber hat ihn verstummen lassen, wir machen uns ernsthafte Sorgen. Graugesichtig, mit vor Kopfschmerzen aufgerissenen Augen ist er gefangen in seiner Schnappatmung. Wie eine Forelle, die es an Land gespült hat. Wie ein Cracksüchtiger hängt Axel stundenweise an seiner Sauerstoffflasche und saugt, bis diese leer ist und er eine andere aus den Vorräten holen muss.

SYSTEMCHECK

Die meiste Zeit des Tages verschläft er und arbeitet während der häufigen Dreharbeiten, zu denen er kurz geweckt wird, wie ein Roboter. Dieses Bild gehört zu den Highlights unserer Reise: Wir haben eine Pinkelpause am Straßenrand hinter uns, dann eine Zigarettenpause und kommen gemeinsam zurück zum Teamwagen. Da sitzt Axel neben Henry, Nase und Mund überwölbt von dem Plastikatmungsaufsatz der grellgrünen Sprühdose voller reinem Sauerstoff. Wenn es nicht so lustig wäre, hätten wir bestimmt Mitleid gehabt.

Dr. Álvaro Bueno (!) jedenfalls verschreibt Axel ein Mittel, von dem der Berliner denkt, dass es ein Schlafmittel ist, und auf das noch einzugehen sein wird!

Abends dann, dank eines undefinierbaren Schmerzmittelcocktails, halte ich den Besuch einer nahe gelegenen Pizzeria schon wieder für möglich. Dort verspeisen wir die größte Anchovis/Paprika/Mozzarella unseres Lebens und regen uns fürchterlich über den Ober auf, der es in anderthalb Stunden gerade mal schafft, zwei Runden Bier zu besorgen: für Chris, Thorti, Flo und mich, vier ausgewachsene und ausgetrocknete Männer, ein Tropfen auf die heiße Steinofenpizza! Zurück in den Panamericana Inn, einmummeln in die kratzige Tagesdecke, schlafen mit Volldampf!

Tag 11

Sternen-
kriegerinnen

Eigentlich nicht besonders geschickt, dass wir das bisher beste Hotel unserer Reise gleich zu Anfang in Nazca hatten: mit anständigen Betten und einem Frühstück, das diese Bezeichnung verdient. Darüber hinaus gab es am ersten Morgen noch eine traumhafte Weckzeit: 8.30 Uhr! In jeder Beziehung haben wir uns seit diesem paradiesischen Aufenthalt qualitativ nach unten gearbeitet. Da ist eben nicht nur die Tatsache, dass man auch im Transamericana Inn offenbar noch nie etwas von Kaffee oder Käsebrot, geschweige denn von Spiegeleiern gehört hat. Sobald man den immer größeren Schweinehund in sich überwunden hat und im Morgengrauen zitternd die knatschenden Holztreppen hinunterwankt, hat man umgehend ein schlechtes Gewissen: Eigentlich müsste man längst unterwegs sein, aber der Magen spricht eine andere Sprache. Mit irgendetwas sollte man ihn füllen, bevor es wieder losgeht. Löslicher Kaffee ist irgendwann von außerhalb aufgetrieben worden, und so sitzen wir kurze Zeit im Eingangsbereich herum und bezweifeln, dass wir das heutige Tagespensum schaffen werden.

In einer der Diskussionen erhebt plötzlich Axel seine Stimme: »Ich finde«, sagt er in klar verständlichen Worten, »man sollte den Dreh hier in Cuzco so schnell wie möglich durchziehen, damit wir den Titicaca-See vielleicht noch im Sonnenuntergang drehen können.«

Ungläubiges Staunen allenthalben, das war ein richtiger Satz aus dem Mund unseres Tonmanns. Nach Tagen des Schweigens hat er sich gerade zum ersten Mal zurückgemeldet.

»Axel, mein Gott!«, raunt Obi Wan, »willkommen in Südamerika!«

Wir grinsen, weil auch Axel grinst, und begrüßen dann zwei Ehrengäste: Christophers Frau und ihren kleinen Sohn. Chris wohnt in Cuzco und hat selbstverständlich heute nicht im Hotel genächtigt, sondern bei seiner Familie. Eine freundliche, witzige, unverkrampfte Frau und ein süßer Fratz, der stolz auf seinen Papi ist und nicht für eine Sekunde aufhört, um dessen lange Beine zu schleichen. Eine wunderschöne Begegnung, obwohl sie sehr kurz ist. Sie erinnert jeden von uns daran, dass es noch eine ganze Weile dauern wird, bis wir unsere Lieben wiedersehen werden.

Dann starten wir, drehen noch einige Fahrszenen auf dem berühmten Hauptplatz von Cuzco, der Plaza de Armas: ein Schmuckkästchen mit Kathedrale, Jesuitenkirche und wunderschönen Arkadengängen rundherum (einziger Schandfleck: eine amerikanische Fastfoodketten-Filiale!). Unsere Herzen gehen auf. Thorsten, Verena und ich haben allein über die aufsehenerregende Geschichte Perus schon mehrere Dokumentationen gedreht: Wellenreitende Schilfboote im Sonnenuntergang in Huanchaco am eiskalten Pazifik; Archäologen, die eine wissenschaftliche Sensation aus dem Sand graben, die älteste Zivilisation Amerikas, das fünftausend Jahre alte Caral; Cuzco, die Keimzelle und Hauptstadt des Inka-Imperiums; Choquequirao, ihre geheimnisvolle und nur durch mehrere Tagesmärsche zu erreichende, verborgene Schwesterstadt; vierzehnstündige Zugfahrt in der peruanischen Zentraleisenbahn und Zwischenstopp an der Station Galera, einem der höchstgelegenen Passagierbahnhöfe der Welt; nächtliches Konzert im strömenden Regen in Huanchaco mit der Sängerin Damaris, die auf Quechua singt; die heißen Quellen von Cajamarca, in denen der letzte Inkaherrscher Atahualpa so gerne badete (Atahualpa war im Jahr 1533 von den spanischen Konquistadoren unter Francisco Pizarro brutal ermordet worden, obwohl er 16 000 Kilogramm Gold und 180 000 Kilogramm Silber einschmelzen ließ, um sein Leben zu retten); die atemberaubenden Ausblicke ins Tal der Inka; die Heerscharen von surrenden Kolibris in der Touristenhochburg Aguas Calientes und die Orchideenvielfalt in den Regenwäldern ... Peru: ein einziger Traum.

Wir halten es fast nicht aus, *nicht* hinaufzufahren zur Tempelfestung Machu Picchu, aber unser ambitionierter Terminplan lässt das definitiv nicht zu. Trotz des engen Zeitplans wollen wir noch einige Impressionen der peruanischen Alltagskultur einfangen, und Chris führt uns auf seinen Lieblingsmarkt. Tausend Düfte, tausend Farben, tausend spannende Gesichter. Wir decken uns mit Strickmützen ein (die wir später noch sehr gut gebrauchen können) und trinken an einem der Stände mehrere vitaminhaltige Fruchtsäfte. Ich sehe aus wie gerupft, trotz mehrmaligen Eincremens mit Sonnenschutzfaktor 50: Die Haut hängt mir in Fetzen im Gesicht. Zu dieser Verunstaltung haben gar nicht einmal in erster Linie die beiden Wanderungen auf den Cerro Blanco und den Chalon Sombrero beigetragen, sondern vor allem die permanente Sonnenbestrahlung durch das Plastikvisier des Motorradhelms.

So sitzen wir zusammen, der Peruaner Chris und der deutsche Korrespondent, und sollen vor der Kamera Small Talk machen. Also greife ich eine der Erzählungen meines »Beifahrers« auf und frage:

»Hey, Chris, du hast etwas von einer Tradition erzählt, die hier auf dem Markt spielt. Erzähl' mal!«

»Na ja, Tradition ist etwas übertrieben, angesichts der peruanischen Geschichte. Aber trotzdem: Seit vielen Jahren geht die Jugend am Samstag aus und tanzt und trinkt oft die ganze Nacht hindurch bis zum nächsten Morgen. Dann öffnet der Markt, und das junge Volk strömt hinein. Was trinken sie? Nicht etwa Mango- oder Papayasaft ...«

»Sondern?«

»Das erste Bier des Tages!«

Ich lache lauthals auf.

»Das nennen sie dann«, Chris beugt sich zu mir herüber und senkt die Stimme, »den Kopf heilen!«

Beide prusten wir los, und ich entgegne: »Das kennen wir bei uns auch, zumindest da, wo ich herkomme.«

»Und wie nennt man es bei euch Teutonen?«, fragt Chris.

»Konterbier!«

Noch einmal und lauter als zuvor platzen wir heraus und schlagen uns auf unsere motorradhosenbewehrten Schenkel. Thorsten und Florian schütteln fatalistisch den Kopf, also sind sie zufrieden mit unserer Performance.

Es gibt sie, die peruanisch-westfälische Freundschaft. So viel ist spätestens jetzt klar. Chris, der sich noch immer scheckig lacht, kennt nicht nur die meisten Routen in Ecuador, Peru und Bolivien, er ist auch völlig unverkrampft und hat einen Humor, der den meinen wunderbar trifft. Stets gut gelaunt und selbst in Krisensituationen einen kühlen Kopf bewahrend. Unsere gemeinsame Arbeit vor der Kamera scheint ihn nicht zu belasten, er ist die Idealbesetzung für diesen wichtigen Part, ein einziger Glücksfall. Danke, Obi Wan, für dein exzellentes Händchen!

Heute jedenfalls: nix mit Konterbier. Zum »Kopf-Heilen« greife ich lieber zu einer Extraration Heilsalbe statt zu einer *Cerveza Cusqueña*. 582 Kilometer liegen vor uns, so viel wie noch nie. Und es ist auch schon wieder fast Mittag. Also: Schluss mit lustig, wir satteln unsere Pferdchen und verlassen Cuzco.

Nach etwa zwei Stunden, während einer Zigarettenpause, wirbt Chris vehement für einen Abstecher von der Landstraße. Ein wunderschönes Tal liege da, so etwa dreißig Kilometer von hier entfernt. Wir Streckenlogistiker überschlagen den zeitlichen Aufwand: rund zwei Stunden. Hinter Obi Wan scharen sich die Kritiker der Idee, hinter mir die Befürworter, obwohl auch ich nicht von der erneuten Verzögerung begeistert bin. In dieser Situation jedenfalls erwacht Axel »*Luschke*« Lischke endgültig von den Ohnmächtigen. Er beginnt, ein wenig verhalten zwar, aber doch deutlich erkennbar, wieder zu reden, zu kommentieren, Fragen zu stellen, Anregungen zu geben, Einfälle zu präsentieren, Querverweise aus seinem unerschöpflichen Erfahrungsschatz zu präsentieren. Kurz, Axel scheint plötzlich wieder ganz der Alte zu sein, wie ein Phönix aus andiner Asche. Nur der fünfminütliche Shot aus seiner Oxigenium-Dose und sein eher wirrer Blick deuten noch darauf hin, dass er mitgenommen ist ...

Letztlich ist es das euphorische Gesicht von Chris, das den Ausschlag für den Umweg gibt. Die Entscheidung stellt sich im Nachhinein als richtig heraus: Der auf keiner Touristenkarte verzeichnete Cañón de Tinajani ist ein opulenter, filmischer Leckerbissen. Wie spitze Stalagmiten erheben sich kilometerlange, braunrote Felsformationen am Rand des Tales, mal wellenförmig, mal gezackt, mal vollkommen bizarr geformt durch Flusswasser und Wind. Besonders eindrucksvoll, als Thorsten und Florian ihre Kameras in ein Feuchtgebiet stellen, auf dem Millionen von Schilfpflanzen ihre trockenen Hälse der Sonne entgegen strecken. Als die beiden Zweiräder um die Ecke biegen, scheinen Chris und ich durch die Gräser zu fliegen, unterhalb der rötlichen Sandskulpturen. Fünfzehn Sekunden werden später im Film davon zu sehen sein, für nicht zwei Stunden Zeitaufwand, wie geschätzt, sondern beinahe vier Stunden. Dennoch: Es hat sich gelohnt.

Nachteil: Schon wieder fahren wir in die eiskalte Nacht hinein. Ich habe innerlich resigniert. Auch mehr als zwölf Stunden fahren und drehen reichen einfach nicht aus, Nachtfahrten lassen sich nicht vermeiden, sonst würde unsere Reise acht oder neun Wochen dauern und nicht, wie geplant, sieben. Ankunft in Desaguadero, der Grenzstadt zwischen Peru und Bolivien: kurz vor Mitternacht.

Hier umarmen wir unsere Bolivien-Producerin Nadia Arze, ein »laufender Meter« mit ungeheurem Potenzial. Sie wird morgen nach der Grenzüberschreitung den Stab von Obi Wan entgegennehmen. Tolle Filme haben wir mit ihr schon gedreht, sie ist das bolivianische Pfund, mit dem die ARD wuchern kann. Auch wenn sie unsere Vorliebe für »spannende« Themen wie unsere Geschichte über rituelle Massenschlägereien im Hochland oder Lynchjustiz in El Alto, der auch unser Team fast zum Opfer gefallen wäre, nicht unbedingt in Freudentaumel versetzt. Nadia pflegt zunächst lauthals zu protestieren, um dann trotzdem alles mitzumachen. Wegen unserer aktuellen Vorliebe für Sternenkriegernamen und in Anbetracht ihrer Körpergröße wird in dieser funkelnden Nacht in Sekundenbruchteilen Nadias naheliegender Anden-Avatar gefunden: Yoda!

Wenn es allein damit getan wäre, dass man erst um Mitternacht seine Unterkunft erreicht: Schwamm drüber! Doch der Besitzer des sogenannten Hotels hat sich offenbar längst vom Acker gemacht, und wir stehen vor verschlossener Tür. Wir schellen, klopfen, rufen an. Eine Stunde lang tut sich nichts, und wir freunden uns so langsam mit der Möglichkeit an, in den Teamwagen zu nächtigen. Bis einer der genervten Gäste dann von innen an der Tür erscheint und uns mit Flüchen eindeckt. Keine Viertelstunde später und auch der Hotelier ist wach, und wir können in Windeseile um zwei Uhr morgens einchecken, nachdem er endlich seinen Schlüssel gefunden hat. Wir sind zu müde, um uns in unseren Räumlichkeiten umzusehen, als wir endlich zu »Bett« gehen.

Tag 12

Nebenwirkungen beim Frühstück

Als europäischer Journalist in Südamerika hat man einen jahrelang wiederkehrenden Traum: Ein Interview mit Señor García, *alcalde* (Bürgermeister) von Ciudad de XY, ist für zehn Uhr vormittags angesetzt, man ist um 9.45 Uhr da, setzt sich hin und trinkt einen Kaffee, den einem ein manierlicher Referent reicht, um Punkt zehn öffnen sich die Türen, und der *alcalde* tritt ein, begrüßt das Team und setzt sich hin zum Gespräch.

Es ist ein Traum, den man herbeisehnen mag, der aber niemals Wirklichkeit wird. Wenn es perfekt klappt, trudelt der *alcalde* auf latinoamerikanische CT ein, also um 10.45 Uhr, und hat nur noch ein, zwei Telefonate zu erledigen: Dann ist man ein glücklicher europäischer Journalist in Südamerika. Eher, aber auch nur selten, läuft es so ab: Señor García ruft persönlich (!) um 10.15 Uhr an und teilt mit, sein Terminplan lasse ein Interview im besten

Fall am »frühen« Nachmittag zu. Auch dann darf man sich beileibe nicht beklagen. Weitaus häufiger: Der Bürgermeister lässt ausrichten, für heute seien aufgrund wichtiger, unvorhersehbarer Termine alle anderen geplanten Termine hinfällig. Klassisch und zumeist: Niemand ruft an, und zur Mittagszeit schleicht man sich entnervt von dannen.

Warten gehört zum Journalistenjob wie Vergaserprobleme zum Alltag eines Pkw-Mechanikers, wie Viren zu dem eines Systemadministrators, wie Unkraut zum Gärtnerleben. Nur dass die Dimension dieser speziellen Form der Zeitvergeudung in Mitteleuropa vergleichsweise akzeptabel ist: In München wartet man eine Stunde auf Frau Grausinger, aber in Kairo, Ägypten, drei Stunden auf ein Fax und in Desaguadero, Peru, zwölf Stunden auf den Zoll.

Ein »Termin« in unserer Wortbedeutung existiert in Südamerika, aber auch in Afrika und dem Mittleren Osten schlicht und einfach nicht, und Zeit ist eine dehnbare, äußerst relative Maßeinheit. Was tut man nicht alles, um dem entgegenzuwirken: Man ruft zehnmal vorher an, lässt sich die Willensbekundung des Gegenübers schriftlich bestätigen, sammelt Genehmigungen und Erklärungen. Doch unter dem Strich bringt all das rein gar nichts. In unserem Fall haben Obi Wan und Yoda seit Wochen sozusagen von zwei Ländern aus versucht, unseren Grenzübertritt an diesem Vormittag mit allen erdenklichen Vorsichtsmaßnahmen zu beschleunigen, denn die Grenze Peru-Bolivien ist eine der aus politischen, historischen, kulturellen und vor allem bürokratischen Gründen schwierigsten in Südamerika überhaupt. Als wir gegen Sonnenaufgang mit gezückten, gültigen Pässen am peruanischen Grenzposten auftauchen und sich mehrere Mitglieder unseres Teams dabei vor Erschöpfung am Türpfosten des Häuschens festhalten müssen, dauert es keine fünf Minuten, bis Señora von Schönfeldt und Señora Arze auf der einen und die unwilligen Herren vom Zoll auf der anderen Seite begonnen haben, sich anzuschreien.

Wir anderen gehen erst einmal frühstücken. Axel Lischke redet wie ein Wasserfall, was uns einerseits freut, was aber andererseits zur Reduzierung unserer Kopfschmerzen nicht beiträgt. Wir, inklusive Fahrer und Mechaniker, bestellen also neun Teller mit Kartoffeln und Spiegeleiern und lassen des Tonmanns verbale Ergüsse stumm über uns ergehen. Er ist wieder ganz der Alte! Was dann folgt, ist die Erklärung des »Wunders vom Titicaca-See«: Axel zeigt uns auf Nachfrage jenes Präparat, das ihm Dr. Bueno (!) gestern in Cuzco verordnet hat, und Thorsten recherchiert, zwei Spiegeleier verdrückend, nebenbei auf seinem multimediatauglichen Handy den Wirkstoff Clonazepam.

Genüsslich zitiert er aus Wikipedia die Liste der nachgewiesenen Nebenwirkungen: Nach Einnahme dieses Anti-Nachtwandel- und Anti-Epilepsie-Medikaments kann es kommen zu: »[...] Müdigkeit, Schläfrigkeit, Mattigkeit, verminderter Muskelspannung, Muskelschwäche, Schwindelgefühl, Benommenheit, Gleichgewichtsstörungen und verlängerter Reaktionszeit. [...] Konzentrationsstörungen, Unruhe, Verwirrtheit und Gedächtnisstörungen, die auch mit unangemessenem Verhalten einhergehen können. [...] Erregbarkeit, Reizbarkeit, aggressivem Verhalten, Nervosität, Feindseligkeit, Angstzuständen, Schlafstörungen, Albträumen und lebhaften Träumen. Selten treten [...] Nesselsucht, Juckreiz, Hautausschläge, Schwellung von Gesicht und Mundschleimhaut sowie des Kehlkopfes auf. [...] Haarausfall, Pigmentverschiebungen, Übelkeit und Oberbauchbeschwerden, Kopfschmerzen, Brustschmerzen, Abfall der Blutplättchen, Impotenz und Harninkontinenz.«!

Nach jeder neuen Erwähnung einer Nebenwirkung liegen wir übrigens ein Stückchen flacher auf der Frühstücksbank, Tränen rinnen aus unseren Augen. Axel nimmt seit vierundzwanzig Stunden abhängig machende, persönlichkeitsverändernde Sedativa. »Der Luschke ist voll auf Droge!«, brüllt Flo ins Restaurant.

Er, Thorsten und ich halten uns die Bäuche, während der nach eigener Aussage medikamentengläubige Axel lauthals klagt und wieder die bekannte graue Gesichtsfarbe annimmt. Niemand ist gewissenhafter als Axel, niemand bereitet sich auf seine Jobs so gut vor, niemand schreit vor einem Dreh so laut »¡Silencio!«. Wir sind stolz, Axel im Team zu haben, und sind wirklich nur dann beunruhigt, wenn er still wird.

Zurück zum Zollproblem: Es ist fast Mittag! Sogar eine offizielle Bestätigung der peruanischen Behörden liegt unseren beiden Producerinnen vor, die besagt, dass man uns mit besonderer Sorgfalt und bevorzugt zu behandeln habe. Doch davon will man an der peruanisch-bolivianischen Grenze nichts wissen. Dieses Papier kratzt die Leute nicht, geht ihnen am verbeamteten Allerwertesten vorbei, lässt sie völlig kalt.

Während also Thorsten und der wiederauferstandene Axel auf der Suche nach Geschichten oder zumindest Einstellungen aus lauter Verzweiflung in Fahrradrikschas kreuz und quer durch das Grenzstädtchen brettern und während Kameramann Florian und Yoda (die vor Ärger noch einmal um eine Handbreit zu schrumpfen scheint) das Gleiche tun, geschieht Folgendes: nichts! Und zwar von sieben Uhr morgens bis siebzehn Uhr abends.

Wir sind wegen unseres Laptop-Reparatur-Röntgen-Tags in Cuzco sowieso schon hinter unserem Zeitplan zurück, und der Verlust dieses Reisetags würde uns das Genick brechen. Wir drehen zwar noch eine ganz nette Heiligenprozession inklusive Interview eines Priesters, der unsere Kamera segnet, aber euphorisch stimmen kann uns das auch nicht mehr. Thorsten ist körperlich völlig am Ende, Florians Husten hört sich an wie ein Donnergrollen, die Fahrer sind am Ende ihrer Kräfte, Chris weiß nicht, wie er noch nach La Paz kommen soll, wenn denn überhaupt der Schlagbaum sich jemals für uns öffnen sollte, und ich selbst hab' auch schon mehr gelacht ...

Schließlich läuft es so ab, wie es immer abläuft: Um viertel vor sieben, fünfzehn Minuten, bevor die Grenze schließt, sind die Papiere da, alles bestens, gute Fahrt. Wir sagen nicht mal »Danke« und fahren entlang des stillen, dunklen Titicaca-Sees nach La Paz, Bolivien. Eigentlich wollten wir heute drehen, wie zwei geniale Schilfbootbauer uns und unsere Motorräder übersetzen, aber dafür ist es viel zu spät. Wir denken sogar darüber nach, wegen unserer Zeitprobleme den Dreh eventuell ausfallen zu lassen. Doch das hätte bedeutet, eine der bisher spektakulärsten Geschichten zu verpassen. Zum Glück holen wir die Überfahrt später nach, zum Glück. In La Paz ist es natürlich stockdunkel, als wir vor dem ersten Hotel anhalten, das auf unserer Reise diese Bezeichnung uneingeschränkt verdient, mehr noch als unsere Unterkunft in Nazca.

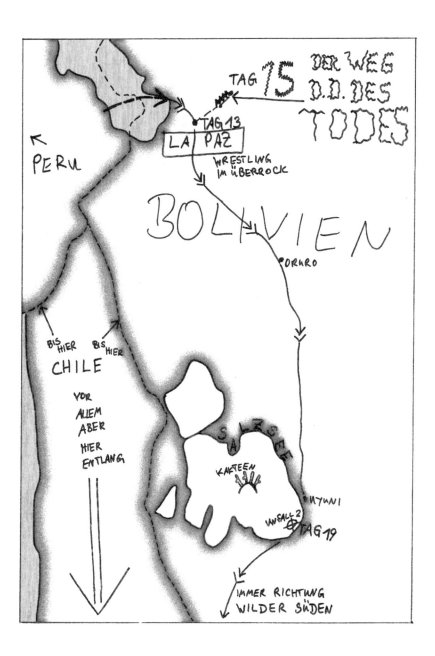

Teil 2
BOLIVIEN

Tag

13

*Wrestling
im Überrock*

Am nächsten Morgen, Verena »Obi Wan«
von Schönfeldt ist mittlerweile auf dem Weg zum Flughafen und
von dort aus zurück nach Buenos Aires, fahren wir zusammen
mit ihrer Sternenkriegerkollegin Yoda an die Stadtgrenze einer
der interessantesten Metropolen in den Anden: La Paz, höchstgelegener Regierungssitz der Erde. Hauptstadt Boliviens ist, was
gerne vergessen wird, Sucre. Wir drehen unseren »Einzug« in
den atemberaubenden Talkessel nach, denn gestern Abend war
es dafür schon viel zu spät. Bis wir den geeigneten Ort gefunden haben, vergehen anderthalb Stunden, und selbst hier sind
Thorsten und Florian nicht hundertprozentig zufrieden. Einige
Strom- und Telefonmasten stören die Ästheten, ansonsten aber
ist die »Niederkunft« der zwei Zweiräder eine Augenweide: Wir
kommen auf der gewundenen Straße hinter einer Felswand her-

vor, fahren die extrem abschüssige Straße an den Kameras, die dabei mitschwenken, vorbei und scheinen in den Talkessel von La Paz einzutauchen, überragt vom sonnenbeschienenen, 6439 Meter hohen Vulkan Illimani, dem Wahrzeichen der Stadt. Leider müssen Chris und ich dafür ungefähr dreißigmal die Strecke abfahren, da immer wieder zu viele Lkw den Blick auf uns und das Panorama versperren.

Nach etwa der Hälfte der nicht optimalen Drehversuche wird eine kurze Pause von zehn Minuten eingelegt, in der die beiden Kameramänner eine neue Perspektive suchen. Ich steige neben Chris vom Motorrad und bin schlagartig so unglaublich müde, dass ich mich direkt neben dem Ständer auf den Bürgersteig lege. Die Sonne brennt hernieder, und ich schaffe es noch kurz vor dem Turboschlaf, ein T-Shirt über mein rot glühendes Gesicht zu legen. Dann bin ich weg.

Natürlich werden diese Fotos wenige Stunden später auf unserer Facebook-Seite erscheinen: mit bösen Unterzeilen meiner Kollegen und bösen Kommentaren aus der ganzen Welt. Nach dem Nickerchen geht es weiter mit dem Dreh, und aus den Augenwinkeln beobachte ich vom fahrenden Motorrad aus, wie Florian beim Aufstieg auf den Hügel am Rand der Straße vor Kraftlosigkeit zu wanken scheint. Diese Beobachtung soll sich spätestens einige Stunden später als so zutreffend herausstellen, wie ich es niemals erwartet hätte.

Zunächst jedoch unsere La-Paz-Geschichte, die wohl humorvollste unserer gesamten Reise: Gemeinsam fahren wir durch den brutalen Verkehr der Stadt und nähern uns einer eher verruchten Gegend unweit des Zentrums. Unser Ziel: ein winziger Hinterhof in einer der chaotischen und abgasgeschwängerten Straßen. Es ist das Reich von Carmen Rosa, dick und rund und klein (fast so klein wie Nadia) und mit einem weißen Kopftuch bewehrt. Immer redend und beinahe immer lächelnd. Ihr Goldzahn erstrahlt im Sonnenlicht wie ein Fixstern. Sie und ihre fast ausschließlich weiblichen Gäste sind typische bolivianische *cholitas:* flache Schuhe, eine *pollera,* ein gewaltiger Überrock, unter dem fünf bis sechs, aber auch bis zu zehn *centros,* Unterröcke, getragen werden. Darüber ein meist buntes Schultertuch und der typische, braunschwarze, zwei bis fünf Handbreit aufragende Bowlerhut: Bolivianerinnen im Simpson-Look. Durch das ganze Rockgedöns wirken sie unverdient rundlich.

Ihre Suppenküche, die sie zusammen mit ihren zwei Freundinnen Yolanda und Juanita betreibt, ist nur bis vierzehn Uhr geöffnet. Danach sind die drei mit Fitnesstraining beschäftigt, doch dazu später mehr.

Name des Feinschmeckerlokals: »Almuerzo Familiar«, Familienmittagessen. Fünf ächzende Tischchen, an denen maximal vier Gäste Platz haben und Hausmannskost der Extraklasse zu Vorzugspreisen genießen. Heute auf dem Speiseplan: Kohlsuppe mit Kartoffeln und Karotten, wohlschmeckend, reichlich und für umgerechnet fünfzig Eurocent. Wahlweise Nudeln mit Tomatenhackfleisch zum selben Preis. Chris und ich nehmen an einem der Tische Platz und geraten umgehend in eine längere Diskussion mit unseren Nachbarinnen, deren Goldzähne noch strahlender sind als die von Köchin Carmen. Dann kommt diese mit zwei Schalen Mittagessen, und wir beginnen ebenfalls zu lachen und zu scherzen.

Ich frage die toughe Restaurantchefin: »Du sollst eine gute Kämpferin sein, hat Nadia mir gesagt. Stimmt das?«

»Eine bessere Kämpferin«, sagt Carmen mit einem verächtlichen Blick und kreuzt gefährlich ihre stabilen Oberarme vor ihrer Brust, »als du dir vorstellen kannst!« Die anderen Damen begleiten ihr Aufplustern mit Beifall spendenden Wortsalven, und zwar auf Aymara, ihrem indigenen Idiom; weder ich noch Chris verstehen auch nur ein Wort.

»Und wie willst du das beweisen?« Ich habe Lust zu necken und treffe offenbar genau den Nerv der Gastgeberin.

»Wie ich das beweisen will?« Carmen Rosa geht in die Hocke und schießt in die Höhe. »Indem ich dir zeige, wo deine Grenzen liegen!«

Auch wenn ich zwischen der würzigen Kohlsuppe und einer Fortführung dieses freundlichen Disputs lange schwanke: Dieses herausfordernde, selbstbewusste, auf Kräftemessen gebügelte, und doch so selbstironische Gesicht Carmens macht mir die Entscheidung letztlich einfach.

»Du willst einen Kampf?«, lache ich, und die behuteten Damen spenden jetzt mir den Beifall. »Hier und jetzt?«

Carmen Rosa geht in die Hocke und springt vor Begeisterung in die Höhe: »Ja, hier und jetzt, du Flasche!«

»Bist du sicher?«

»So sicher, wie ich weiß, dass du hinterher deine Suppe nicht mehr genießen kannst, Baby!«

Unter den mittlerweile von allen Holztischen aufbrandenden Anfeuerungen stehe ich auf, krempele meine Motorradunterwäsche über die Ellenbogen und imitiere eine halbherzige Angriffsstellung. Carmen legt ihr Kopftuch und ihren *poncho* ab (Applaus!) und geht in die Hocke. Dann geht der Kampf los. Im Hinterhof wird jetzt frenetisch Beifall geklatscht. Einige Umrundungen, einige gegenseitige Rempler, einige vorsichtige Handgreiflichkeiten, und dann schnappt Carmen urplötzlich nach meinem Bein und meinem Arm. Eh ich mich versehe, aber natürlich auch ohne mich im Geringsten zu wehren, hat dieser Winzling mich hochgestemmt, und am Ende liege ich wie ein Sack über ihren Schultern! Erstaunlich, denke ich in der Waagerechten, woher nimmt diese Frau nur diese Kraft?

Applaus von ihren Freundinnen Yolanda und Juanita und vom Rest der Gäste. Ich setzte mich hin, eine Nachbarin mit einem besonders hohen Hut gibt mir mit euphorischem Gesichtsausdruck *five,* und ich setze mich wieder zur zweiten Hälfte der köstlichen Kohl-Kartoffel-Karottensuppe.

Thorsten rüstet sich unterdessen für die Dreharbeiten in der Miniküche. Ich unterhalte mich mit Yolanda *La Amorosa,* der lieblichen Yolanda. Sie ist die jüngste der drei Freundinnen, aber ihr Blick ist beileibe nicht lieblich wie der von Carmen, sondern kämpferisch und beinahe aggressiv. Als Bolivianerin, die eine eigene Karriere macht und dazu noch in einem Machometier, hat sie allen Grund dazu. Wenige Gesellschaften in Südamerika sind so weit von Gleichberechtigung entfernt wie die bolivianische. Frauen haben zu parieren und die Trunk- und Streitsucht ihrer Männer auszubaden, jedenfalls mehrheitlich. Genau das wollen Carmen und Co sich nicht länger bieten lassen. Mit dem Extremsport *lucha libre,* dem freien Kampf, wollen die drei es den Machos zeigen. Wrestling: ausgerechnet in Bolivien! Zuerst hatten die drei Freundinnen unter der Regie von Juan Mamani gekämpft, Manager der Freistilringertruppe »Los Titanes del Ring«. Doch die Beleidigungen durch das Publikum und die katastrophale Bezahlung konnten sie irgendwann nicht mehr ertragen. Schließlich gründeten Carmen, Yolanda und Juanita ihre eigene Gruppe: »Diosas del Ring«, die Göttinnen des Rings. Seitdem trainieren sie jeden Nachmittag. Fast jedes Wochenende wird gekämpft, sogar Tourneen durch Südamerika haben die Göttinnen schon gemacht. Die *cholitas luchadoras,* die kämpfenden *cholitas,* wurden ein Kassenschlager und Carmen die unangefochtene Championess Boliviens.

»Wir sind drei Bolivianerinnen«, meint Yolanda *La Amorosa* schroff, und dabei spielt sie mit ihren schwarzen, hüftlangen Haaren, die sie zu zwei strengen Zöpfen geflochten hat, »und wir opfern alles unserem Sport, unser ganzes Leben. Ihr werdet es nachher sehen: Eine Frau kann mehr sein als nur eine Mama.«

Wir haben nach dem Ende der Mittagszeit ein neues Ziel: einen heruntergekommenen Boxkeller, die Bühne der peruanischen Amazonen. Es gäbe viele Möglichkeiten, um dorthin zu gelangen. Wir wählen eine, wegen der die Leute auf der Straße stehen bleiben und zu jodeln anfangen: Yolanda klettert auf die Sitzbank von Chris, Sparringspartnerin Carmen nimmt hinter mir auf dem Motorrad Platz, und dann fahren wir gemeinsam durch den Moloch La Paz. Zwei durch ihre Motorradkleidung wie Fremdkörper wirkende Fahrer, offensichtlich nicht bolivianischer Herkunft, und dahinter zwei kraftvolle Indiofrauen in ihren Bowlerhüten und ihren ungezählten Über- und Unterröcken, die im Fahrtwind wehen.

Als wir im Boxkeller angekommen sind und die Dreharbeiten vorbereiten, fängt Florian plötzlich an zu zittern. Wie ein Zweig Espenlaub hält er sich an seiner Kamera fest. Er zittert nicht etwa nur an den Händen, sondern am ganzen Körper! Höhenkrankheit, totale Erschöpfung und Schüttelfrost.

»Hey, Tommy, ich kann nicht mehr!«

»Wahnsinn, wann hat das denn angefangen?«

»Eigentlich erst gerade, aber mir geht's den ganzen Tag schon verdammt übel!«

»Flo, mach', dass du ins Hotel kommst. Ich sag' Nadia, sie soll dich begleiten und noch bei 'ner Apotheke vorbeifahren, okay?«

»Ja, ich schaff's auch wirklich nicht mehr, Ende Gelände, Mann!«

«Hey Flo, halt dich aufrecht, und gute Besserung.«

Ich schaue ihm mit schlechtem Gewissen hinterher, wieder hat es einen Totalausfall gegeben auf unserer südamerikanischen »Tour der Schmerzen«.

Was vor dem eigentlichen Beginn der Vorstellung um einundzwanzig Uhr noch geregelt werden muss, ist das Erscheinen von Zuschauern. Denn heute ist der schäbige Box- und Wrestlingkeller, gegen den Rocky Balboas Klitsche wie ein Wellnessbereich wirkt, eigentlich leer. Also gehen Nadia, Chris und ich auf die Straße und betätigen uns als Marktschreier:

»¡Choliiiitas luchadooooooras! ¡Presentación liiiiiibre, ahooooooora!«

Tatsächlich füllen sich so langsam die Ränge, und dann geht das Licht aus. Ein Einpeitscher mit grotesk verzerrtem Mikrofon stellt die Kontrahenten dieser Nacht vor, während die Scheinwerfer-Spots wieder angehen: einige Herren mit großer Klappe und nix dahinter. Sie brüsten und rühmen und feiern sich selbst, mit ihren Fäusten wie Gorillas auf die Brust trommelnd. Diese bemitleidenswerten Herren der Schöpfung wissen noch gar nicht, welche Tritte, Würfe und Schläge die Rock tragenden Amazonen einstudiert haben. Die Zuschauer toben schon vor dem eigentlichen Kampf. Verbaler Schlagabtausch Teil zwei: Carmen Rosa erscheint, schnappt sich das Mikro und brüllt:

»Ihr Typen seid ein Haufen Weicheier!« Riesenapplaus.

»Es leben die Frauen!« Tosender Applaus, Licht aus, Gong, Licht an.

Und dann: Ring frei für Carmen, Yolanda und Juanita. Ein ums andere Mal werden die männlichen Kraftprotze von den Göttinnen auf die Bretter geschleudert, was für manche Körperteile einen einzigen blauen Fleck bedeutet. Wer glaubt, Carmen Rosa und die anderen *cholitas luchadoras* seien nette Damen, hat sich spätestens im Ring geschnitten: Die Mädels zeigen den Machos, was 'ne Harke ist. Wrestling im Überrock, die Frauen von Bolivien schlagen zurück. Zum Glück sieht man nicht, wie die Männer leiden, sie tragen Masken. Doch das Publikum ist schmerzfrei: Jede maskuline Angeberpose wird mit Buhrufen kommentiert und jeder feminine Angriff von Carmen, Yolanda oder Juanita mit frenetischem Beifall.

Carmen hat gerade wieder einen ihrer Gegner, einen besonders unansehnlichen, mit einem Schulterwurf niedergestreckt; das Opfer liegt auf der Matte und röchelt. Ich weiß, dass das alles zum größten Teil nur Show ist, aber als ich bemerke, was die Vormittagsköchin und Nachmittagsknochenbrecherin Carmen jetzt im Schilde führt, wird mir tatsächlich angst und bange: Carmen klettert den Randpfosten des Ringes hoch, bis sie ganz oben steht, anderthalb Meter über dem Kopf des angeschlagenen Mannes in seiner silbernen, hautengen Kluft. Dann dreht sie sich um, und die Zuschauer toben. Carmen streckt die Arme aus, nimmt Schwung und springt mit ihrem gesamten, nicht unansehnlichen Gewicht auf den Oberkörper des Liegenden. Zu Worten reicht dessen Reaktion nicht mehr, allein ein schlaffes »pfffffff« ist zu vernehmen, als die Luft aus seinen Lungen entweicht. Applaus. Die Vorstellung ist zu Ende, das Mikrofon knarzt und ruft auf zum nächsten *lucha-libre*-Event.

Natürlich werden auch Chris und ich gefragt, ob wir nicht gegen die *cholitas* antreten wollen. Selbstverständlich lehnen wir vornehm ab, so dämlich kann man ja nicht sein. Nun ja, so denken wir jedenfalls ziemlich lange und zieren uns, doch dann ruft Thorsten einen fatalen Spruch: »Tommy, mach' mal hinne, nur fürs Foto!«

Also stehe ich Carmen tatsächlich im Ring gegenüber, ihre Zöpfe flattern im Ventilatorwind, der Schweiß rinnt ihr über die Stirn. Mit ihrem Zeigefinger winkt sie mich heran, und ich denke: »Ist ja nur Show.« Ein wenig Vorgeplänkel und plötzlich hebt die gute Dame mich hoch, aber nicht nur über die Schulter, sondern mit ausgestreckten Armen. Ich ahne, was dann kommt: Aus fast zwei Metern Höhe knalle ich mit einem brutalen Geräusch auf die nicht eben dicke Matte und spüre deutlich die Holzbretter darunter.

Ich lache selbstzufrieden auf, geschafft! Die Fotos für unsere Homepage sind gemacht und meine Knochen offenbar noch heil. Entspannt versuche ich, mich langsam aufzurichten, aber das ist ein Fehler. Plötzlich spüre ich einen brennenden Schmerz in meiner Seite, etwa in der Höhe meiner geprellten Rippen. Diese *cholita* hat mir tatsächlich einen äußerst heftigen Fußtritt versetzt. Und während ich so darüber sinniere, ob ich das gut finden soll, kommen die nächsten Tritte. Und zwar heftige! Ich fasse es nicht!

Ich richte mich blitzschnell auf, winke Carmen mit meinem Finger und erinnere mich dunkel an die kurze Phase, in der ich Karate betrieben habe. Jedenfalls liegen plötzlich ein

Über- und mehrere Unterröcke im Ring, und irgendwo darin ist auch Carmen zu finden. »Respekt«, meinen daraufhin die angriffslustigen Damen, und wir verabschieden uns: bis zum nächsten Mal in La Paz.

Der Tag endet weder früher noch schmerzfreier als sonst, aber im Wissen, neue Freundinnen gewonnen zu haben ...

Tag 14

Träume auf dem Titicaca-See

Wegen der katastrophalen Verzögerungen in der Grenzstadt Desaguadero vorgestern müssen wir heute die Überfahrt von Peru nach Bolivien noch einmal drehen. Beziehungsweise, wie sich kurze Zeit später herausstellen soll, wir dürfen!

Bei der Fahrt aus La Paz in die höher gelegene Schwesterstadt El Alto überschreiten wir die Zweitausend-Kilometermarke. Doch es gibt keinen Sekt, das Unterwegs-Sein ist mittlerweile zur Normalität geworden. Wegen der frühen Morgenstunde ist es recht kalt, etwa acht Grad, wie ich schätze. Nach gut hundert Kilometern taucht er vor uns auf: majestätisch, glitzernd, älter als die Ländergrenze, die Menschen durch ihn gezogen haben, der Titicaca-See. Fast 180 Kilometer lang, mehr als 60 Kilometer breit, 8288 Quadratkilometer Süßwasser in einer Höhe von 3810

Metern über dem Meeresspiegel. Damit ist der Lago Titicaca das höchstgelegene, kommerziell schiffbare Gewässer der Welt.

An einem Uferstreifen auf peruanischer Seite, den wir vorher verabredet haben, taucht kurze Zeit später das Boot auf, das uns auf die andere Seite fahren soll. Langsam brummt es den Strand entlang auf unseren Treffpunkt zu. Kurz vor dessen Erreichen tuckert es an einer Uferhecke aus dichtem Ginster vorbei: Aus einer Explosion von Gelb schält sich majestätisch ein strohfarbenes Boot und legt an einem braunen Steg an, der weit in ein tiefblaues, fast spiegelglattes Meer hineinreicht. Dahinter, weit entfernt: das schwarzgrüne Andenmassiv.

Chris und ich timen unsere motorisierte Ankunft an der Landungsbrücke so, dass wir sie gleichzeitig mit diesem schwimmenden Schmuckstück erreichen. Etwa zehn Meter lang, wie ein Wikingerschiff *en miniature*. Im hinteren Drittel gibt es eine luftige Kabine mit Sitzbänken rings herum und darüber, auf den wenigen Holzbrettern dieser einzigartigen Fähre, eine Art Ausguck. Besonders gelungen: der raubtierhafte, geschwungene, hoch aufragende Bug.

Begrüßt werden wir von denjenigen, die dieses Kleinod mit eigenen Händen kreiert haben: Fermín, der daran mit drei Kollegen vier Monate geschuftet hat, und sein Vater Paulino Esteban, der das Werk beaufsichtigt hat. Fermín, etwa fünfzig Jahre alt, leicht aufgedunsenes Gesicht und darüber die andine, äußerst bunte Strickmütze mit Ohrenschutz und Bommeln. Der Sohn ist freundlich und zuvorkommend, aber irgendwie können wir uns des Eindrucks nicht erwehren, dass auch eine ganze Menge Geschäftstüchtigkeit hinter seinem permanenten Lachen steckt. Der Vater, achtundsiebzig Jahre alt, ist beinahe noch kleiner als unsere Producerin, mit einem Gesicht, das keiner von uns vergessen wird: ernst, würdevoll und von ungezählten, tiefen Furchen durchzogen. Unter seiner ebenfalls vor Farben schreienden Mütze strahlt er eine ursprüngliche Autorität aus, die selten bei Menschen zu finden ist.

Sein Ernst ist dabei nicht ablehnend, sondern so natürlich wie die gesamte Persönlichkeit. Ein Lächeln in seinem Gesicht würde fast stören, und es zeigt sich auch nicht. Paulino ist die Hauptfigur unserer Geschichte. Später werden wir in Ruhe mit ihm sprechen.

Zuerst aber müssen die beiden Motorräder über einen extrem wackligen Holzsteg transportiert und in das Schilfboot gehievt werden, trotz improvisierter Rampe echte Knochenarbeit für Chris und mich. Bevor es losgeht, frage ich:

»Vier Männer und wenn unser Kameramann nachher dazukommt sogar fünf. Dazu zwei schwere Motorräder. Fermín, ist das nicht zu schwer für ein Boot, das aus Schilf besteht?«

»Ach was«, Fermín lässt seine Goldzähne blitzen und winkt lapidar ab, »dieses Boot könnte vierzig Mann tragen, macht euch keine Sorgen!«

Wir schwitzen in unseren schwarzen Jacken jedenfalls nicht schlecht, als die beiden Maschinen verstaut und mit Seilen vertäut sind, um nicht umzukippen. Bevor die kleine, aber feine Passage beginnt, lege ich unwillkürlich meine Hände auf das Material, aus dem beinahe das komplette Boot besteht: Stroh, so hat es den Anschein, Zehntausende von etwa anderthalb bis zwei Meter langen Stängeln, brettartig zusammengebunden zu dicken Schläuchen, die vom Bug zum Heck verlaufen und übereinander geschichtet sind. Es handelt sich um Totora-Schilf.

Ganze Felder, die vornehmlich auf unzugänglichen Inseln im See und in bestimmten Uferregionen wachsen, müssen für ein Schiff von unseren Dimensionen geschnitten werden. Dann sortiert man aus: Nur das beste Material wird benutzt, den Rest verfüttert man an die Tiere. Zwei Wochen wird das Gras dann getrocknet, bevor es schließlich verwendet wird. Wie genau das passiert, wollen wir uns am Abend ansehen, in der Reederei der zwei Bolivianer.

Mehrere südamerikanische Kulturen benutzten und benutzen solche Boote oder die weitaus kleineren Einmannflöße aus

Totora, die *caballitos*, »Pferdchen«: etwa die Bewohner der Osterinseln, die Urus auf dem Titicaca-See, die sogar schwimmende Inseln aus dem Schilf bauen, und das Küstenvolk der Chimú. Im 15. Jahrhundert wurden die Chimú, die den Mond verehrten, wie alle Zivilisationen dieses Landstrichs von den Sonnenkönigen der Inka besiegt. Nach ihrer Unterwerfung fischten die Chimú mit ihren Schilfbooten im Auftrag der Inka als eines ihrer vielen Sklavenvölker im Pazifik. Das Geheimnis des nachwachsenden Naturmaterials: Die Schilfstängel enthalten so viele Luftkapseln, dass sie im Wasser einen enormen Auftrieb haben. Totora, das ist seit vielen Generationen das Baumaterial eines kompletten Landstrichs, aber kaum einer unserer Zeitgenossen hat diese Handwerkskunst so zur Perfektion getrieben wie die beiden Estebans.

Nun heißt es Leinen los. Fermín klappt den kleinen Außenbordmotor am Heck ins Wasser, und wir legen vom Bootssteg ab. In diesem Augenblick sind wir unterwegs: zurück nach Bolivien. Die Höhensonne scheint schräg von oben hinter unsere Sonnenbrillen, Fermín lacht, und Paulino strahlt von innen. Die Wellen schaukeln das Boot zart und angenehm von vorne nach hinten, die Motoren unserer Zweiräder knistern und kühlen langsam aus. Eine Last fällt von uns ab, als wir dem anderen Ufer entgegenstreben, Chris und mir wird leicht ums Herz. Vor allem, wenn wir auf diesen See um uns herum schauen. Auf einer Seite, in Ufernähe auf Steuerbord, machen Hunderte Enten Rast im Wasser und bedecken eine Fläche von mehreren Fußballfeldern, ihr Geschnatter mischt sich unter das Knattern des Bordmotors. Weit über uns zieht ein Kondor seine Kreise, und immer wieder stürzen sich Kormorane rechts und links von uns pfeilschnell in die Fluten. Wie geschaffen für das Meisterwerk eines Landschaftsmalers. Wir fühlen uns pudelwohl.

Jetzt befragen wir Paulino, unseren knuffigen Wasserchauffeur, den man am liebsten ständig umarmen möchte. Einige seiner früheren Boote sind wahrlich weltberühmt. Der norwegische Archäologe Thor Heyerdahl hatte mit seinem ersten Schilfboot »Ra I« bei der Atlantiküberquerung Schiffbruch erlitten. Am 25. Mai 1969 war Heyerdahl von Marokko aufgebrochen, musste aber nach fast zwei Monaten Fahrtzeit kurz vor den Kleinen Antillen aufgeben. Die Papyruskonstruktion der »Ra I« war nicht stabil genug, und das Schilfboot brach auseinander.

Heyerdahl, der Pionier und Abenteurer, wollte aber nicht aufgeben. Doch für seinen zweiten Versuch der Atlantiküberquerung benötigte er nun das beste Material und den besten Mann. Nach eingehenden Recherchen fand er ihn: den damals siebenunddreißigjährigen Paulino Esteban. Zusammen mit Heyerdahl und seinem Gehilfen Fermín flog der Totora-Spezialist in den Maghreb und schlug vor, eine stabilere, um drei Meter kürzere Variante der »Ra I« zu fertigen. Mehr als zehn Tonnen Schilf wurden nun verbaut, und am 17. Mai 1970 stach die »Ra II« in See. Nach 6100 Kilometern und siebenundfünfzig Tagen Fahrt kamen Heyerdahl und die Estebans dann Mitte Juli in Barbados an. Heyerdahl wurde weltberühmt, dank Paulinos Handwerkskunst. Bis zu Heyerdahls Tod im Jahr 2002 blieben die beiden Freunde. Nachbauten der »Ra II« stehen im Kon-Tiki-Museum in Oslo und auf Teneriffa.

»Wie groß«, frage ich den munteren Greis, »war die ›Ra II‹?«

»Sie war fünfzehn Meter lang, drei Meter breit und zwei Meter fünfzig hoch. Es war sehr kompliziert, die »Ra II« war meine erste Arbeit für Heyerdahl. Ich musste alles neu erfinden, denn so große Boote gibt es hier auf dem Titicaca-See normalerweise gar nicht.«

Es sind Einblicke in eine wieder einmal vollkommen fremde Welt. Unsere Motorradfahrt und die daraus entstehenden *»Motorcycle Diaries«,* runden mein Bild von Südamerika ab, jeden Tag ein Stück mehr. Ich frage Paulino nach seinem Glauben. Zu wem betet er, wenn er den Atlantik überquert oder den Titicaca-See?

»Als ich noch klein war«, meint er in seiner Mixtur aus Spanisch und Aymara, »fuhr niemand hinaus auf den See, ohne ein Opfer für unsere Götter. Für die Gottheit Qucha* und für den anderen Gott, Señor*, auch. Man musste zahlen, um zu überleben, das war der Brauch. Heute macht das niemand mehr, die Leute verstehen nicht, wie wichtig der Segen ist.«

Nach dem Interview mit diesem beeindruckenden Mann wollen Chris und ich nun die Faszination des Titicaca-Sees genießen. Wir klettern über eine Leiter auf das Dach unserer »Ra III«, öffnen die Motorradjacken, lehnen uns an die winzige Brüstung und genießen es, hier zu sein. Es ist der bislang schönste Tag auf unserer Reise. Aber jede Bootsfahrt geht irgendwann zu Ende, leider! Bei der Ankunft auf bolivianischer Seite hat der Wind nur ein klein wenig aufgefrischt, und schon müssen alle unter Einsatz langer Holzstangen helfen, das schwimmende Kleinod in den sicheren Hafen zu bugsieren. Geschafft: Wir sind in Bolivien, die beiden Motorräder werden über mehrere fünf Meter lange, sehr schmale Holzbretter entladen.

In seinem kleinen Privatmuseum direkt am Titicaca-See zeigt Paulino uns mit vor Stolz geschwellter Brust seine Schätze. Bücher in zehn verschiedenen Sprachen, in denen er abgebildet ist, und als Höhepunkt sein Fotoalbum: Thor Heyerdahl und er selbst, zwei Männer, die Geschichte geschrieben haben. Drei Monate, sagt der knuddelige Paulino, habe er zusammen mit Fermín und zwei weiteren Helfern in Marokko an dem Boot gearbeitet. Auf einer Doppelseite in einem der vergilbenden Bücher besonders schön zu sehen: die Route der »Ra II« von Nordafrika über den Atlantik bis nach Barbados, eine rote Strichellinie des Erfolgs.

Danach besuchen wir Fermín in seiner Freiluftwerkstatt gleich nebenan. Der Sohn hat das Ruder übernommen, Paulino ist jetzt

---

* Bei Qucha handelt es sich um Mama Qucha, die Göttin der Gewässer, bei Señor vermutlich um den Kreatorgott Virocoha.

zu alt. Bootsbau mit Totora-Schilf: eine einzige Knochenmühle, wie uns Fermín dann eindrucksvoll und praktisch beweist. Ein Bündel Schilf wird aufeinandergepackt und mit einer Schnur grob zusammengebunden. Nach und nach kristallisiert sich die Form heraus: eine lange Wulst. In der Mitte dick, an den beiden Enden sich verjüngend. Und außerdem leicht nach innen gebogen. Ein Holzhaken wird dann unter die Schnur geklemmt und hochgewuchtet. Mit einem schweren Stein klopft Fermín die Schilfstängel zusammen. Mit jeder Runde kann die Schnur ein paar Zentimeter enger gespannt werden. Insgesamt muss man diesen Prozess einige Hundert Mal wiederholen, solange bis das Schilf hart ist wie ein Brett.

»Ein solches Schiff wird von uns *balsa* genannt«, meint Fermín, während ihm schon nach wenigen Minuten Arbeit der Schweiß im Gesicht steht. »Es hat fünf Körper. Zwei dicke Wülste bilden den unteren Teil, darauf kommt ein dritter Körper, den wir das Herz nennen. Und an den Seiten bilden zwei kleinere Wülste die Bordwand, die nennen wir auf Aymara *sauwe*.«

Faszinierend, mit welcher Präzision die Teile geformt werden. Am Ende müssen sie so exakt zueinander passen, dass nicht einmal Wasser hindurch dringen kann.

»Ja, so machen wir das, dies ist unsere Arbeit!« Fermín beginnt ein wenig zu sinnieren, während er weiter klopft und zieht. »Schon früher hatten wir regelmäßig zu tun, auf einem bescheidenen Niveau. Aber jetzt werden immer mehr *balsas* angefordert, von Bootsbesitzern und auch von Museen auf der ganzen Welt. Das ist natürlich toll! Ich habe schon damit angefangen, meinen jüngsten Sohn anzulernen, er ist gerade fünf geworden. Ich liebe meine Arbeit und ich will nicht, dass dieses Handwerk unserer Vorfahren verloren geht.« Daneben steht Paulino und nickt bedächtig. Auch jetzt lächelt er nicht, aber man fühlt, wie stolz er ist.

Wer Paulino und seinen Sohn Fermín in ihrer Werkstatt besuchen möchte: Es ist ganz einfach. Aus La Paz über die Landstraße zum Titicaca-See und dann noch einige Kilometer um den See herum ans östliche Ufer fahren. Die beiden leben im Dörfchen Huatajata. Ortsnamen wie Poesie.

Gegen Nachmittag machen wir mit den beiden genialen Handwerkern noch einen kleinen Ausflug. Ich nehme Paulino Huckepack und Chris den Sohn. Eigentlich auch dies ein schönes Bild, aber Thorsten und Florian winken auf meinen fragenden Gesichtsausdruck hin ab. Wir haben an diesem besonderen Tag mehr als genug unglaubliche Impressionen gefilmt und vor allem: Wir alle haben Hunger. Ich protestiere nicht! In einem Restaurant mit Seeblick in der Nähe, in dessen Teesalon mehrere wunderschöne, geschwungene Schilfbänke stehen, wählen alle aus der Crew dasselbe Gericht: unvorstellbar köstlich, unvorstellbar günstig – Lachsforelle aus dem Titicaca-See! Als es dämmert, verabschieden wir uns von den beiden Künstlern und versprechen, irgendwann noch einmal zurückzukommen.

Gegen 20.30 Uhr sind wir wieder im Hotel, es ist der mit Abstand früheste Drehschluss seit Beginn unserer Reise. Ein wunderbarer, ein traumhafter Tag. Jetzt unter die Dusche und gleich noch etwas Essen gehen. Hochstimmung in der hoteleigenen Tiefgarage!

Eigentlich hatten wir als eine unserer Hauptstorys in Bolivien eine weitere Geschichte geplant: den *Camino de la Muerte,* den Weg des Todes, die gefährlichste Straße der Welt. Doch die Kokabauern in Bolivien demonstrieren seit einigen Wochen gegen die Regierung und haben den *Camino* blockiert. Es ist jammerschade, gerade diese wirklich abenteuerliche Geschichte nicht drehen zu können, aber um ehrlich zu sein: Es gibt niemanden im Team, dessen Bedauern riesig wäre. Alle sind nach den zumeist sechzehn- bis achtzehnstündigen Drehtagen und den individuellen Krankheiten platt wie die Flundern, und außerdem ist der Weg wirklich gefährlich. Dazu kommt: Für diesen Dreh benötigt man eigentlich drei Tage, wenigstens aber zwei. Es wäre ein Irrsinn, solch ein Projekt in einem Drehtag »abfeiern« zu wollen.

Also werden wir morgen in die Minenstadt Oruro in Richtung Salzsee Uyuni weiterfahren. Zusätzlicher Vorteil: Wir wären bis auf einen Tag beinahe wieder im ursprünglichen Zeitplan! Der nächste Tag verspricht geruhsam zu werden, wohlig stellen wir uns vor: zum ersten Mal ausschlafen, einmal in Ruhe frühstücken. Die Fahrtzeit bis nach Oruro beträgt lächerliche vier Stunden. Einschließlich des Ein- und Ausladens würden wir beinahe auf einen Achtstundentag kommen ... So etwas wie Euphorie macht sich breit im schwäbisch-westfälisch-berlinerisch-peruanisch-bolivianischen Team.

Als wir gerade das Equipment in den Aufzug schleppen, klingelt das Handy von Yoda. Sie blickt mich ernst an und sagt dann vier folgenschwere Worte: »Die Blockade ist beendet!«

Tag 15

Der Weg des Todes

Als Reporter und Korrespondent ist man glücklich, als Kollege bedauert man seine Kollegen, und als nicht eben professioneller Motorradfahrer hält sich die Begeisterung in Grenzen: Auf in Richtung Nordosten zum Weg des Todes, heute mal ein besonders früher Start. Und das, nachdem wir gestern Nacht alle zusammen wider besseres Wissen noch einen Zug durch die Gemeinde gemacht haben, zunächst für ein Abendessen und dann ein Abendtrinken. Als wir uns aus dem Talkessel von La Paz die Anden hochwinden, über gut dreißig Kilometer feuchte Asphaltserpentinen und durch leichten Nieselregen, fallen die Temperaturen ins Bodenlose. Selten war ein Morgengrauen so grausam wie heute. Das Gute: Nun ist es egal, ob man vor Müdigkeit oder vor Kälte schlottert. Herr Kalafatovic und Herr Aders fühlen sich wie Darth Vader mit 30 PS!

Nadia »Yoda« Arze hat es gestern Abend noch geschafft, einen indigenen Priester für jene denkwürdige Aktion zu organisieren, die heute früh auf dem Programm steht. Aber jenen Lkw-Fahrer zu reaktivieren, mit dem sie vor Wochen die Tour der Touren besprochen und dem sie während des Streiks abgesagt hatte, funktionierte auf die Schnelle nicht mehr, der Mann ist im wahrsten Sinne des Wortes über alle Berge. Egal, wir werden schon einen Ersatz finden, schließlich ist dies tiefstes (bzw. höchstes) Südamerika!

Oben wartet bereits, wie gestern vereinbart, der Zeremonienmeister Julio Mamani auf uns, fröstelnd unter seiner Strickmütze und eingegraben in seine schweren, bunten Schultertücher. Er sieht aus, als ob er noch länger gefeiert hätte als wir, und ist zunächst wenig gesprächsbereit. Wir haben ihn zwar gebeten, uns am Pass La Cumbre, übersetzt der Gipfel, 4640 Meter über dem Meeresspiegel, zu treffen, doch auch sonst kommt er beinahe jeden Tag hierher, wenn auch nicht so früh. Es ist sein Arbeitsplatz, sein Freilufttempel. Julio Mamani hat sich spezialisiert: auf Schnellsegen einerseits und auf Pkw- und Lkw-Fahrer andererseits. Motorräder sind ein verschwindend kleines Segment seines göttlichen Geschäfts.

Als er allmählich aus seiner körperlichen und verbalen Starre auftaut, bereitet er umsichtig und zügig seine Ausrüstung vor: mehrere Flaschen reinen Alkohols, Kerzen in allen erdenklichen Farben und Formen, duftende Kräuter in Plastiktütchen, einen ganzen Sack Kokablätter, blau, gelb, rot, grün, braun, lila, orange, silbern und golden gefärbte Ballen Tierwolle, einige Tücher und bestickte Decken, Zweige und Äste und als Höhepunkt den getrockneten Fötus eines Lamas. Obwohl er und wir noch auf zusätzliche Kundschaft warten, die genau wie wir die Hosen voll hat, beginnt Julio schon einmal mit dem konkreten Segen für unsere Honda Falcons.

Er entzündet mit dünnen Zweigen ein Feuerchen, das er mit seinem Poncho gegen den eisigen Wind schützen muss, und befeuert es mit dem offenbar puren Alkohol. Die Flammen schießen empor und versengen einige in der Nähe stehende Wachsfigürchen, die schnell in Sicherheit gebracht werden. Dann nimmt er in eine Hand das Miniaturlama und in die andere Hand die Flasche mit dem Alkohol. Er schaut uns kurz an und weist uns mit einer Kopfbewegung an, neben unsere Maschinen zu treten und Haltung anzunehmen. Julio steht nun direkt vor den beiden Lenkern und beginnt einen zunächst unverständlichen Singsang, in dem Worte in Quechua, Aymara und Spanisch zu erahnen sind, ein Gebrummel, das er nur für sich spricht. Dann erhebt er seine Stimme, hält den Fötus nach vorne und beginnt, ihn vor den Rückspiegeln kreisen zu lassen.

»Ich segne die beiden Motorräder mit den amtlichen Kennzeichen NG 71981 und NG 71988!«, ruft er aus und schüttet dabei Spritzer des Alkohols auf die Gefährte. »Auf dass ihnen kein Unfall geschehen möge!«

Während er wieder in einen unverständlichen Sprechgesang verfällt, schauen Christopher und ich uns angesichts des bizarren Morgensegens amüsiert an. Doch irgendwie sind wir auch beruhigt, denn der Albtraum von Straße, der nicht allzu weit von hier beginnt, hat es wirklich in sich, und *Pachamama* kann uns dabei gute Dienste erweisen.

Ein weiterer Kunde hält, um sich den Segen von ganz oben abzuholen: Xavier heißt der Lkw-Fahrer, der seinen Volvo direkt hinter unseren Motorrädern parkt und zusammen mit seinem Vater Juan Pedro aus dem Führerhaus klettert. Ideale Bündnisgenossen, finde ich, und frage Xavier, ob auch er den Todesweg fahren wolle.

»Klar, ich fahre, wie fast jeden zweiten Tag!«

»Und, Xavier, hast du was dagegen, dass wir dich begleiten? Wir sind vom deutschen Fernsehen und wollen auch da runter.«

»Nix dagegen, kein Problem!«

Dann stehen wir zusammen um Priester Julio Mamanis Feuer herum, der nun so langsam zur Höchstform aufläuft. Ein Wortschwall ergießt sich über uns Teilnehmer am bolivianischen Straßenverkehr, ein Feueropfer für die Erdgöttin, verbunden mit einem inbrünstigen Vaterunser. In Bolivien ebenso wie in Peru kennt man im Himmel über den Anden keine göttlichen Berührungsängste.

Xaviers Zehntonner erfordert ein größeres Feuer als das für die beiden Motorräder und dementsprechend auch mehr Hochprozentiges: Priester Julio taxiert den Volvo vorsichtig auf zwei Flaschen ... Als die in einer großen Umrundung des Volvos geleert sind und wir unseren Obolus geleistet haben, kann es losgehen. Vom Hochplateau beim Pass aus, neben dem ein kleiner, stiller See und dahinter eine Art Hochmoor liegen, setzen wir uns hintereinander in Bewegung. Xaviers Lkw ist leer, denn er kommt soeben aus La Paz, wo er Früchte aus den tropischen Yungas verkauft hat. Jetzt fährt er wieder hinunter ins Tal, wo eine neue Ladung Obst auf ihn und seinen Vater wartet.

Es geht los, und schon gleich zu Beginn sehen wir fast die Hand vor Augen nicht, in null Komma nichts hat der Wind die Passstraße in dichten Nebel gehüllt, und es beginnt, heftig zu regnen. Dabei sind wir noch immer auf der asphaltierten Bundesstraße 3 und noch nicht einmal am Startpunkt angelangt. Schon jetzt, beim etwa halbstündigen Herantasten an jenen sagenumwobenen Andenpfad, schwant uns Böses, und wir sollen recht behalten.

Wir biegen ab: von der Bundesstraße auf einen nicht mehr asphaltierten Weg mit Schlaglöchern. Die knapp siebzig Kilometer lange Strecke wird, wie schon berichtet, im Volksmund *Camino de la Muerte* genannt, Weg des Todes. Ein Sonntagsausflug wird das nicht. Mit Xavier habe ich noch kurz vor unserem Aufbruch gesprochen. Auf meine Frage, ob ich als nicht eben erfahrener Biker den Weg schaffen könne, antwortete er:

»Natürlich. Man kann die Strecke schaffen: wenn man jede Sekunde konzentriert ist und wenn es nicht regnet!«

Da es immer noch schüttet und der Weg glitschig ist wie nach dem Unfall eines Lkw voller Shampoo, bin ich dementsprechend argwöhnisch. Schon nach den ersten Kurven entpuppt sich der *Camino* als enge Schlaglochpiste: 180-Grad-Kurven mit extrem steilem Gefälle. Keine Leitplanke, kein Warnschild. Neben der einspurigen Lehmstraße geht es schon gleich zu Beginn hundert Meter senkrecht in die Tiefe, aber das ist nur das Aufwärmtraining. Meistens sind es vierhundert, siebenhundert oder auch mal tausend Meter. Der Weg des Todes: Laut eines Gutachtens der inneramerikanischen Entwicklungsbank aus dem Jahr 1995 ist dies »die gefährlichste Straße der Welt«. Man schätzt, dass Jahr für Jahr zwischen zweihundert und dreihundert Menschen in den Abgrund stürzen, insgesamt haben schon Tausende ihr Leben gelassen. Am 24. Juli 1983 geschah hier Boliviens bislang schlimmster Verkehrsunfall: Ein vollbesetzter Bus kam aus »ungeklärter Ursache« vom Weg ab und riss über hundert Menschen mit sich in den Tod.

Nicht nur, dass es unter einem steil abwärts geht, meist geht die Felswand über einem genau so steil weiter nach oben. Nach oben zu schauen ist ebenso atemberaubend wie nach unten. Xavier hat absolut recht: Auf dieser Strecke darf man in seiner Konzentration keine Sekunde nachlassen. Selbst die Landschaft sollte man beim Fahren nicht nebenbei genießen: In den bolivianischen Anden kommt Hochgenuss vor dem freien Fall.

Ein Beispiel, um die Situation zu verdeutlichen: Du stehst vor einer glatten Häuserwand von zehn Metern Höhe. Und in sieben Metern, fast nicht zu erkennen, windet sich ein winziger Vorsprung an der Wand entlang nach unten. Er ist drei Zentimeter breit!

Für uns werden aus den drei Zentimetern drei Meter, aber das hilft auch nicht viel weiter. Es passt exakt ein Wagen darauf, und wenn sich zwei Lkw begegnen, muss der oberhalb stehende solange zurück rangieren, bis irgendwann eine Art Verbreiterung auf vier oder auch mal fünf Meter kommt. Dann, und ich werde es noch selbst erleben, steht das Fahrerhaus bereits deutlich über dem Abgrund.

Übrigens ist der *Camino* die einzige Straße Boliviens, auf der Linksverkehr herrscht! Das ist zwar merkwürdig, aber eigentlich logisch: Die Lkw aus dem Tal sind meistens mit Obst und Gemüse beladen, und die Lkw, die aus La Paz kommen und hinunterfahren, sind leer, genau wie der von Xavier. Die beladenen Wagen sind natürlich sehr viel schwerer und müssten bei ihrer Bergfahrt bei Rechtsverkehr genau am Abgrund entlangfahren: Es würde noch mehr Unfälle geben. Oft brechen ganze Passagen weg, zumal der Weg an vielen Stellen regelrecht unterhöhlt ist. Deshalb wurden die Regeln geändert: Die voll beladenen Lastwagen fahren innen links am Felsen entlang und die Leichtgewichte außen.

Als Motorradfahrer hat man nicht unbedingt die Befürchtung, dass wegen des Gewichts gleich die komplette Straße absackt. Aber man denkt – eigentlich ständig – daran, dass jeder Sturz der letzte wäre. Mein bedächtiger Absprung vom Motorrad in Peru wäre hier fehl am Platz: Nach dem Bruchteil einer Sekunde würde es heißen *Adiós, muchacho!*

Fassen wir noch einmal zusammen: Einen Meter links neben dir geht es im Schnitt siebenhundert Meter senkrecht in die Tiefe. Der Weg ist matschig, glitschig und holprig. Es tauchen wahlweise bis zu dreißig Zentimeter tiefe Schlaglöcher vor deinem Reifen auf oder gerne mal Gesteinsbrocken von einem Meter Umfang. Es ist neblig, sodass du froh bist, das Rücklicht von Xaviers Zehntonner vor dir zu sehen, und es regnet. Plötzlich hört man es hupen, und ein Lkw braust an einem vorbei, zwischen seinen Tomaten und dem Abgrund hast du einen Meter oder weniger. Habe ich vergessen zu sagen, dass siebenhundert Meter eine ganze Menge sind?

Nach etwa einer Stunde Gerüttel und Geschüttel zittern unsere Arme und Hände, mit denen wir uns an den vibrierenden

Lenkern festkrallen. Wir halten an einer besonderen Stelle. Nicht eben vertrauenerweckend: Überall an der felsigen Innenseite stehen Dutzende hölzerne und eiserne Kreuze mit unterschiedlichen Namen und Daten. Hier und da Plastikblumen, ein paar verdorrte Äpfel und braun gewordene Kokablätter im Matsch. Diesen Streckenabschnitt nennen die Fahrer ehrfurchtsvoll den »Hintern des Teufels«.

Allein auf diesen hundert Metern kurz vor und kurz nach der Kurve, erläutern uns Xavier Apaza und sein Vater Juan Pedro, sind bereits Dutzende von Autos abgestürzt, darunter mehrere Lkw und Busse. Vorsichtig nähern wir uns dem senkrechten Abhang.

»Seht ihr da unten den Fluss?«, fragt Xavier geheimnisvoll bis bedrohlich und weist mit seinem Zeigefinger steil nach unten. »Immer im Frühjahr, wenn der Regen kommt, findet man dort unten Fahrzeugreste und menschliche Knochen. Die Fahrzeuge rutschen hier oben in dieser Kurve ab, wenn es feucht ist oder die Bremsen versagen.«

So stehen wir da, Chris und ich und neben uns der mutige Thorsten, der nicht nur die gesamte Unterhaltung dreht, sondern sich auch über die Klippe lehnt, um Xaviers Finger zu folgen und den Fluss im Tal zu drehen. Ich halte ihn dabei an seiner Jacke fest. Plötzlich rauschen mehrere Fahrräder an uns vorbei, von oben nach unten.

»Was war denn das?«, frage ich entsetzt.

»Das waren Mountainbiker, sie zahlen einen Haufen Geld für den ultimativen Kick!« Xavier grinst zunächst, wird dann aber wieder ernst. »Jedes Jahr sterben von denen drei, so im Durchschnitt!«

Diesmal steige ich mit Thorsten zusammen ins Fahrerhäuschen von Xavier, um ein weiteres Interview zu machen, während er fährt. Von hier oben, auf gut zweieinhalb Metern, sieht das alles noch dramatischer aus, denn aus dieser Perspektive schaut man die ganze Zeit direkt hinunter in den Abgrund. Und dann passiert es: Ein voll beladener Transporter kommt uns von unten entgegen, Xavier legt den Rückwärtsgang ein und brummt in Schlangenlinien bis zur nächsten »Haltebucht«. Vielleicht acht Meter lang, vielleicht einen Meter breit, Beamte des Technischen Überwachungsvereins bekämen beim bloßen Anblick einen Herzinfarkt. Der Volvo schiebt sich in einem nahezu eleganten Bogen hinauf auf diese Insel im Nichts, ist aber natürlich zu lang für die vorhandenen acht Meter. Und dann kommt der Lkw von unten und drängelt sich an uns vorbei. Zehn Zentimeter Platz zwischen den beiden Schnauzen, fünf Zentimeter, zwei Zentimeter. Und dann berühren sie sich. Also muss unser Lkw noch eine Handbreit zurück, ich fasse es nicht! Jetzt steht der Hinterreifen exakt an der Klippe, wenn einer von uns husten würde, würden wir ein Opfer der Schwerkraft werden. Der Fahrersitz hängt längst über dem Abgrund, Thorsten und ich halten den Atem an. Irgendwie schaffen die beiden Lastwagen es, sich aneinander vorbeizumanövrieren, und die Fahrt geht weiter.

»Na, seht ihr«, grinst Xavier und gibt erst mal richtig Gas. Mit bis zu fünfzig Stundenkilometern geht es dann talwärts.

»Xavier«, frage ich mit belegter Stimme, »eigentlich ist der *Camino* doch gesperrt. Und es gibt seit 2006 doch oben herum eine asphaltierte Umgehungsstraße. Warum fährst du nicht da?«

»Ach, so ein Unsinn!«, wischt der Obsttransporteur meine Bemerkung beiseite, »die ist doch viel, viel länger und kostet viel mehr Diesel!«

»Aber hier riskierst du jedes Mal dein Leben, *hombre!*«

Wieder beginnt Xavier zu grinsen und mir so lange in die Augen zu blicken, bis ich schnell nach vorne schauen muss, um zu überprüfen, ob wir noch auf dem richtigen Weg sind.

»Aber wir haben doch den Segen von *Pachamama,* uns kann nichts geschehen!«

Thorsten und ich stimmen jetzt verhalten in das Gelächter Xaviers ein und schütteln gleichzeitig unsere Köpfe.

»Gehst du jedes Mal bei dem Priester vorbei, wenn du über den Pass kommst?«

»Nein, ist zu teuer. Einmal im Monat, das reicht. Ich habe jetzt schon jahrelang überlebt!«

Prima, denken wir und setzen das Interview fort:

»Xavier, was ist denn, wenn du einen Unfall hast, gibt es dann noch eine Hoffnung?«

»Es sind furchtbare Unfälle, es gibt keine Rettung!« Der Fahrer wird wieder ernst und deutet mit seiner Hand links von sich hinunter ins Tal. »Du stürzt hier runter, und es ist aus!« Auch wenn es nicht nötig gewesen wäre: Xavier verdeutlicht seine Überlegungen, indem er seine Handkante am Hals entlangführt und wieder zu grinsen beginnt.

»Ich habe etwas über Geister gelesen, hier auf dem *Camino de la Muerte* soll es spuken. Hast du schon mal was davon mitbekommen?«

»Aber natürlich!« Geradezu entsetzt zeigt sich Señor Alpaza über meine naive Frage. »Das sind Stimmen!«

»Stimmen?«

»Nachts kann man hier Stimmen hören, menschliche Stimmen, klagende Stimmen!«

Ich sage nichts und höre gebannt zu ...

»Das sind die Seelen der Toten. Diejenigen, deren Körper niemals geborgen wurden. Sie weinen!«

Thorsten dreht ohne Unterlass, wir beide wissen, dass diese Sätze Teil unserer Dokumentation werden. Vorausgesetzt, dass wir diesen Tag überleben.

»Man kann sogar genau unterscheiden, ob es die Stimme eines Kindes oder eines Babys ist oder die eines Erwachsenen ...«

Ich steige wieder auf das Motorrad um, Thorsten fährt jetzt bei Chris mit, um mit seiner HD-Kamera näher bei uns zu sein. Um die 3500 Höhenmeter führt der *Camino* in den tropischen Osten Boliviens hinunter, durch drei Vegetationszonen hindurch.

Die Temperatur steigt bis auf dreißig Grad, die Luftfeuchtigkeit auf einhundert Prozent. Thorstens Augen leuchten, als ein Wasserfall uns den Weg versperrt.

»Nein!«, rufen Chris und ich gleichzeitig aus.

»Doch«, kürzt Thorsten die interne Diskussion barsch ab, »ihr lasst mich hier raus hier raus, fahrt zurück und kommt noch mal hier durchgefahren.«

Die Motorradfraktion rollt fatalistisch mit den Augen.

»Und bitte, meine Herren, möglichst schnell!«

Also fahren wir zurück und beschleunigen. Der Wasserfall inklusive Gischt bedeckt die halbe Breite des Weges, wenn wir es geschickt machen würden, kämen wir trockenen Fußes daran vorbei. Aber wir haben bereits die Thielow-Schere im Kopf. Der ARD-Kameramann würde uns so lange hin und her scheuchen, bis das Bild okay ist. Also fahren wir schon beim ersten Mal mitten hindurch.

Thorsten ist begeistert, wir weniger. Es geht weiter. An einer dieser luxuriösen Buchten machen wir halt, weil Thorsten von hier einen genialen Blick auf eine lang gezogene Kurve hat, fast einen Kilometer Strecke kann er von hier aus einsehen. Als er drehbereit ist und uns gerade losschicken will, kommt ein bolivianischer, uralter Reisebus vorbei. Auch dem öffentlichen Personennahverkehr ist offenbar entgangen, dass es eine weitaus gefahrlosere Alternative gibt. An einer Quelle hält der Bus und lässt die größtenteils männlichen Passagiere mit ihren weithin sichtbaren, knallbunten Mützen kurz aussteigen, Wasser trinken und austreten.

»Hey, das wird super«, wendet sich Thorsten an uns, »wenn der Bus losfährt, wartet ihr noch eine halbe Minute und fahrt auf mein Kommando auch los. Dann begegnet ihr euch da vorne auf der lang gezogenen Strecke, und ich kann alles wunderbar drehen!«

»Okay, Thorti, wir können das machen«, wende ich mich an meinen euphorischen Freund, »aber eines ist klar: Wir fahren nicht links am Abhang entlang, sondern rechts an der Felswand!«

»Genau, so machen wir das und nicht anders«, fällt Chris in meine Vorsichtsmaßnahme ein, »wir sind ja nicht bescheuert!«

»Okay, macht das, aber haltet euch bereit, sie steigen schon langsam wieder ein.«

Chris und ich warten wie die Todgeweihten an einer Kurve, ohne zu reden, die Motoren brummen und verdampfen die feuchten Nebelschwaden. Dann hören wir Thorstens Pfiff und setzen uns in Bewegung. Tatsächlich: Der Bus kommt genau auf uns zu. Wir fahren jetzt nacheinander, ich vorne und Chris hinter mir, und zwar strikt (die ganze Zeit) so weit rechts am Felsen, dass unsere Schulterpolster ihn fast streifen. Immer näher kommt der Bus, und immer mehr beschleunigt er offenbar auch. Aber, ich kann es nicht glauben, was macht der Fahrer? Er fährt jetzt ebenso weit links wie wir rechts, direkt an der Felswand entlang! Ich hupe und blinke mit dem Fernlicht. Noch fünfzig Meter. Der Fahrer denkt sich offenbar: Was machen diese Verrückten denn? Und hupt und betätigt sein Fernlicht. Er ist stärker, keine Frage! Noch dreißig Meter. Schon jetzt müsste man eigentlich abbremsen, damit die Situation nicht noch dramatischer wird, aber – ach, was soll's – ich atme tief durch, taxiere den verbleibenden Raum neben dem auf uns zufahrenden Bus und dem Abgrund und entscheide: Es könnte klappen. Als der Bus noch zehn Meter von uns entfernt ist, sind ich und hinter mir auch Chris mittlerweile auf die linke Seite gewechselt. Jetzt kommt es darauf an!

Ein Stoßgebet zu *Pachamama*, und wir passieren die engste Stelle. Ich denke, dass man jetzt am besten nicht hinunterschauen sollte, blicke dann aber doch für den Bruchteil einer Sekunde nach unten. Das Vorderrad rollt gerade rund dreißig Zentimeter neben dem Abgrund über Stock und Stein, unter meinem linken Knie also müsste jetzt bereits kein Boden mehr sein. Es dauert unendliche drei, vier Sekunden, bis wir an dem Bus vorbei, und noch einmal zwei Sekunden, bis wir aus der grauschwarzen Dieselabgaswolke heraus sind. Mein Herz klopft bis zum Hals. Bevor wir den vollkommen begeisterten Thorsten von seinem Ausguck abholen, atmen Chris und ich erst einmal durch.

Florian ist übrigens mit dem zweiten Geländewagen schon wieder vorgefahren und rüstet das Equipment für eine weitere Einstellung mit unserem Kamerakran. Als wir ankommen, sind er und zwei der Fahrer bereits recht weit vorangekommen. Es dauert nur noch eine weitere halbe Stunde, bis wir loslegen können. Die Kamera hängt fünf Meter über dem Abgrund und filmt ins Nirwana unter uns. Auf Kommando setzt sich Xavier mit seinem Volvo in Bewegung, und die Kamera schwenkt langsam nach links, in Richtung »Straße«. Bei dieser Kurvenbewegung fährt der Ausleger gleichzeitig langsam nach oben. Als die Kamera sich exakt über dem Weg befindet, rauschen unter ihr der Obst-Lkw und Chris und ich in seinem Gefolge hindurch. Klasse! Wir applaudieren uns selbst, und in den frenetischen Beifall mischt sich eine Tonne Erleichterung, auch diesen Tag bald hinter uns zu haben.

Verabschiedung von Xavier und Vater Juan Pedro, wir zahlen ein anständiges Honorar für die vielen Stunden Verzögerung, die wir ihnen eingebrockt haben.

»Viel Glück beim Heimweg«, meint Xavier, und bevor er auf seinen Fahrersitz zurückklettert und die letzten fünf Kilometer bis zu dem Dörfchen Coroico brettert, stellt er wie nebenbei noch eine Frage, die den meilenweiten Unterschied zwischen seiner und unserer Welt dokumentiert: »Ihr fahrt doch sicherlich denselben Weg zurück, oder? Ihr spart eine Menge Zeit und Geld!«

»Natürlich«, entgegne ich trocken, »ist doch klar, diesen Fußpfad noch mal hinauf, bei Nacht, für ein paar Minuten und für ein paar Dollar!«

Ohne weiteren Kommentar steigt die Crew in beziehungsweise auf ihre Fahrzeuge und setzt sich in Bewegung: hinter Xavier her nach Coroico und von dort aus auf die neue Bundesstraße, möglichst weit weg vom Weg des Todes.

Wir alle halten an einem Lkw-Fahrer-Treffpunkt kurz für eine Zigarette an, es ist fast einundzwanzig Uhr. Ein Fußgänger, der gerade aus einer der verrauchten Kneipen wankt, meint: »Leute, da kommt ihr heute nicht mehr hoch!«

»Warum denn nicht?«, fragt Chris mit leichter Panik in der Stimme.

Statt einer Antwort zeigt der angesäuselte Kneipenbesucher auf einen Pkw, der gerade von der Passstraße herabkommt, er trägt eine weiße Haube. Oberhalb von uns tobt offensichtlich ein Schneesturm.

Langsam nehmen wir solche zusätzlichen Hürden persönlich, packen die beiden Motorräder auf die Ladefläche unseres 4×4-Begleitfahrzeugs (was etwa eine Stunde dauert) und kriechen im ersten Gang die Hänge hinauf. Wir sind perplex: Auf der Straße bereiten sich buchstäblich Hunderte anderer Wagen auf eine lange Nacht vor. Zuerst halten wir an und reihen uns in diese Schlange ein, diskutieren mit den anderen Fahrern und sind kurz davor zu resignieren. Speziell in jenem Augenblick, als wir beobachten, wie einige der Fahrer sich ein Herz fassen, den Gang einlegen, den Hügel mit Vollgas hochfahren, bis ihre Reifen durchdrehen, sie dann langsam und schließlich immer schneller ins Tal zurückrutschen und dabei mehrere andere Autos mit sich ziehen. Jetzt müssen wir ganz, ganz schnell eine Entscheidung treffen, es dauert weniger als eine Minute hektischer Diskussion.

Gang rein, Allradmodus, auf geht's. Neben uns fallen die Pkw in den Graben, und wir müssen Schlangenlinien fahren, um nicht von ihnen touchiert zu werden. Fünf gespenstische Minuten später und wir haben den letzten Wagen hinter uns gelassen, der noch das Licht einschaltet, wie um zu zeigen, dass er eventuell einen Ausbruchsversuch beabsichtigt. Dann sehen wir nur noch Lastwagen, die Frieden mit dieser Nacht gemacht haben, dicke Felsbrocken hinter die Reifen geklemmt, um einer Katastrophe zu entgehen. Langsam ziehen wir an ihnen vorbei hinauf auf den Pass. Wir können wegen des dichten Schneetreibens lediglich zwei, drei Meter weit sehen.

Ungelogen: Wir sind die einzigen, die es in dieser Nacht zurück bis La Paz schaffen, erst nach Mitternacht erreichen wir unser Hotel. Der Plan ist, direkt in die Betten zu fallen, bis einige im Team auf ihren latent ungestillten Hunger verweisen.

Okay, wir gehen noch kurz um die Ecke, nur was Schnelles, auf die Kralle ... Um die Ecke gibt es aber nichts mehr, was geöffnet hat. So fahren wir mit mehreren Taxis in ein »nahe gelegenes« Restaurant, alle sind dabei. Es gibt kühles Bier, die Latinomusik ermuntert bereits einige Gäste, ein Tänzchen zu wagen ...

Road to hell: Nadia schlägt noch einen anderen Schuppen vor, in dem die Musik besser sei, und alle gehen mit. Wir tanzen buchstäblich bis zum Umfallen. Die Letzten stecken ihre Plastikkarten um fünf Uhr in der Früh in den Schlitz des Türöffners. Merkwürdig, wie viel Energie noch in einem steckt, wenn man denkt, man sei am Limit. Obwohl wir am nächsten Tag für unsere Ausschweifungen büßen werden: es hat gut getan, nach über zwei Wochen mal wieder ein paar Stunden Freizeit zu haben ...

Tag 16

Migräne in der Minenstadt

Heute stehen nur 222 Kilometer auf dem Programm: von La Paz, dem Regierungssitz, bis in die Minenstadt Oruro. Die Strecke ist für bolivianische Verhältnisse eintönig und die Stadt ausgesprochen hässlich. Also beschließen wir, die Kamera – außer für eine Einstellung in La Paz gleich zu Beginn – einzupacken: Actionspezialist Flo auf dem Rücksitz von Chris' Motorrad dreht eine waghalsige Tour durch den Verkehrsmoloch, wir riskieren Kopf und Kragen für diese Aufnahmen. Gebraucht werden sie später in unserer Reportage nicht. Selbst neunzig Minuten Film sind kurz, wenn man so viel spektakuläres Material sammelt wie wir. Allein der gestrige hochdramatische Tag hat das Potenzial für zehn Sendeminuten, und wer weiß, was jetzt noch alles vor uns liegt.

Thorsten kann sich während der Fahrt um den Schnitt kümmern: versorgt durch die auf einhundertzehn Volt hochgespannten neun Volt aus dem Zigarettenanzünder, begleitet von permanenten Kommentaren der Beifahrer Flo, Axel und des Fahrers Henry, den Laptop auf den Knien, ohne Maus, ohne Tisch und vor allem ohne Aschenbecher! Vermutlich ist eine ARD-Hochglanz-Doku noch nie unter unbequemeren Umständen geschnitten worden ...

Nun die eigentliche Tour nach Oruro: Thorti im Schnitt, Tommy und Chris im Fahrtwind, der Rest nach und nach im Tiefschlaf. Die Minenstadt haben Nadia, Thorsten und ich in diesem Jahr bereits anlässlich des andinen Karnevals für eine ARD-Weltreise besucht. Oruro ist wahrlich nichts Besonderes, doch während des dreitägigen, farbenfrohen Spektakels verwandelt sich die Stadt in einen unglaublichen, einen magischen Ort. Wer sich zur Karnevalszeit in Bolivien aufhält, einige Tage Zeit hat und nicht hierher kommt, macht einen großen Fehler!

Weil wir gerade wieder in die Hauptstraße biegen, mit ihren themenparkartigen, geschweißten Teufelsskulpturen alle paar Meter: Oruro aus meiner Erinnerung.

Tagelang und fast ohne jede Unterbrechung marschierten die Delegationen aus ganz Bolivien schon vor Beginn der Feierlichkeiten am zentralen Platz vorbei. Aus Sucre, Santa Cruz und Cochabamba in der fruchtbaren, heißschwülen Tiefebene, und aus dem sauerstoffarmen, kalten Altiplano, dem Hochland. Wie ein militärisches Defilee sah das aus, und es war so laut, dass wir uns schon gleich zu Beginn die Ohren zuhalten mussten. »Alles nur ein Vorgeplänkel«, winkte unsere bolivianische Kollegin Nadia ab, »wartet erst mal ab, bis es richtig losgeht!« Die rote Fahne des Sozialismus wehte, Evo Morales persönlich, der Präsident Boliviens, erschien und winkte den Massen zu. Immer wieder haben wir ihn begleitet, einmal hat er uns sogar ein Exklusivinterview gewährt, im Präsidentenpalast. Nur er, ich und der für einige Stunden angemietete bolivianische Kameramann. Wie Morales während des gesamten Interviews auf mein kleines Gastgeschenk geschaut hat, neben ihm platziert auf einem Beistelltischchen! Ich hatte seine neueste Biografie gelesen und dabei entdeckt, dass der frühere Kokabauer und Gewerkschaftsführer ein ganz, ganz »Süßer« ist, er steht auf Pralinen und Schokolade. Also hatte ich aus dem Duty-free-Shop in Rio de Janeiro eine dieser zylinderförmigen Pralinenschachteln mit schokoladierten Schweinereien aus der Schweiz für ihn mitgebracht: Eigentlich eine Petitesse, hätte sich der Herr Präsident nicht das gesamte zwanzigminütige Interview über fast ständig mit argwöhnischen Blicken versichert, dass seine Nougatkugeln noch neben ihm standen. Ich vermute, die Box hat den nächsten Morgen nicht mehr erlebt.

Schon bei seiner rituellen Amtseinführung in der Inkaruinenstadt Tiwanaku waren wir bei ihm gewesen, direkt neben ihm, als einziges Team überhaupt. Unser damaliger Kameramann Juan Pablo Mondini hatte sich, wie immer alle Regeln großzügig beiseiteschiebend, über mehrere Absperrungen geschwungen und war seinen Verfolgern vom Protokoll entwischt, weil er trotz seiner schweren Kamera einfach schneller rannte. Dann begann die Zeremonie für Evo Morales, den ersten indigenen Präsidenten in der leidvollen Geschichte Boliviens, einer einzigen Chronik der Ausbeutung. Nun trat er an, den Aymara und Quechua zu ihren Rechten zu verhelfen. Eine seiner ersten Amtshandlungen: die Teilverstaatlichung der ausländischen Erdgasmultis aus den USA, aus Spanien, Brasilien und Argentinien. Vom Bauern zum südamerikanischen Buhmann des Kapitalismus, in wenigen Tagen! Zusammen mit seinem durchgeknallten, mittlerweile verschiedenen venezolanischen Amtskollegen Chávez (ganz zu schweigen von ihrem gemeinsamen Spezi Castro) hat Morales sich zum Lieblingsfeind der USA in ihrem Vorgarten gemausert.

Da stand er nun also wieder, stolz und gut gelaunt. Er wird uns von seinem Balkon aus nicht gesehen haben, denn jede Minute defilierten die Faschingsvereine unter ihm vorbei, Hunderte jede

Minute. Und wenn er uns entdeckt hätte, hätte er uns mit Sicherheit nicht wiedererkannt. Obwohl: Schweiz, Nougat ...

Beim Karneval von Oruro, der Bergarbeiterstadt auf 3700 Metern Höhe, wird drei Tage und drei Nächte lang gefeiert, bis sich die Balken und die Trommelfelle biegen. Doch die Feierlichkeiten sind weit mehr als ein farbenfrohes Spektakel: Im Grunde dreht sich alles hier – jeder Tanz, jede Tracht, jeder Trommelwirbel – um uralte Mythen, Andengötter, Heilige und Teufel, die angeblich in den berühmten Zinn-, Gold- und Silberminen wohnen. Der Karneval von Oruro beginnt in der Unterwelt.

Wir besuchten die siebzig Kumpel des kleinen Bergwerks San José im Norden der Stadt. Bis in die frühen neunziger Jahre waren die Minen von Oruro die ertragreichsten in Bolivien, doch die guten Zeiten sind längst passé. Die Arbeiter von San José haben sich zu einer Kooperative zusammengeschlossen und teilen sich die Einnahmen. Wenn es nicht sehr gut läuft, wie zum Beispiel gerade damals, müssen die Familienväter im Monat mit rund zweitausend Bolivianos auskommen, umgerechnet weniger als zweihundert Euro. Doch die Kumpel halten zusammen wie Pech und Schwefel, geteiltes Leid ist gerade unter Tage halbes Leid. Ihre Welt, das sind Mythen, Rituale und Opfergaben. Jeder Tag beginnt tief im Berg am Altar ihres Andengottes. Ihm zu Ehren werden zunächst einmal jede Menge Kokablätter gekaut, die Energie geben und den Hunger besänftigen. Außerdem wird Alkohol in kleinen Mengen getrunken und der Rest als Opfergabe auf den Boden geschüttet. Zudem muss geraucht werden, aus Respekt. Thorsten und ich liebten die Männer und ihre Rauchschwaden, Nichtraucherin Nadia hingegen wandte sich naserümpfend mit Grauen ab. Die Männer nennen ihre Bergwerksgottheit respektvoll *Tío de la Mina,* Onkel der Mine (es handelt sich um eine andine, janusgesichtige Teufelsgottheit). Wir blieben mehrere Tage bei den wundervollen Kumpeln und beobachteten sie dabei, wie sie ihr Geld zusammenwarfen, um zwei Lamas zu kaufen, hoch oben in den Anden. Die beiden Tiere wurden dann dem »Onkel« in einem extrem blutigen Ritual geopfert. Hierbei wurden am Ende zwei noch pochende Herzen in einem Bodenloch in der Mine vergraben, begossen mit Hektolitern Bier und bedeckt mit säckeweise Kokablättern. Erst dann gingen die Männer auf das Fest, erst kurz vor seinem Höhepunkt.

Hunderttausende Menschen stürzen sich ins Getümmel, aber hinter dem auf den ersten Blick ausgelassenen Fest von Oruro steckt ein fest umrissenes Regelwerk, das jedem Tänzer vorschreibt, um welche Uhrzeit er wo mit welchem Kostüm anzutreten hat, welche Schritte er machen und welche Lieder er singen darf. Nur als Teil eines *conjunto*, einer Tanzgruppe oder Bruderschaft, darf man überhaupt am Karneval teilnehmen. Von überall her strömten die Tanzgruppen im Zentrum zusammen: lila Männer und grüne Frauen, Kleingruppen in Tierkostümen und Bruderschaften mit Fußschellen. Schon am Morgen waren es fast dreißig Grad im Schatten. Dutzende verschiedener Tänze wurden aufgeführt: der kämpferische *Tinku*, der festliche *Huayno* und die *Morenada*, die an die Zeit der Sklaven erinnert; *Kullawada, Llamerada, Tobas, Cueca, Waca Waca* und natürlich die teuflische *Diablada* für den »Onkel«.

Bis zum Karnevalssamstag stieg die Zahl der Tänzer und Tänzerinnen kontinuierlich auf sage und schreibe eine halbe Million Personen pro Tag! Und mindestens die gleiche Anzahl von Menschen schaute dabei zu. Die Stadt bläht sich an diesen Tagen um ein Vielfaches auf. Hotelzimmer bekommt man nur, wenn man monatelang im Voraus gebucht hat oder Unsummen springen lässt.

Der Karneval von Oruro gerät bisweilen außer Rand und Band: Wasserbomben und Sprühschaum von den Rängen auf jeden und jede, der/die sich bewegt. Wer trockenen Fußes nach Hause geht, der hat nicht mitgefeiert. Auch unsere Kamera und wir selbst wurden – unter dem tosenden Applaus Zehntausender – wiederholt zur Zielscheibe. Wir wateten durch ein Meer von Farben, alles war in Bewegung, überall wurde getanzt, gehüpft, geneckt, gesungen. Ausgelassenheit: In Bolivien gewinnt dieser Begriff eine gänzlich neue Bedeutung.

Zurück in die Realität unserer Motorradreise: Erstaunlicherweise muss bei unserer Ankunft in Oruro noch eine Pension organisiert werden, was mich zu kritischen Blicken in Richtung Produktion veranlasst. Yoda fühlt die nicht gerade euphorische Stimmung im Team und scheint noch einmal zu schrumpfen. Nach dem üblichen Geschleppe und Gehieve verebbt der Rest des Abends bei fader Pizza und lauem Bier am Schneidetisch. Florian geht es nach seiner Antibiotikabehandlung schon wieder besser als noch am Tag des Freistilkampfs mit Carmen Rosa, aber was heißt das schon: Er setzt sich gegen seine tiefe Erschöpfung zur Wehr, die ihm in jedem Knochen steckt, genau wie Tonmann Axel, Nadia, Chris, den Fahrern und mir. Auch Thorsten hat mit ermüdungsbedingten Kopfschmerzen zu kämpfen, und trotzdem hat er, erstaunlich genug, zwischendurch immer wieder an dem Film geschnitten. Langsam kristallisieren sich Blöcke, Originaltöne, Längen und Musiken heraus. Alles ist im Fluss, bewegt sich aber in die richtige Richtung. Wir sind unglaublich gespannt auf den Tag, an dem er uns zum ersten Mal die ersten, endgültigen Minuten vorspielen wird.

Tag 17

Spuren der Verzweiflung

Bei der Abfahrt aus Oruro zeigt der Kilometerzähler unserer Motorräder 2922: Diese Strecke haben wir seit der Sanddüne in Peru zurückgelegt. Obwohl wir heute irgendwo die 3000-Kilometer-Marke knacken, denkt niemand an Feierlichkeiten. Die Anstrengungen der letzten gut zwei Wochen spüren wir deutlich, und die Verpflegung ist, um es freundlich auszudrücken, bescheiden.

Während der nächsten Tage werden wir zelten, und ich bitte Nadia, genügend Nahrungsmittel für etwa zwei oder drei Tage einzukaufen. Ich kümmere mich mit Fahrer Henry um die Getränke: Hektoliterweise Wasser, ein paar Dosen Energy-Drinks, die vor allem Chris und mich am Fahren halten, und ein paar Tetrapacks Rotwein. So warten wir alle an einer Tankstelle an der Ausfallstraße und beobachten, wie Nadia über den Seitenstreifen auf uns zukommt, entspannt wie immer. In ihrer Hand baumelt eine schlaffe, kaum gefüllte Plastiktüte. In dieser könnte sich alles Mögliche befinden, ganz sicher aber nicht die Lebensmittel für ein zehnköpfiges Team. Vielleicht hat sie ihr Geld vergessen, mutmaße ich, oder der Markt hat geschlossen ... Aber nein, alles fein, Nadia grinst mich von Weitem an, hält die Tüte in die Luft und hebt ihren Daumen hoch. Job erledigt!

Ich bin sehr gespannt. Als wir uns neben der Zapfsäule begegnen, sagt sie offenbar ohne jedes schlechte Gewissen:

»Super, ich hab' alles bekommen!« Aufreizend selbstbewusst, bar jeden Zweifels.

»Alles, Nadia?«, frage ich mit erstauntem Unterton.

»Na klar, Tommy, wir können losfahren!«

»Dann zeig' mir doch bitte mal, was du in deiner Tüte hast. Astronautennahrung?«

Ungläubig, fast beleidigt, zieht sie nacheinander folgende Zutaten für ein Dinner der Sonderklasse heraus und hält sie mir vors Gesicht: eine Tüte Spaghetti, drei winzige Konserven Tomatenmarkkonzentrat. Schluss.

»Soll das ein Witz sein?« Ich schüttele mit dem Kopf, meine Befürchtungen haben sich soeben bestätigt.

»Wieso Witz«, begehrt Yoda auf, »das ist das Abendessen!«

»Genau, Nadia, für dich. Und was essen die anderen?«

»Wieso? Reicht das nicht?« Blankes Unverständnis aus dem Einmeterfünfzigbereich.

»Hey, das ist 'ne Vorspeise! Und eine schlechte noch dazu. Hast du noch nie gekocht?«

»Wenn ich ehrlich bin: eigentlich nein. Das macht immer mein Mann, oder wir gehen essen.« Na prima.

»Und jetzt gehst du bitte noch mal los oder nimmst dir am besten gleich einen Fahrer mit und dazu Thorsten, der weiß, wie man für eine große Meute kocht. Holt so viel Zeug, dass es für zehn Personen reicht, sehr hungrige Personen. Und das an drei Tagen.

Und mit Abwechslung in den Speisen, und denk' auch an die Zwischenmahlzeiten irgendwo auf der Strecke: Brot, Käse, Wurst. Auf geht's!«

Von überall sind wir grinsend bei unserer Konversation belauscht worden, jetzt gehen die Daumen hoch, einer nach dem anderen. Ab und zu muss man ja auch mal was richtig machen als Teamleiter.

Eine Stunde später sind die Vorratskisten verstaut, und wir starten. Wie immer angeführt von den beiden Motorrädern, dahinter kommen die drei Teamwagen. Zunächst erkennt man keinen Unterschied zu der Straße von La Paz bis Oruro, doch dann wird der Asphalt rissiger, buckliger und verschwindet irgendwann ganz. Von nun an fahren wir auf Feldwegen, doch auch diese werden von Kilometer zu Kilometer schlechter. Als ob jede der ausgewaschenen, steinernen Fahrbahnmarkierungen eine neue Runde des verkehrsmäßigen Niedergangs einläuten würde. Schließlich sind wir im klassischen, unbewohnten Hochland angekommen.

Rechts und links der eigentlichen Fahrbahn: Spuren der Verzweiflung! Hunderte von Pkw haben wilde Ersatzrouten in den staubigen Altiplano Boliviens getrieben, anarchische Mäander, mal fünfzig, mal zweihundert Meter neben der Hauptverkehrsader Richtung Salzsee. Das liegt daran, dass diese schlicht und einfach unzumutbar ist: eine Wellblechpiste, die schon für Autofahrer kaum zu verkraften ist, geschweige denn für Biker wie Chris und mich. Der ganze »Bock« vibriert wie eine außer Kontrolle geratene Fräsmaschine. Man schafft es kaum, sich am Lenker festzuhalten. Ohne alle Viertelstunde beim Fahren aufzustehen (und damit zugleich ein höheres Sturzrisiko einzugehen), würde man abends einige Tonlagen höher sprechen ...

Die Ersatzrouten neben der eigentlichen Hauptstraße sind entstanden, um deren wüsten Wellen zu entgehen. Das Problem: Manchmal sind sie zwar ein wenig besser als das Original, meistens aber genauso katastrophal und dazu noch von tiefen Sandflächen durchzogen. Diese schaden einem Pkw kaum, aber Motorradfahrer bekommen jedes Mal einen Adrenalinschub, wenn der Untergrund schlabbrig wird (ich zumindest, Chris ist Profi und hat früher Offroad-Rennen gefahren). Mit anderen Worten: Gehopst wie gesprungen, die 325 Kilometer von Oruro bis zum Salzsee sind der absolute Horror!

Leider hat die Wackeltour inklusive einiger schöner Fahraufnahmen erneut beinahe acht Stunden gedauert. Die Sonne ist bereits fast untergegangen, als wir bei unserer bislang interessantesten Behausung ankommen: dem »Palacio de Sal«. Ein Hotel, das vollständig aus dem Salz des nahe gelegenen Sees gebaut wurde: Tische, Bettgestelle, Sitzmöbel, sogar der Boden – alles aus pudrig-körnigem Salz. Ein Festschmaus für die Augen. Wir finden, das haben wir uns verdient. Wir essen noch zusammen an einem etwa zehn Meter langen und drei Meter breiten Esstisch, selbstverständlich aus Salz. Es gibt Hühnchen in Salzkruste, und alle schlemmen und reden, bis die Lichter ausgehen.

Auf noch ins Billardzimmer, wo wir uns in wechselnden Zweierteams die Kugeln um die Ohren hauen. Die Nacht wird ein Riesenspaß. Spätestens jetzt ist es an der Zeit, unsere peruanische Fahrergang vorzustellen. Henry Gómez, der Fahrer des Vans: adrett, um nicht zu sagen auffallend gut gekleidet, smart, jung und stets um die Unversehrtheit seines Gefährts besorgt. Wie auch Chris nicht der typische Peruaner und insgesamt der »europäischste« unserer Motoristen. Mit ihm kann man sich ernsthaft streiten, und er setzt sich zur Wehr, wenn die Belastungen für ihn oder seinen Wagen allzu groß werden. Gerade er hat sich die Reise wohl völlig anders vorgestellt und nicht im Traum erwartet, wie viel man arbeiten, wie wenig man schlafen und wie viel Spaß man trotzdem dabei haben kann. Mit trockenem Humor ausgestattet dagegen Elkar Paúl, der Fahrer des ersten Geländewagens: immer zupackend, immer nach einer Gelegenheit suchend, seine humorvollen, sarkastischen Kommentare abzulassen oder in schallendes Gelächter auszubrechen, wenn einer von uns mal wieder verbal oder sonst wie über die Stränge schlägt, was der Normalfall ist. Geduldig bis zum Stoizismus, ein Mensch, den offenbar gar nichts aus der Ruhe bringt. Zur guten Laune im Team hat dieser Mann jedenfalls ganz entscheidend beigetragen. Ernesto Paiva, der den zweiten Geländewagen mit dem Anhänger für die Motorräder lenkt: ebenso geduldig, ebenso humorvoll. Aber im Gegensatz zu dem tatkräftigen Elkar ist Ernesto eher der stille Träumer. Klassisch sein in die Ferne schweifender, kontemplativer Blick, wenn es rings um ihn her wuselt. »Keine Hektik«, so lautet offenbar sein Lebensmotto, gepaart mit dem Al-Capone-Sinnspruch »kein Kommentar«. Aber wenn er aus seinem Nirwana erwacht, dann ist keine Kiste zu schwer und keine Zeltstange zu lang.

Völlig undenkbar, dass wir unsere Reise ohne diese prächtigen Kerle geschafft hätten. Selbst Achtzehn-Stunden-Tage, selbst permanent lächerlichste Mahlzeiten, selbst 1150-Kilometer-Touren pro Tag, selbst bittere Kälte (Boliviens Andenpässe mit bis zu 5300 Metern Höhe) und brutale Hitze (Chiles Atacama-Wüste), selbst unsere oft rüden Anweisungen (»alle Wagen – sofort aus dem Bild«), selbst die immer dreisteren Verzögerungen durch die Dreharbeiten (»zehn Minuten« bedeutet faktisch eine Dreiviertelstunde) – alles haben die Jungs bislang mitgemacht, ohne Murren und ohne schlechte Laune, und nichts deutet darauf hin, dass sich daran jetzt noch etwas ändern sollte. Wie oft sind Henry, Elkar und Ernesto wie am gesamten Körper eingegipste Krankenhauspatienten aus ihren Wagen gestiegen. Was wir ihnen verdanken, lässt sich fast nicht in Worte fassen. Ihnen und *last but not least* unserem Feinmechaniker Eduardo Aguilar: Ohne ihn wären unsere Motorräder schon nach fünf Tagen höchstens noch als Fischer-Technik brauchbar gewesen. Unser Mann mit den ölverschmierten goldenen Händen repariert die übelsten Schäden am Motorrad im Handumdrehen, haut beim Billard alle vom Tisch und fährt wie ein junger Gott. Und vor allem: Eduardo ist ein ganz, ganz feiner Kerl.

Tag

18

Der Tote auf dem Salzsee

Wie eigentlich kann ein Dreh, der so entspannt und faszinierend begann, am ersten Abend in einer grausamen Groteske und am Tag darauf fast in einer Katastrophe enden? Auf dem Salar de Uyuni, dem größten Salzsee der Welt, im Hochland von Bolivien, wäre unsere Reise beinahe zu Ende gewesen und schlimmer noch: um ein Haar wäre uns ernsthaft etwas zugestoßen. Doch der Reihe nach.

Sonnenbrillen sind ein Muss für Reisende auf diesem besonderen Flecken Erde, ohne Brille werden Nichtbolivianer blind. So gleißend ist das von keinerlei Luftverschmutzung getrübte Licht, das Billiarden von Salzkristallen reflektieren, in Jahrmillionen durch Verdunstung des darunter liegenden gigantischen Sees entstanden. Lebensfeindlich. Unwirklich. Ein Ort nicht von dieser Welt. Weiß bis zum Horizont, darüber ein tiefdunkles, fast weltallhaftes Blau, in das sich wiederum weiße Stratokumuluswolken eingegraben haben. Nur zwei Farben, wohin man auch schaut: Bayern in Südamerika.

Zehntausend Quadratkilometer, zehn Milliarden Tonnen Salz: Größenordnungen, die jedes Verständnis sprengen, man ist benebelt von der schieren Unendlichkeit und steht fassungslos vor der beinahe aggressiven Einsamkeit, die über allem schwebt. Hier allein zu sterben, immer langsamer seine Schritte voransetzend, keuchend, ächzend, nach einem Tropfen Wasser schreiend – eine Horrorvorstellung. Rund ein Dutzend Menschen erlebt diese Situation jedes Jahr, darunter vor allem unbedarfte Touristen. Nur eine kleine Motorpanne im Niemandsland, nur einmal verfahren, nur einmal verirrt. Und wenn dann die überall beschriebenen und geflüsterten Warnungen nicht beachtet wurden, auf jeden Fall genügend Wasser mitzunehmen, sieht es in Sekundenschnelle finster aus, mitten im weißesten Weiß. Verdursten: häufigste aller Todesursachen auf dem bolivianischen Salar de Uyuni.

Mal ist die Oberfläche spiegelglatt, mal fährt man durch ein Meer von medizinballgroßen Mineral-Sechsecken, mal wird das Salz fein und pudrig, mal verhärtet es sich und bildet kleine Pocken. Wo immer man sich befindet, immer ist es eine Lust, mit einem Pkw oder noch besser mit einem Motorrad über dieses unendliche Weiß zu fahren. Stundenlang, und der Horizont verändert sich keinen Deut.

Wir drehen unsere opulenten Fahrszenen in dieser einzigartigen Umgebung aus allen erdenklichen Perspektiven: Mal steht die Kamera auf einem Stativ, und Chris und ich umrunden sie in unterschiedlichen Abständen wie zwei parallele Trabanten. Mal liegt die Kamera auf dem Boden, und die Motorräder schießen wie schwarze Pfeile rechts und links mit einem Abstand von wenigen Zentimetern an ihr vorbei. Die Fahrszenen: Die HD-Kamera liegt auf der Schulter von Thorsten, der auf der Ladefläche des Team-

Pick-ups steht. Chris und ich kommen wie zwei Punkte aus der Unendlichkeit und jagen gemeinsam auf das Objektiv zu, einhundertzwanzig Stundenkilometer wir, einhundert das Fahrzeug, auf dem es steht. Blitzschnelle Passagen, wie ein Wischer. Oft sitzt Thorsten hinter mir auf der Sitzbank des Motorrads, krallt sich mit einer Hand in meiner Jacke fest. Speziell dann, wenn er seine Kamera abenteuerlich tief hält, nur wenige Zentimeter über dem Salz. Dazu schnallen wir unsere hochauflösenden Minikameras ein ums andere Mal fest: am Lenker, an der Gabel, sogar am Motorradschuh. Besonders spektakulär aber jene Szene, in der Thorsten auf der Ladefläche auf dem Bauch liegt und die Kamera nach hinten richtet, von wo aus Chris und ich uns mit unseren Zweirädern nähern. Höchstgeschwindigkeit, unsere Vorderräder kommen dem Objektiv immer näher, Chris rechts, ich links. Noch ein Meter, fünfzig Zentimeter, zwanzig, zehn Zentimeter. Äußerste Konzentration, und dann fahren wir noch ein Stück nach vorn, sodass die Kamera zwischen den Vorderrädern steht. Geplant war das nicht, aber geschehen ist es: Wir alle scheinen den Atem anzuhalten, während wir diese Stellung bei einhundertzwanzig Kilometern pro Stunde beibehalten, eine halbe Minute lang oder mehr. Ein winziger Fahrfehler, und es wäre um uns und die Kamera geschehen, doch dann kommt Thorstens Daumen! Tonmann Axel, der nicht nur seinen Stereoton macht, sondern auch den Kameramann vor dem drohenden Absturz bewahrt, rollt die Augen – und grinst. Langsam lassen Chris und ich uns zurückfallen.

Nach einigen Hundert Metern treffen wir uns nach einer der spektakulärsten Einstellungen im Hochland von Bolivien für eine kurze Pause im Niemandsland. Unsere Kommentare sind an Spärlichkeit kaum zu überbieten.

Chris: »*Increíble!*« (»Unglaublich!«)
Ich: »Wahnsinn!«
Thorsten: »Irre!«
Axel: »Hammer!«

Die peruanischen Fahrer sind wieder einmal sprachlos und bedenken uns kopfschüttelnd mit einem Grinsen. In Situationen wie dieser überschreiten sie jegliche Grenzen ihres touristischen Transportberufs. Und das mit Bravour. Mit uns gelangen sie notgedrungen immer wieder in die Regionen des normalen Wahnsinns. Oft hören wir sie abends am Lagerfeuer oder vor dem Eingang einer dieser namenlosen Billigpensionen über uns lästern. Sie haben recht.

»Tja, wollen wir dann noch mal?« Thorsten ist das Päuschen bereits zu lang, er drängt zusammen mit Flo auf eine Fortsetzung des Drehs. Also: noch mal Hochgeschwindigkeit, noch mal Parallelfahrt, noch mal Nervenkitzel. Die beiden drehen, was das Zeug hält, und geraten geradezu in einen Rausch der Bilder und Axel in einen Rausch der Töne. Das alles ist schön und gut, aber von einem unserer ambitioniertesten Ursprungspläne werden wir Abschied nehmen müssen: auf einen der Vulkanhügel am Rand des Sees zu fahren, um den See in seiner Ganzheit zumindest zu erahnen. Unerbittlich rückt der Zeiger auf den Armbanduhren weiter, es ist bereits weit nach Mittag. Denn eine Aufnahme ist noch weit wichtiger als die Totale vom Vulkanhügel: die von der Insel.

Beinahe im Zentrum des Salar erhebt sie sich bis zu zwanzig Meter in die Höhe: die Isla Incahuasi, eine Ansammlung von Felsen und braunem Geröll inmitten des unendlichen Weiß. Diese fremdartige Erhebung mit ihren Gigantenkakteen ist der einzige Ort im Salar, an dem Leben existiert. Bis zu zwölf Meter hoch und mehr als tausend Jahre alt werden die stacheligen Monster, zu Hunderten strecken sie sich aus den felsbrockenübersäten Abhängen der Sonne entgegen. Offenbar genügen den Pflanzen der morgendliche Tau und der extrem seltene Regen, um zu überleben. Fast scheut man sich, diese einmalige Naturszenerie als Kulisse für eine Reisedokumentation zu benutzen. Aber natürlich auch nur fast. Natürlich werden wir drehen, und zwar mit »großem Besteck«, also mit dem Kamerakran.

Die Insel ist etwa zweihundert Meter lang und rund fünfzig Meter breit. Auf einer Seite wartet ein schäbiger Kiosk auf die nicht eben in Scharen kommenden Touristen, die die mühsame Anfahrt auf sich genommen haben. Wir gönnen uns einige Minuten bei Salzkräckern und Mineralwasser, doch die Zeit drängt. Es ist bereits fast zwei Uhr nachmittags, uns bleiben nur noch drei Stunden, damit wir bei Sonnenuntergang zurück im Salzhotel sind. Noch immer haben wir keinen idealen Ort für den Aufbau des Krans gefunden, obwohl das gesamte Team mit zwei Trucks und zwei Motorrädern die Insel schon ein Dutzend Mal umrundet hat. Also: noch mal los, *location casting* mit Volldampf. Thorsten steigt hinter mir auf die Falcon, gemeinsam werden Vor- und Nachteile dieser Senke oder dieses Vorsprungs diskutiert beziehungsweise: wegen des Fahrtwinds geschrien. Chris und Flo fahren anders herum. Und die Peruaner nehmen noch einen Kräcker.

Bei unseren früheren Umrundungen war uns jedes Mal dieser schräge, uralte Schrott-Pick-up aufgefallen, der scheinbar vor Urzeiten an einer Inselecke mit voller Wucht gegen einen Felsen geprallt war. So alt und klapprig, so verrostet und gammelig ist dieser ursprünglich vermutlich einmal rot lackierte, fast antike Chevrolet, dass man sich fragt, warum zum Henker in den Jahren seit dem Unfall nicht irgendjemand die Schrottteile weggeräumt hat ...

Dieses Mal aber, wir haben das Wrack gerade wieder einmal hinter uns gelassen, klopft Thorsten mir mit seinen Fäusten so heftig auf den Rücken, dass ich ins Schlingern komme.

»Spinnst du, oder was?«, brülle ich in den Fahrtwind.

»Ich glaub', ich spinne!«, brüllt Thorsten zurück.

»Sag' ich doch!«

»Hey, ich glaub', ich hab' da gerade 'nen Arm gesehen!« Wild gestikulierend weist mein Freund hinter sich.

»Wie, einen Arm? Wo?«

»Da vorne, in diesem Wagen!«

Ich bremse ab und wechsle beim Bremsen meine Tonlage: »Na, klar, die Sonne, die Höhe ...«

»Nein, verdammt«, Thorsten ereifert sich, »da war ein Arm, und der hat aus diesem Schrottding da heraus gewunken!«

»Ist ja auch das Normalste von der Welt«, gebe ich zurück, »und was sollen wir deiner Ansicht nach jetzt tun?«

»Na, hinfahren!«

»Von mir aus!« Ich rolle mit den Augen, gebe Gas und steuere auf die Felswand zu.

Schon als ich den Motor mit dem Kippschalter zum Verstummen bringe, hört man es: Ein leises, verzweifeltes Rufen aus dem, was früher einmal ein Wagen war. Thorsten nickt mir bedeutungsvoll zu: »Ich sag's doch, Mann!«

Kühlerhaube und Motorblock sind weit nach hinten geschoben, dorthin, wo der Fahrer sitzt. Ungebremst ist der Pick-up gegen eine steile, hoch aufragende, schwarze Felsplatte gekracht, so viel steht fest. Die Frage ist nur: wann?

Ich bin tatsächlich sprachlos, was mir selten passiert. Vorsichtig nähern wir uns dem zerstörten Pick-up mit bolivianischem Kennzeichen schräg von hinten. Durch die zersplitterten Fensterscheiben und das nach unten zusammengefaltete Dach erkenne ich einen Mann auf dem Fahrersitz. Seine Stimme ist kraftlos und flehend. Er ist jung, vielleicht fünfundzwanzig Jahre alt, sein Gesicht verzerrt vor Schmerzen.

»Hey, wie geht's dir?«, frage ich mit Beklemmung in der Stimme.

»Es tut so weh!«, klagt der Bolivianer.

»Was ist passiert?« Während er zu einer längeren, gekeuchten Antwort anhebt, fällt mein Blick auf den Innenraum. Das rechte Bein des Fahrers scheint mehrfach gebrochen. Vermutlich ist sogar das Kniegelenk in Mitleidenschaft gezogen. Das linke Bein aber sieht furchtbar aus! Wie eine Schlange hat es sich um den Motorblock und durch die Pedale gequetscht, es müssen Dutzende von Frakturen sein. Die Schmerzen des Fahrers, Javier heißt er, sind unvorstellbar. Und er kann sich keinen Zentimeter bewegen.

»Wir kommen aus Oruro«, sagt er. Oruro!

»Und wir wollten über den Salar bis nach Chile, auf direktem Weg. Das machen wir immer so. Dort kaufen wir Lebensmittel und Farben und verkaufen sie in Bolivien. Aber heute früh, in der *madrugada* ...«, Javier meint jene Zeitspanne von der tiefsten Nacht bis kurz vor Sonnenaufgang, jene Stunden, wenn es draußen am dunkelsten und kältesten ist und drinnen im Wagen der Fahrer am müdesten, »... da bin ich wohl eingeschlafen. Der Aufprall hat uns aufgeweckt!«

»Uns?« frage ich.

»Ja, hier neben mir«, er deutet mit dem Daumen seiner linken Hand auf den Beifahrersitz, »sitzt mein Freund José!«

Thorsten und mir stockt der Atem. Wir quetschen unsere Köpfe hinein in das Dickicht aus Blech und Stahl und Blut. Jede Farbe ist aus Josés Gesicht entwichen, kalkweiß, steinern. Sein aufgerissener Mund und seine verdrehten Augen liefern den letzten Beweis: Der junge Händler aus Oruro ist tot.

»Ist er sofort gestorben?«, frage ich.

»Nein, er hat noch eine halbe Stunde gelebt!«

»War es schlimm?«

Javier sagt daraufhin mit seiner entsetzlich ruhigen, unaufgeregten Stimme, die das Ganze noch dramatischer macht: »Er hat geschrien bis zum Schluss!«

Umgehend versuchen Thorsten und ich mit aller Kraft, die Tür aufzuziehen, aber wir haben nicht den Ansatz einer Chance, zu sehr haben sich die Metallplatten ineinander verkeilt. Auch von der anderen Seite, neben dem toten Beifahrer, das gleiche Ergebnis.

»Okay, Javier«, sagt Thorsten, »wir kommen sofort wieder. Wir holen jetzt Hilfe, es wird nicht lange dauern.«

»Bitte, kommt wieder! Sonst sterbe ich hier!«

»Natürlich, *amigo*, bis gleich!«

Mit voller Beschleunigung rasen wir beide um den Felsen herum zum Picknickplatz auf der Sonnenseite, und schon nach einer Strecke von nur einigen Steinwürfen sehen wir die ersten Touristen, die zwischen den Kakteen herumklettern. Unfassbar! Die einen genießen das Highlight ihres Bolivienurlaubs und füllen die Speicher ihrer Digitalkameras mit »Kakteen vor Salzsee«, und gleich nebenan spielt sich ein furchtbares Drama ab, ohne dass es jemandem auffällt. Jetzt ist es kurz nach zwei, das heißt, Javier sitzt seit etwa acht Stunden eingezwängt in seinem uralten Wagen, neben ihm sein verstorbener Freund. Und nicht mal diejenigen, die die Insel umrundet haben wie wir, sind ihnen zu Hilfe geeilt. Wie verzweifelt Javier gewesen sein muss, können wir kaum ermessen. Absurd, grausam, unvorstellbar. Ohne Thorstens Adleraugen: ziemlich wahrscheinlich, dass noch ein Mensch gestorben wäre.

Wir jagen zu unseren Teamwagen und veranstalten ein reichlich unkoordiniertes Schreikonzert. Jedem, dem wir begegnen, wird die Geschichte in Kurzversion zugerufen: »Bitte, fahrt sofort hin, direkt hier um die Ecke, nach links. Und helft alle mit!« Thorsten und ich holen unser Satellitentelefon aus unserem Wagen und geben es einem Bolivianer, der die Nummer eines Krankenhauses kennt. Eine Ewigkeit diskutiert der Inlandstourist aus La Paz und gibt uns unser Telefon zurück.

»Wie lange wird es dauern?«, fragt Thorsten.

»Keine Ahnung, vielleicht nicht so lange!« Was soll er auch sonst sagen. Es ist die Wahrheit: In Boliviens Hochland weiß niemand, wie lange etwas dauert. Zeit ist die große Unbekannte und extrem relativ.

Dann fahren wir gemeinsam mit unseren aufgeschreckten peruanischen Helfern zurück zum Unglücksort, wo sich bereits zwei Dutzend Menschen versammelt haben. Jeder versucht, irgendwie die Türen zu öffnen, um Javier zu befreien und José zu bergen.

Mit allen möglichen Hilfsmitteln wird mal gerissen, mal gebogen, mal gehebelt. Dann knotet jemand ein Hanfseil um die Tür, bindet es an seinen Jeep und fährt los. Es knirscht, doch noch immer lässt sie sich nicht öffnen. Einen Schweißbrenner würde man benötigen. Würde ...

Wir schwitzen, alle sind verzweifelt, denn Javiers Zustand verschlimmert sich von Minute zu Minute, er brüllt jetzt vor Schmerzen. Außerdem ist überall Benzin: ausgelaufen aus einem Ersatzkanister auf der Ladefläche des Pick-ups. Niemand redet darüber, aber die Helfergemeinde gerät so langsam in Panik, denn wenn ein Funke jetzt den Wagen in Brand setzte ...

Schließlich soll es noch eine weitere halbe Stunde dauern, noch mal das Hanfseil, dann ein zu einem Brecheisen umfunktionierter Wagenheber, mit dem unser Fahrer Ernesto einen Stahllappen zurückbiegt, und zuletzt eine gemeinsame Kraftanstrengung von mindestens zwanzig Männern. Die Fahrertür gibt schließlich mit einem von Knirschen und Quietschen begleiteten Knall nach.

Als zwei eifrige Retter umgehend damit beginnen, an Javier herumzuzerren, schreien Thorsten und ich: »Vorsicht! Seine Beine! Und vielleicht hat auch sein Rücken etwas abbekommen! Gibt es hier denn nicht mal einen Krankenpfleger?«

Gibt es selbstverständlich nicht. Aber angesichts des ausgelaufenen Benzins bleibt vielleicht tatsächlich keine andere Wahl. Wir geben unseren Widerstand gegen die grob unsachgemäße Befreiungsaktion auf und treten einige Schritte zurück. Wir ahnen, was jetzt kommt: eine nicht enden wollende Serie unmenschlicher Schreie aus Javiers Kehle. Ich bin für so etwas nicht gemacht, und auch Thorsten, Axel und Florian sind grün angelaufen. Nach einer unendlichen Viertelstunde liegt Javier in mehrere Decken eingewickelt im Schatten des Felsens, der zu seinem Verhängnis wurde. Und zu dem seines Freundes.

Danach sprechen wir mit ihm, einer unserer Fahrer hat ihm Aspirin gegeben, es scheint ihm jetzt ein wenig besser zu gehen.

»¡Gracias, muchachos!«
Javier versucht sogar ein angedeutetes Lächeln, als er Thorsten und mich anschaut. Wir halten eine ganze Weile seine Hand. Nebenan auf der anderen Seite liegt sein toter Freund, bedeckt mit einer dicken Alpakadecke.

Noch einmal rufen wir per Wahlwiederholung in dem Krankenhaus an, es liegt irgendwo zwischen Oruro und dem Beginn des Salzsees, wir schätzen also: von hier mindestens zweihundert Kilometer entfernt. Ob die Sanitäter denn schon unterwegs seien, fragen wir. Sie seien unterwegs!

Wie lange es denn noch dauere ...

Vermutlich nicht mehr allzu lang ...

Ich versammele das komplette Team einige Meter vom Unfallwagen entfernt. Das Gröbste ist durchgestanden und Hilfe im Anmarsch. Nun müssen wir uns entscheiden: weiterhin aus schierer Pietät nutzlos herumstehen oder arbeiten, auch an diesem groteskesten aller grotesken Tage auf unserer bisherigen Reise. Schließlich entscheiden wir uns, nicht zuletzt angesichts der Tatsache, dass wir unserem Zeitplan bereits hinterherhinken, für die Fortsetzung der Dreharbeiten. Wir können sowieso nichts mehr tun, beschwören wir uns immer wieder gegenseitig. Ein schlechtes Gewissen ist dennoch unvermeidlich. Der Tross setzt sich also in Bewegung, der Kran wird aufgebaut, Thorsten und Florian proben für den schwierigen, mehrdimensionalen Zehn-Meter-Schwenk von Kaktus zu Kaktus. Axel bereitet sein Tonequipment vor, und Chris und ich machen uns für die Parallelfahrt an der Insel der Kakteen vorbei bereit.

Dass wir nicht einmal daran gedacht haben, die Geschichte von Javier und José in unsere Dokumentation zu integrieren, fällt uns erst später auf, bei der Rückfahrt. Und es beruhigt uns insgeheim: Leid und Tod gehören, wenn es sich vermeiden lässt, nicht vor die Kamera. In Baghdad im Jahr 2004 nach der Detonation einer mehrere Hundert Kilo schweren Sprengladung vor dem Hauptquartier des Roten Kreuzes, gezündet von einem islamistischen Terroristen, ließ es sich nicht vermeiden, darüber zu berichten. Wir waren für die Tagesschau unterwegs, und der Anschlag war das Thema des Tages. Genau so wenig wie nach dem furchtbaren Doppelanschlag von Al Kaida in Damaskus im Frühjahr 2012. Aber heute auf dem Salar de Uyuni in Bolivien den toten Beifahrer zu filmen und das schmerzverzerrte Gesicht Javiers bei seiner Bergung: Wir wären zu Paparazzi mutiert.

Das geplante Minifest anlässlich der heute geschafften dreitausend Kilometer (geplant waren eigentlich ein kurzer Rotweinumtrunk aus Plastikbechern und Kräcker nach Drehschluss) fällt aus. Wir bauen unseren Kran ab, räumen das restliche Equipment zusammen und wollen uns von Javier verabschieden. Doch der ist in einen, so hoffen wir, traumlosen Schlaf gesunken, seine Atmung ist stabil. Wir lassen die Isla Incahuasi hinter uns zurück und fahren mit hoher Geschwindigkeit in Richtung Salzseerand. Wenige Minuten später begegnet uns ein Sanitätswagen aus den siebziger Jahren auf dem Weg zur Kakteeninsel. Wir reden kurz mit dem Fahrer und dem Sanitäter, dann ziehen die beiden weiter, in abenteuerlicher Langsamkeit. Den beginnenden Sonnenuntergang können wir an diesem denkwürdigen Tag nicht genießen. Chris und ich frieren mehr als üblich, es ist achtzehn Uhr.

Die Hilfe für Javier aus Oruro kommt pünktlich zwölf Stunden nach dem Aufprall. Am besten, in diesen Regionen hat man einfach keinen Unfall ...

Tag 19

Eingepökelt in der ersten Reihe

Am darauffolgenden Morgen haben wir alle einen Kater, und das ohne einen Tropfen Alkohol. Kaum einer von uns hatte in der Nacht keine Albträume, in denen er bewegungslos in einem fahrerlosen Wagen gegen eine Felswand prallt. Der Kaffee tut gut, das frisch gebackene Brot auf unseren Esstischen aus betonartigem Salz weckt neue Lebensgeister.

Trotzdem verlaufen unsere Gespräche wie in einer Nebelwand, es wird wenig geredet und kaum gelacht, völlig untypisch für unsere internationale Abenteurertruppe. Nadia reicht ausdruckslos die Orangenmarmelade an ihren Nachbarn weiter. Zum ursprünglich geplanten Sonnenaufgangsdreh jedenfalls kommt es nicht, das Verladen der Ausrüstung dauert ewig, und niemandem wäre eingefallen, die Leute anzuspornen. Wir bewegen uns wie durch Watte und checken wie in Zeitlupe aus.

Nach zwei Nächten im Salzhotel haben wir uns für heute mit dem Chef des staatlichen Lithiumprojekts am Salar verabredet: um zwölf Uhr im Städtchen Uyuni. Also fahren wir pünktlich wie die Maurer um kurz vor elf ab und sind um kurz nach elf am Treffpunkt. Wenn unser Gesprächspartner einige Minuten früher da sein sollte: umso besser, da wir heute ein strammes Programm haben. Zuerst wollen wir die Lithiumgeschichte drehen und dann weiter in Richtung Süden zur Grenze Boliviens mit Chile fahren.

Lithium könnte, wenn die Berechnungen stimmen, Bolivien zum Saudi-Arabien der Energiespeicherära machen: In dem Salz des Salar ist der größte Vorrat des seltenen und teuren Elements enthalten, den es auf der Welt gibt. Das trotz großer Erdgasreserven bettelarme Andenland könnte in einigen Jahrzehnten einen wirtschaftlichen Sprung nach vorne machen, der sich gewaschen hat! Doch ob dieser weltweit einzigartige Ort dann noch so aussehen wird wie heute, ist mehr als fraglich.

Aus journalistischer Sicht läuft es an diesem Tag gut (siehe oben): Der Lithiumexperte ruft immerhin an! Er sei jetzt beim Mittagessen und um 14.30 Uhr wieder erreichbar. Bevor wir etwas entgegnen können, schaltet er sein Handy ab. Dieses Interview und dieser Besuch in der bolivianischen Lithiumtestanlage waren seit Monaten angekündigt und bestätigt, noch gestern hat Producerin Nadia sich ein letztes Mal vergewissert. Doch der Projektleiter hat plötzlich ein »Hüngerchen« und lässt uns über drei Stunden warten.

Kurz nach fünfzehn Uhr (!) erscheint der vollkommen gesättigte Testanlagenchef, dessen Namen ich zu seinem Schutz nicht nenne, und er scheint ein wenig zu schwanken. Beim Lunch wurde offenbar nicht nur gegessen ... Wir brechen ohne größere Diskussionen auf und rasen über die Wellblechpisten in Richtung Salzsee. Dann spitzen sich die Dinge dramatisch zu. Plötzlich ein Tumult auf den vier Walkie-Talkies, mit denen wir uns während der Fahrt verständigen: Ernesto, der Fahrer des 4×4 mit dem Anhänger für das Ersatzmotorrad, meldet, dass eben dieser Anhänger kaputt sei. Die stählerne Kupplung ist aufgrund der permanenten Überbeanspruchung abgebrochen.

Das war's also mit unserer Fahrt in Richtung chilenische Grenze! Wunderbar!!! Ernesto, Paúl, Henry und Eduardo, der Techniker, fahren mit beiden Geländewagen im Schritttempo zurück nach Uyuni und suchen dort eine Werkstatt. Wir anderen setzen unsere Fahrt zum Salar mit unverminderter hoher Geschwindigkeit fort. Als wir nach einer Stunde Gerüttel den Salzsee erreichen, steigt der angesäuselte Projektleiter aus und vermeldet, dass er nun, wenn man es genau nehme, überhaupt keine Zeit mehr habe, mit uns zur Anlage zu fahren. Morgen komme Präsident Evo Morales, er habe jetzt alle Hände voll zu tun. Aber ein Interview könne er geben, hier und jetzt.

Nach dem sich anschließenden Gespräch überschaubaren Inhalts sagt er (ungelogen):

»Wenn ihr jetzt allein zur Anlage fahren wollt: einfach immer geradeaus«, dabei schwingt sein Arm vage in Richtung Südost, »so circa eine Stunde lang, und dann müsst ihr euch nach links halten!«

Spricht's, grinst überlegen und verschwindet in seinem Geländewagen, eine Fahne aus Staub, Salz und Rotwein hinter sich herziehend.

Da stehen wir auf dem Salzsee. Die Weiterreise zur Grenze hat sich wegen des Hängerproblems erledigt, und allein, ohne ortskundige Begleitung, zur Lithiumanlage zu fahren scheidet ebenfalls aus, weil es lebensgefährlich ist.

Wir beschließen, morgen in aller (das heißt: aller!) Frühe zum Lithiumwerk zu fahren und heute nur noch eine Parallelfahrt mit den Motorrädern zu wiederholen, die gestern nicht perfekt funktioniert hatte. Das Beste aus der Situation machen und so weiter ... Eine Unterkunft haben wir auch nicht, weil wir heute eigentlich gar nicht hier sein dürften. Werden wir schon finden ... Jetzt erst mal der Dreh. Unser Abschiedsdreh auf dem Salzsee, denken wir in diesen Minuten.

Thorsten liegt flach auf dem Boden des Vans, die seitliche Schiebetür ist offen. Durch sie schwingt die Kamera heraus, wieder einmal nur Zentimeter über dem Salz. Mit rund sechzig, siebzig Stundenkilometern nähern Chris und ich uns von rechts der offenen Tür. Thorsten will genau diesen Schuss: die untergehende Sonne durch die beiden Vorderreifen unserer Motorräder. Das bedeutet, dass wir exakt unsere Position finden und für mindestens zehn Sekunden halten müssen; weniger als zehn Zentimeter bin ich nach links von der Kamera entfernt und ebenso viel nach rechts von Chris' Lenker. Höchste Konzentration. Es funktioniert! Die Position halten. Halten. Noch ein paar Sekunden. Halten. Geschafft!!! Als wir aufatmen und Chris und ich so langsam an das Abbremsen denken, bremst stattdessen der Teamwagen ab. Erstaunlich heftig. Aber nicht nur das: Aus den Augenwinkeln bemerke ich, wie das Begleitfahrzeug neben mir kleiner zu werden scheint und kleiner und kleiner. Thorsten schreit plötzlich in Panik: »Wir sinken ein!« Und dann ist alles zu spät ...

Bis zum Kragen steckt der Kleintransporter im Salz fest, alle vier Räder sind eingebrochen, die Bremsspur des graduellen Niedergangs ist über fünfzig Meter lang. Jetzt auch das noch! Einige Stellen im Salar sind brüchig und porös, wie wir feststellen, vor allem am Rand. Selbst Salar-Spezialist Chris, der schon an die fünfzehnmal hier war, wusste das nicht. Was uns irgendwie beruhigt, irgendwie aber auch nicht. Das Wasser in den Spurrillen quillt schon von unten hervor. Der Versuch, sich mit Kraft zu befreien, scheitert aufs Kläglichste: Holzbrett, Wagenheber, hoch und höher (na, klappt doch!), Wagenheber kippt, Rummmssss, und der Wagen ist noch ein paar Zentimeter tiefer eingesunken.

Chris fährt mit seinem Motorrad los, um von irgendwo Hilfe zu holen, und ich eröffne mit meinem Motorrad eine »Transportstraße«: vom Einsinkort zum kaum mehr auffindbaren Eingang des Salar, dort, wo ein Feldweg aus dem Festland in das Salz übergeht. Wir haben irgendwie den Eindruck, dass das hohe Gewicht des Pkw und dazu die Ausrüstung nicht gerade das Ideale sind, wenn man auf einer womöglich dünnen Salzkruste steht und sich darunter vielleicht tiefes Wasser befindet. Anders ausgedrückt: Wir haben Panik, wegen all des Gewichts bald einzubrechen. Ich schleppe also mit der Honda ein Gepäckstück nach dem anderen über zweieinhalb Kilometer bis an den Rand.

Von Minute zu Minute wird es dunkler, nie habe ich den Salar schöner erlebt als in diesen Minuten. Roboterhaft mein Körper, in gebückter Haltung festgekrallt am Lenker, Lasten von A nach B verlagernd, doch frei schwebend mein Geist und mein Gemüt, sich aufbäumendes Glück wirkt nur im ersten Augenblick fehl am Platz, angesichts dieses Wunders über mir. Das Bayernblau des Himmels wird schattiert, wird tiefer, voller, reiner und dreht schließlich langsam ab ins Schwarz. Dieses grelle Blau verliert das, was es ausmacht: seine Farbe, seine Strahlkraft. Schließlich ergibt es sich dem darüber stehenden All.

Rucksack abgelegt.

Gleichzeitig beginnt die sich langsam abwendende Sonne ihr Finale und hat dafür heute offenbar ihre gesamte Kraft aufgespart: Sie nimmt die Feuchtigkeitsspuren, das letzte, was sie noch berühren kann, und besprenkelt jeden Wolkenfetzen mit allen Tönen ihrer Farbpalette.

Aluminiumkiste aufgeladen.

Aber nicht nur das, denke ich, den immer eisigeren Fahrtwind auf meinem Dreitagebart, den Blick aufgerichtet zum stummen Spektakel über mir, sie malt nicht nur an, sie erschafft Landschaften! Hier lässt sie eingefrorene Wellen aus Roststaub entstehen, die langsam in gelbliche Sandhügel übergehen, wie ich sie in der Sahara gesehen habe oder besser: in Namibia!

Aluminiumkiste abgelegt.

Gerade zündet die Sonne in Zeitlupe ein Feuerwerk, da, ganz nah am Horizont, der böse »Onkel der Mine« hätte seine wahre Freude. Ein Meer von Rosen erblüht über mir, mal dicht gewachsen, mal locker gepflanzt. Ein Berg aus Kaffeebohnen wie auf den Märkten beim Ursprung des Nil am Lake Tana in Äthiopien. Der Himmel scheint zu duften.

Stativ auf die Schulter geladen.

Und jetzt gesellen sich die Brüder der Sonne dazu, Sprayer aus Kreuzberg und Zürich und New York, blitzschnelle Zacken in Schwarz sprühen sie durch die Sahara und dort auf den überdimensionierten, kraftvollen, in Urucum-Rot* getauchten Oberarm des Stammeschefs der Kamayurá im Regenwald des brasilianischen Amazonas ...

Stativ abgelegt.

... und dann greifen sie sich das Ocker und ziehen es urplötzlich von rechts nach links herüber, göttlich lachend, Unfug treibend. Die kolorierenden Kollegen dort oben und ihre große Schwester holen jetzt aus für den letzten farblichen Trommelwirbel, die Pauken stehen bereit: ein rotes Gewitter, ein rosa Orkan, ein blutender Wirbel. Und schließlich: Noch einmal leuchtet der Himmel auf, dann ist es Nacht.

So stehe ich da, neben mir der blubbernde Motor, und muss mich zuerst wieder zurechtfinden in der Realität, über der mit einem Mal die Sterne erscheinen. Es ist finster geworden, und ich lenke meine Falcon zurück in die Richtung, aus der ich eben gekommen bin. Zumindest glaube ich, dass es die Richtung ist. Ein Kilometer: nichts! Nicht mal eine Reifenspur. Vielleicht ein wenig mehr nach links? Auch hier: von meinem Team keine Spur! Der Horizont sieht überall gleich aus, wenn er überhaupt noch auszumachen ist, jedenfalls bietet er keinerlei Anhalts-

---

* Das Rot der Annatostrauchsamen

punkt, genauso wenig wie das unendliche Salz im Kegel meines Scheinwerfers. Prima, das fehlt jetzt noch, mein Herz schlägt augenblicklich bis zum Hals (ich habe nicht mal einen Tropfen Wasser dabei!). Ich fahre zurück zum Abladepunkt, dem mit den Rucksäcken und der Aluminiumkiste und dem Stativ, aber auch den finde ich nicht mehr wieder. Fast bereue ich meine Himmelsträumereien, doch nach einigen weiteren Schleifen und Schlangenlinien kann ich den Teamwagen und die Kollegen endlich wieder ausmachen. Also improvisieren wir ab jetzt zwei »öffentlich-rechtliche« Leuchttürme: Am Einsinkort machen wir schlicht das Fernlicht der beiden Autos an, und am Schlusspunkt der Tour stellen wir unser batteriebetriebenes Kameralicht aufs Stativ. Zwischen diesen beiden Orientierungs-Lichtpunkten fahre ich nun hin und her. Noch ein Rucksack, eine Kabelkiste, der große Karton mit dem Campinggeschirr. Langsam häuft sich unsere Ausrüstung am salzigen Seitenstreifen zu einem beachtlichen Turm.

Nach einer Stunde kommen dann Ernesto und Henry mit unseren beiden Geländewagen zurück, der Anhänger bleibt über Nacht beim Schweißer in der Werkstatt. Die Peruaner beschließen, den eingesunkenen Van herauszuziehen. Axel und Florian halten das für das denkbar Dämlichste, weil der gesamte Boden schon beim Annähern begonnen hat, Wellen zu werfen.

Axel, kaltschnäuzig, und an den ersten peinlichen Versuch denkend: »Meene Herrn, det wird ooch nüscht!«

Flo, warnend: »Die haben doch'n Schuss, die Jungs, die gehen beide baden!«

Thorsten, fatalistisch: »Hinterher gibt's 'ne Dienstaufsichtsbeschwerde!«

Wir lachen, während wir zusehen, wie Henry, Ernesto und Paúl sich verbal nicht bremsen lassen: Mit einem Abschleppseil versucht Ernesto mit seinem Geländewagen, den Van mit Fahrer Henry herauszuschleppen. Beide Motoren heulen auf, das Seil strafft und spannt sich, Vollgas. Sekunden später steckt Ernesto selbst im weißen Dreck! Die Gesichter werden lang und länger, nur Nadia scheint kürzer zu werden. Ich setze meine andine Gepäcktour von Lichtpunkt zu Lichtpunkt fort. Mittlerweile ist es vollkommen dunkel, und es wird bitter kalt.

Irgendwann kommt Chris mit seinem Motorrad zurück und in seinem Gefolge Nirmo, Eric und Moises Champi aus Colchani, einem Dörfchen am Rand des Salar. Die drei Brüder sind spezialisiert auf das Freischaufeln von Autos und haben einige Hundert Kilo Bretter und Balken auf ihren urtümlichen und altersschwachen Lkw geladen. Er sieht aus wie der Wagen von Javier. Nach seinem Aufprall.

Es beginnt eine neue Phase: knüppelharte Knochenarbeit. Alle helfen mit. Zwei Schraubenzieher werden als Halt in die Öffnungen der Radfelge geklemmt, und neben dem jeweiligen Reifen wird eine Wand aus Holzbalken gebaut, etwa einen Meter hoch. Dann legen die drei Brüder einen etwa sieben Meter langen Stamm auf die Wand und klemmen das eine Ende unter die Schraubenzieher am Rad. Jetzt ragt der runde Stamm (ich vermute: ein früherer Strommast) schräg nach oben in den Himmel, und die drei Spezialisten zeigen uns, was wir machen sollen: uns dranhängen! Hebelwirkung: Mast runter (zwei Meter), Wagen hoch (zehn Zentimeter). Dann wird der »Boden« unter dem Rad mit Salz festgeklopft, das Rad heruntergelassen, auf diese Weise hat man einige Zentimeter gutgemacht (Dauer: jeweils etwa drei bis vier Minuten). Diesen Prozess muss man so etwa zehnmal wiederholen, bis ein Reifen auf Normalnull angehoben ist. Unglücklicherweise haben auch unsere Wagen vier Räder, weshalb ein Bergungsversuch bei einem Fahrzeug insgesamt gut zwei Stunden dauert. Obendrein haben wir ja zwei Fahrzeuge, die dank unserer Selfmade-Rettungs-Peruaner in der Klemme stecken. Und man glaube bitte nicht, dass Rettungsversuch gleich Rettung ist, beileibe nicht! Dreimal nacheinander (also mehrere Stunden lang!) versinkt unser geländegängiger Pkw, obwohl noch Dutzende von Brettern vor und hinter die Reifen gelegt werden, wenige Meter nach deren Ende gleich wieder im Matsch. Wir fühlen uns wie eingepökelt.

Florian ist weit nach Mitternacht erneut von seinem Schüttelfrost übermannt worden und bietet ein trauriges Bild. Fast möchte man ihn aus der Nähe der Wagen entfernen, damit er sich nicht einrütteln kann ins Salz. Axel, selbst wieder einmal zugedröhnt mit allerlei Medikamenten, weist mich auf Flo's erbärmlichen Zustand hin, und ich sage:

»Klar, seh' ich selbst. Am besten, ihr fahrt schnell zurück nach Uyuni.«

»Würden wir ja gerne«, antwortet Axel umnebelt, »aber wir haben ja nur noch einen Wagen, der fährt. Und wenn wir fahren, dann kommen alle mit, auch Nadia und ich und Thorsten!«

»Thorsten?«, frage ich entsetzt, »aber der muss doch drehen!«

»Mann Tommy, dem geht es genau so übel wie uns. Der hat Lungenentzündung, Herrgott noch mal!«

»Hat er?«

»Hat er!«

»Und Nadia?«

»Die ist auch am Ende! Und zwar völlig!«

Ich frage mich, wieso ein laufender Meter frieren kann, er bietet der Kälte doch fast keine Angriffsfläche. Aber ich sage es nicht. Stattdessen sage ich: »Ok!«

Die letzten Einstellungen unserer Einsinkorgie werden nun zügig abgedreht, und wir beginnen mit einigen Interviews der Protagonisten. Da wäre zum Beispiel Nirmo, mit zweiunddreißig Jahren der älteste der Brüder. Gerade verlegt er wieder ein vor Feuchtigkeit schwarzes Holzbrett vor den Hinterreifen unseres Wagens beziehungsweise schaufelt zunächst den Platz frei, um es später dorthin zu legen. Irgendwie scheinen wir einen besonderen

Augenblick erwischt zu haben, denn gerade schreit er Eric und Moises etwas in ihrer indigenen Sprache Aymara zu. Wir verstehen es natürlich nicht, aber es klingt in jedem Fall nicht gut.

»Nirmo«, stelle ich fest, während Thorsten die Kamera zitternd, aber schwankungsfrei dessen Gesicht nähert, »du scheinst besorgt zu sein!« Unser Mikrofon schwingt zu ihm herüber, und der Bergungsexperte antwortet so, wie die Hochlandbewohner Boliviens zu antworten pflegen: kurz und knapp.

»Ja, wir sind jetzt sehr besorgt«, gibt Nirmo zu Protokoll, »das Ganze dauert schon viel zu lange. Wir müssen uns jetzt sehr beeilen. Sonst bricht die Salzkruste, und der Wagen geht im Wasser unter. Das ist das Problem!«

Ich raffe mich zu einer Zusatzfrage auf: »Wie dick ist diese Kruste denn? Und wie tief ist das Salzmeer unter uns? Ich meine, hier sind wir ja am Rand des Salar, hier kann es ja gar nicht so tief sein ...?«

»Die Kruste ist zwischen einem halben und mehreren Dutzend Metern dick. Und das Wasser ist manchmal fünfunddreißig Zentimeter tief, manchmal aber auch siebzig Meter. Vielleicht auch hier, das weiß man immer erst, wenn es so weit ist!«

Mein Blick fällt auf die schwarze Salzlake, die sich zwischen unserem Vorder- und Hinterreifen gebildet hat, und ich denke: »Gute Nacht, Marie!«

Um die Schilderung ein wenig abzukürzen: Es dauert eine lächerliche Dreiviertelstunde, bis unser Transportwagen endlich wieder flott ist, unsere Jubelarien und unser Gehupe dürften mindestens bis nach Chile zu hören gewesen sein. Chris und ich fahren mit unseren Motorrädern immer wieder um die gespenstische Szenerie herum: erstens, um etwaige Risse im Boden auszumachen (Vorsicht ist die Mutter der Salzdose), und zweitens, um unseren Brüdern für ihre anspruchsvolle Arbeit feinstes Scheinwerferlicht zu spenden. Ein letztes Mal wird diese Umrundung von Thorsten gedreht, nebst einem weiteren Kleinen-Holzbalken-mit-großem-Holzbalken-unter-das-Vorderrad-Rammen, und dann wird sehr deutlich noch einmal das Thema Drehschluss diskutiert. Schließlich fährt die frierende, zitternde, hustende, fiebernde ARD-Crew zusammen mit dem ebenfalls schon mal munterer gewesenen Fahrer Ernesto die gut fünfzig Kilometer zum Hotel. Böse Blicke treffen mich durch die beschlagenen Scheiben, als der Wagen losfährt.

Zurück bleiben: der zweite, gerade befreite Geländewagen, der versunkene Van samt Besitzer Henry, die drei Chiampi-Brüder nebst ihrem Lkw in sicherer Entfernung von zweihundert Metern, Geländewagenfahrer Paúl sowie Chris und ich. Unsere Motorradkleidung scheint uns gegen Krankheiten aller Art resistent zu machen.

Dann kommt der Van an die Reihe: ein ungleich schwierigeres Unterfangen. Zum einen steckt dieser deutlich tiefer im Salz als der Geländewagen, zum anderen scheint die Kruste an dieser Stelle noch dünner zu sein. So dünn, dass überall das Wasser von unten durchbricht. Und ja, beinahe hätte ich es vergessen: Der Wagen hat normale Pkw-Räder und keinen Allradantrieb! Es ist irgendwann nach zwei Uhr, als der Versuch unternommen wird, den Wagen loszubekommen.

Henry gibt Gas – nüscht! Noch mal eine kleine Heberunde und neue Holzbretter unter die Reifen gelegt und Vollgas: ja! Der Wagen schiebt sich immer schneller rückwärts, es ist geschafft! Wir triumphieren kraftlos und keuchend, und Henry jagt immer schneller rückwärts. Aber, was macht er denn? Was soll das? Schon nach fünfzig Metern denkt er, dass es jetzt gut sei mit dem Abstand und leitet eine Kurve ein. Man sieht schon sofort, dass die Räder wieder feucht werden und langsam im Boden versinken. Das war zu früh, deutlich zu früh! Der Van geht erneut baden, schönen guten Abend!

Mit Hundeblick trottet Henry auf uns zu, niemand schreit ihn an, aber große Diskussionen möchte auch niemand mit ihm führen. So stehen wir bei Eiseskälte ein wenig herum, unschlüssig bezüglich des weiteren Vorgehens. Chris und die beiden Fahrer klemmen sich schließlich in den noch fahrbaren Wagen und schütteln sich über die Wellblechpiste ebenfalls zurück ins Hotel.

Noch ein Stündchen doktere ich mit den drei wettergegerbten Brüdern am Reisebus herum, aber bringen tut es nicht mehr viel. Selbst die Bolivianer haben begonnen zu zittern. Ich vereinbare mit Nirmo, Eric und Moises, dass auch sie jetzt nach Hause fahren und morgen so bald wie möglich eine neue Rettungsaktion beginnen. Es ist etwa vier Uhr früh.

»Okay«, sage ich, »dann sehen wir uns morgen!« »*Bien*«, sagen sie und gehen zu ihrem mindestens acht Tonnen schweren Holztransporter. Sie starten den Motor, der Lkw bewegt sich: zuerst nach vorne. Und dann nach unten.

Das darf doch wohl nicht möglich sein, denke ich, und gehe hinaus, um den drei Helfern zu helfen. Nach einer weiteren halben Stunde stellen sie fest: »Das hat keinen Sinn, wir brauchen mehr Holz.«

»Sag' ich doch«, sage ich und gehe in den immer noch eingesunkenen Van, schalte die Standheizung ein und biete meinen Opfergenossen an, es sich ebenfalls »bequem« zu machen. Wir nehmen ein Mützchen Turboschlaf und hoffen inständig, dass die Kruste hält. Etwa eine halbe Stunde später geht die Arbeit weiter, noch vor Sonnenaufgang. Da ist es, wie bekannt, am kältesten: zwischen fünfzehn und zwanzig Grad minus.

»Neuer Tag, neues Glück!«, denke ich und weiß kaum, wohin mit meinen Kräften. Wir beginnen mit dem kleineren Problem: unserem Schlafwagen. Schon nach lächerlichen anderthalb bis zwei Stunden ist er flott, und ich höre mit dem Rückwärtsfahren erst auf, als die drei Brüder nur noch als kleine, wild gestikulierende Punkte auf dem Salzsee zu sehen sind. Vielleicht ein wenig übertrieben, zugegeben, aber ich sinke wenigstens nicht wieder ein.

Gemeinsam fahren wir zum Haus der Champis. Ich steuere den Van, und wir haben eine Menge Spaß. In Colchani, so früh morgens eine Geisterstadt aus braunen Lehmhäusern, verladen wir geschätzte dreihundert Kilo Holz in allen Formen und Längen, fallen über die gerade geöffnete Bäckerei her und verschlingen ein ganzes Brot, das wir mit unseren Händen zerreißen. Dazu ein Liter Wasser, jeder von uns. Anschließend setzen wir uns in Bewegung: zurück in Richtung Unfallort. Einige Balken sind so lang, dass sie zu beiden Seiten mehrere Meter aus dem Van herausragen, ein Bild für die Anden-Götter. Zum Glück ist Besitzer Henry nicht dabei, der stets auf die vollkommene Unbeflecktheit seines Wagens pocht. Wir fahren, als die Sonne so langsam ihre volle Kraft erreicht, an den Salzabbaulagern in der Nähe von Colchani vorbei. Hunderte von kleinen, weißen, manns-(also doppelt-Nadia-)hohen Salzhügeln, bereit zum Abtransport in die Großstädte.

Ich fahre nicht näher als einen knappen Kilometer an den Ort des Niedergangs heran, trotz der Proteste der drei bolivianischen ADAC'ler. Nun muss das Holz zum Lkw, und die Befreiungsspezialisten nehmen mit dumpfer Laune jeweils ein Brett mit auf den langen Weg. Zehn Minuten später komme ich mit dem Motorrad hinterher und habe den längsten der großen Balken auf dem Tank, die Champis lachen lauthals auf. Allerspätestens ab diesem Augenblick sind wir Freunde. Ich beginne meinen Transportdienst aufs Neue, bis sich die Balken biegen. Als auch der letzte Stamm von meiner Schulter auf das Salz knallt und das Motorrad erstaunlicherweise nicht eingebrochen ist, beginnen wir mit der eigentlichen Bergung. Alles wie gehabt, nur dass die Balkenwand bei einem Lkw deutlich höher und der Hebelstamm fast zwölf Meter lang ist. Es funktioniert! Aber nur, weil Nirmo, Eric und ich uns fast ans Ende des Balkens hängen, während Moises neues, frisches Salz unter den Riesenreifen stampft.

Gegen kurz vor neun kommen Chris, Paúl, Axel, Henry und Ernesto mit einem Sandwich und heißem Kaffee vorbei, und die Arbeit geht mit frischer Kraft und deutlich verbessertem Hebelgewicht voran. Der Balken, mit dem der Lkw angehoben wird, geht hoch und runter wie eine Kinderschaukel. Das Ganze macht langsam echt Spaß. Und dann – gegen späten Vormittag – ist auch der Chiampi-Lastwagen wieder flott. ¡Gracias a dios!

Am Ende zahle ich die drei Brüder fürstlich aus, und ich muss sagen, sie waren jeden Dollar wert. Bevor wir ARDler mit den beiden Motorrädern und dem Van nach Uyuni zurückfahren, wo wir schon zum zweiten Mal in die Entsalzungs-Wasserhochdruck-Anlage fahren müssen, umarmen wir uns und lachen und schwören uns ein Wiedersehen: drei bolivianische Salzseeanrainer und ein merkwürdiger Typ aus Europa in Motorradklamotten.

Tag 20

Lamagnese

Im wirklich sehr netten, günstigen und farbenfrohen Hotel Jardines de Uyuni hole ich am späten Vormittag noch schnell ein Stündchen Schlaf nach, was gar nicht mal so einfach ist: Wäre an dem Tag gar nichts mehr zu tun, könnte ich in Sekundenbruchteilen einnicken und bis zum Abend durchschlafen. Aber zu wissen, dass eigentlich nur noch gepackt werden muss und alle schon auf mich warten, das hemmt mich. In Windeseile und im Halbschlaf macht sich mein Hirn an die Aufarbeitung all der Erlebnisse der beiden letzten Tage: allein auf einer unendlichen, spiegelglatten Eisfläche rennen; das Augenlicht in einer gleißenden Explosion verlieren; auf einem gigantischen Kaktus verdursten; neben einem Toten im Auto sitzen, und die Tür geht nicht auf; in ein Loch mit schwarzem Wasser fallen und beim Auftauchen bemerken, dass es keine Öffnung mehr gibt, und wie wild von unten gegen das durchsichtige Eis klopfen, auf dem Chris mit einem Motorrad seine Kreise um eine Kamera zieht; umringt von drei Freunden auf einem gefällten Urwaldriesen sitzen, und plötzlich schnellt der Baum hoch wie ein Katapult, ich werde durch Blutwolken geschleudert und lande im blauschwarzen All, in einem Meer aus Rosen. Und dergleichen mehr.

Ich schrecke auf, als Nadia von außen gegen die Tür klopft.

»Tommy, aufstehen, es geht gleich los!«

»Okay, aber bestell mir schon mal drei Kaffee!«

»Mach' ich, bis gleich!«

»Nadia!« rufe ich noch lauter, als ich aus dem Bett schwanke, und die (kurzen) Produzentinnenbeine sich entfernen höre.

»Ja?«

»Besser vier!«

Ich dusche, bis das Wasser kalt wird, und trinke danach in der Hotel-»Lobby« literweise Instantkaffee. Alle wollen detailliert wissen, was passiert ist, nachdem sie in die Autos gestiegen waren. Axel begleitet meine Erzählungen mit häufigen Zwischenrufen, die offenbar seinen Respekt ausdrücken sollen.

»Wahnsinn, Tommy ist im Adrenalinrausch!«

Jedenfalls stricke ich filigran meine Erzählstränge bis zu jenen vier Worten, die als Höhepunkt gedacht und die mehrheitlich auch als solche begriffen werden:

»... Lkw auch noch eingesunken.«

Den Kollegen kommt die kaffeeartige Instantbrühe vor Lachen wieder nach oben, mal mehr, mal weniger dezent. Wir lachen uns scheckig, es tut gut.

Dann wird gepackt, dann gefahren. Es ist schon Nachmittag, als wir aufbrechen, und wir sollen – wegen der nicht eben hervorragenden Straßenzustände – nicht allzu weit kommen: schlappe 121 Kilometer, über Wege, die Toyota oder Landrover als Testgelände für ihre Fahrzeuge abgelehnt hätten. Auf dem Motorrad ist diese Tortur nur im Stehen durchzuhalten. Übrigens sind 121 Kilometer nur acht weniger, als gestern hauptsächlich durch meine Dienste als Beleuchter und Gepäcktransporter auf meinem Tacho zusammengekommen sind.

Wir entdecken einen netten Flecken in einer Senke neben dem Zitterhighway; einige Büsche und dazwischen feiner, brauner Pudersand. Wir halten unseren Tross an und bauen wieder einmal die Zelte auf. Ich habe vorgesorgt, und zwar in einem Lebensmittelladen mit integrierter Metzgerei irgendwo an der Schüttelstrecke. Es soll mein großer Auftritt als Koch werden, ich will die »Meute« in kulinarische Hochstimmung versetzen. Die riesigen Aluminiumtöpfe, gefüllt mit andinem Quellwasser, brodeln nach wenigen Minuten auf dem Gaskocher. Die Zeit nutze ich, um das Fleisch fürs Hauptgericht zu präparieren. Meine Vorstellung: Lamagnese mit Tütenparmesan!

Sicherlich eine Herausforderung. Aber ich habe schon Alpaka und Lama gegessen, genauso wie mosambikanisches Krokodil, südafrikanisches Impala, außermongolisches Yak und brasilianische Nussbaummaden. Immerhin habe ich also eine Ahnung davon, wie es schmecken sollte, und das muss reichen.

Zäh ist das Lamafleisch, vor allem zum Schneiden. Nach einer halben Stunde mache ich erst mal Pause, massiere meine Hand und nutze die Zeit für die Vorbereitung der Vorspeise: Hochland-Gemüse-Bouillon. Mir fehlt es an fließendem Wasser, einem Schneidebrett und vor allem: an guten Messern! Eigentlich kann man so nicht kochen und sollte es gar nicht erst versuchen. Doch für Rückzug ist es eindeutig zu spät, die Magen der Kollegen dröhnen lauter als die vorbeifahrenden Sattelschlepper.

Zurück zum Lama. Dass es zäh ist, sagte ich ja schon. Aber auch sehnig. Ich brauche pro Gulaschwürfel großem Fleischstück eine Minute für die Präparation und trage sorgfältig Fettpolster um Sehnenschicht ab, während nebenan meine Gemüsebrühe um die Kartoffeln und die Möhren fast vollständig verdampft ist. Kein Problem: neues Wasser, dazu ein Schuss Rotwein aus Bolivien, was ein Wagnis bedeuten könnte, und Dosenmais. Und allerlei Kräuter der andinen Provence.

Zurück zum Lama. Es muss sich um ein älteres Tier gehandelt haben, denke ich beim Filetieren. Kaum, dass das Messer hindurch geht, bei all den weißen Fäden und Striemen. Als ich das Fleisch fertig habe und in den vorgeheizten Alutopf werfe, bleiben die Stücke überall da kleben, wo sie auf Metall treffen, vor allem am Topfrand. »Tschtschtsch«, zischt es, und die Kollegen gucken und raunen. Dieses Lama war so alt, dass ich mittlerweile bezweifle, dass es überhaupt geschlachtet werden musste. Jedenfalls sind die Spaghetti trocken, weil Butter fehlt, das leichte Lama-Sößchen kommt eher wie eine Frikadellenquiche daher, und selbst bei der Vorspeise bleibt der Crew die Kartoffel im Halse stecken.

Mit Abstand nettester Kommentar: »Interessanter Geschmack!«

Was Thorsten, Henry, Axel und Flo in ihren Campingstühlen und die bitterböse, gehässige Nadia so von sich gegeben haben, ist nicht zitierfähig. Meine persönliche Haltung zu dem unerquicklichen Thema: Man muss das Lama schützen, vielleicht hatte es nur einen schlechten Tag.

Wenigstens war das Essen heiß, und die Nudeln sättigten. Sie beginnt so langsam wieder zu lachen, diese südamerikanisch-europäische Truppe in ihren Campingstühlen, vergraben in Thermo-, Motorrad- und Molljacken. Den bolivianischen Rotwein (oder was die Bouillon davon übrig gelassen hat) lassen wir uns am Lagerfeuer schmecken, bis auch er nicht mehr gegen die Temperaturen ankommt. Luftmatratze aufpusten, rein in den Schlafsack, Reißverschluss dicht. *Hasta la vista,* Babys!

Tag 21

Talfahrt nach dem Höhepunkt

Wenn Nadia Arze dabei ist, geht die Sonne auf, auch wenn es eine kleine Sonne ist. Ihre wundervolle Persönlichkeit lässt ihre Umgebung erstrahlen, sie wärmt die Herzen. Nadia ist unwahrscheinlich lustig, wenn es entspannt ist, und wenn es mal hektisch oder gefährlich wird, versucht sie, sich am Riemen zu reißen. Unsere bolivianische Producerin ist wundervoll. Und deshalb geht heute früh auch die Sonne unter, denn sie hat ihren Auftrag erledigt und fährt aus der nächsten Ortschaft, einem Geisterdorf namens San Cristóbal, zurück nach La Paz. Auch Bolivien wird bald hinter uns liegen, die mittlere Etappe ist geschafft. Weit über dreitausend Kilometer zeigen unsere Zähler an, und Chile wartet auf uns. Chris und ich steigen vom Motorrad, um den laufenden Meter zu umarmen, und die anderen Gestalten schälen sich aus den drei Fahrzeugen. Eine große, letzte

Verschwesterung an der angeblichen Haltestelle eines Überlandbusses, dann sind wir auch schon wieder unterwegs. Nadia winkt, bis die Staubfahne auf der Landstraße ihre Umrisse verschluckt. *Hasta luego,* Yoda.

Danach folgen Höhe- und Tiefpunkte am laufenden Band: Der Weg wird erneut schlechter, eine einzige Unverschämtheit, die jeden Beamten vom bundesdeutschen Straßenverkehrsamt sprachlos machen würde; was aber die Lkw-Fahrer, die uns begegnen oder gerne auch mal überholen, nicht davon abhält, mit Vollgas zu fahren! Aber es werden von Ort zu Ort immer weniger Fahrzeuge, bis es keinen Ort mehr gibt. Wir fahren in eine Region, die normale Menschen kaum zu Gesicht bekommen. Die wenigen Touristen machen am Salar nach einigen Nächten in den Salzhotels kehrt und fahren zurück nach La Paz. Und diejenigen, die in Chiles Norden reisen, kommen fast ausschließlich bis in die Atacama-Wüste, dann geht's retour nach Santiago. So sind es fast nur Einheimische, die diese Tour unternehmen: in klapprigen Bussen und erstaunlich seltenen Lastwagen. Abgesehen von ganz wenigen Abenteurern, die danach vermutlich für den Rest ihres Lebens davon schwärmen.

Es wird kälter. Und kälter. Und kälter! Langsam und fast unmerklich schrauben wir uns höher hinauf. So hoch, dass Axel wieder zu seiner Sauerstoffampulle greifen muss. Uns läuft die Zeit weg, dieser furchtbare, immer sandiger werdende Feldweg schluckt den gesamten Vormittag. Nur spärlich machen wir Pausen, stets nur für ein paar Minuten. Chris und ich massieren uns den Allerwertesten, und die anderen lungern für eine Zigarettenlänge um unsere Expeditionswagen herum. Gegen Mittag: der Höhepunkt. Eine Pause von fünfzehn Minuten und dazu ranziger Dreiecksschmierkäse auf stahlharter, brotähnlicher Masse.

Wir sollen belohnt und beschenkt werden.

Der Feldweg schlängelt sich urplötzlich in eine talartige Ebene hinunter. Noch einige Kilometer und eine letzte Biegung. Dann gibt es keinen aus unserem Team, der nicht eine Gänsehaut bekommt (außer unserem berlinerisch-brasilianischen Tonmann und unserem oberschwäbischen *crane operator,* die beide auf ihren Sitzbänken in einen todesähnlichen Schlaf gesunken sind). Wir anderen halten unwillkürlich an, steigen ab, steigen aus und betrachten dieses geradezu unfassbare Farbenspiel, das die Natur uns gerade präsentiert.

Im Vordergrund, direkt hinter der graubraunen »Straße« beginnend: ein blaues Flüsschen, das durch mal saftiggrüne, mal olivfarbene Mooshügelchen mäandert, dann ein gelbes Flechtenband, dann rotes (tiefrotes!) Wasser, dann weiße Salzablagerungen auf der anderen Seite dieses Sees und darüber der braune und schwarze Fels der gegenüberliegenden Bergmassive. Aber damit noch nicht genug: Das Ganze wird gerahmt vom einzigartigen andinen Himmelsblau.

Die »bunte Lagune«, die Laguna Colorada, ein Augenschmaus allererster Güte. Längst sind wir aufgebrochen zum Rand dessen, was diesen Ort so einzigartig macht: der See. Man könnte so viel zu diesem Spektakel erklären, etwa, welche Spezies der Rotalgen und welche im Wasser gelösten Mineralien für die merkwürdige Farbe des Wassers verantwortlich sind, dass der See durchschnittlich nur einen halben Meter tief ist und eine Fläche von sechzig Quadratkilometern bedeckt oder dass er im Nationalpark der Tierwelt der Anden liegt ... Aber wenn man davor steht, will man das alles überhaupt nicht wissen. Man möchte sich einfach nur hinsetzen, schweigen und schauen. Es ist ein Ort wie Machu Picchu in Peru, der Li-Fluss in China, die weißen, menschenleeren Sandstrände in Bahía, wie Feuerland in Chile, wie der Grand Canyon in Arizona, wie Theben West beim Hatschepsut-Tempel in Luxor, wie die bergige Grenzregion zwischen der Äußeren Mongolei und China, wie die Antarktis, wie das Kap der Guten Hoffnung in Südafrika, wie manche Stellen in der Toskana: ein magischer Flecken Erde. Wie gerne hätten wir unserer Ergriffenheit, die sich umgehend einstellte, nachgegeben und dieses Naturschauspiel einfach nur genossen, wenigstens eine Stunde lang. Doch wieder setzt sich unsere Logistik durch, der Zeitplan, die Vorgaben, die Notwendigkeiten. Niemals haben wir das so bedauert wie jetzt.

Besonders, als wir an einer schier unendlichen Versammlung von Flamingos vorbeifahren, mit ihren lang gezogenen Schnäbeln nach Nahrhaftem suchend, ihre rosafarbenen Federn vom Wind zerzaust, in Gruppen in den Himmel aufstrebend oder, von dort kommend, in der tiefroten Lagune landend. Kurzschnabel-, Gelbfuß- und Chileflamingos, Tausende dieser ästhetischen Vögel kreischen und klappern und staksen und fliegen vor unseren Augen und unseren Linsen herum, so, als ob die Schönheit der Landschaft noch nicht ausreichen würde. Eine geradezu göttliche Zugabe der Natur, ein i-Tüpfelchen, ein vollkommen unerwartetes Geschenk.

Thorsten und Florian gegenüber darf man das Thema der noch vor uns liegenden Tagesroute gar nicht erwähnen. Als ich es nach einer weitgehend neben Christopher auf dem Motorrad zugebrachten Schonfrist, während der wir am Ufer entlang fuhren, dann doch tue, rasten die beiden aus. Hier zu übernachten, es wäre perfekt gewesen. Sonnenunter- und Sonnenaufgang zu drehen, alle Details, alle Perspektiven filmisch zu erfassen (oder versuchen zu erfassen) und dazwischen einfach still zu schauen ... Vor allem Thorsten flucht wie ein Rohrspatz, und niemals ist es mir so schwer gefallen, vernünftig zu bleiben und aufs Tempo zu drücken. Ich nutze jedes noch so winzige Argument, etwa den objektiv verheerenden Gesundheitszustand von Flo und Axel, die schon wieder sinkenden Temperaturen, die ungeklärte Frage der Grenzüberquerung ... Thorsten ist stinksauer auf mich, als ich zum finalen Aufbruch mahne, und das zu Recht. Wir brechen auf, immer weiter in Richtung wilder Süden, in Richtung Grenze.

Da die Straße immer sandiger wird und dann phasenweise und über mehrere Kilometer praktisch nur noch aus Sand besteht, muss ich schließlich passen, was mir überhaupt nicht schmeckt. Eigentlich wollte ich die gesamte Reise selbst fahren. Das geht aber heute wirklich nicht, weil ich kein Motocrossfahrer bin, weil ich das Team durch meine laienhaften Fahrkünste nicht zusätzlich aufhalten und weil ich nicht noch einmal stürzen will. Für mich fährt auf dem übelsten Streckenabschnitt unser peruanischer Mechaniker Eduardo weiter.

Es wird später, also wird es auch kälter. Umso kälter übrigens, je weiter wir uns Richtung Pass hoch kämpfen. Wir passieren die Laguna Verde, die Grüne Lagune, die ihre Färbung unter anderem von Blei, Arsen und Magnesium erhält, wie ich nachträglich recherchiere. Diesen über Tag zwischen Türkis und Dunkelgrün schillernden See wirklich zu sehen, dafür ist es schon zu spät. Ebenso wie den alles überragenden, erloschenen Vulkan Licancabur, auf dem die NASA nach Lebensformen forscht, die auch unter extremen Bedingungen offenbar prächtig gedeihen.

Vollends Nacht ist es, als wir die Grenzstation zu Chile erreichen, auf sage und schreibe 5300 Metern Höhe. Es ist der Höhenrekord unserer gesamten Reise. Der müde Beamte, in seiner blauen Amtskleidung, zusätzlichen Decken und einem Hut mit eingebauten Ohrenschützern aus seinem Kabuff schlendernd, winkt uns durch, was wir spontan als Triumph werten, was sich aber nicht allzu viel später als Trug herausstellen soll.

Der Weg wird besser, und ich setze mich wieder auf das Motorrad. Neben Chris geht es steil hinunter, serpentinenartig sinken wir einer neuen Etappe unserer Reise entgegen, das Gefälle beträgt manchmal zwanzig, dreißig Prozent. Selbst zu dieser Uhrzeit wird es von Viertelstunde zu Viertelstunde wärmer, und ein neuer Geruch breitet sich aus: der von Sand, Erde und ewiger Trockenheit. Unten in der Ebene glitzern uns Lichter entgegen, die Zivilisation wird uns bald wiederhaben.

Dass man in Chile ist, erkennt man auch in schwärzester Nacht daran, dass die Straßen Straßen sind: mit Asphalt! Mit Mittelstreifen! Mit Leitplanken! Chile ist das europäischste aller Länder in Südamerika. Das gilt auch für seine Grenzkontrollen! Als wir um einundzwanzig Uhr in der Stadt San Pedro de Atacama am sozusagen zweiten Schlagbaum ankommen, müssen wir gleich eine doppelte Gepäckkontrolle über uns ergehen lassen: diejenige des Zolls und diejenige der Gesundheitsbehörde. Die erste Instanz findet während der ersten Stunde intensiven Suchens nichts, die zweite in der zweiten Stunde anderthalb Paletten bolivianische Eier, die knochentrocken konfisziert werden. Dann ist es elf, und bis wir in der Backpacker-Behausung in San Pedro eingecheckt haben, ist es Mitternacht. Kurz noch mit allen Kollegen *lomo a lo pobre* verputzen: Spiegeleier, Pommes und Fleisch. Wir fühlen uns wie erschlagen, aber prima, den härtesten Teil haben wir jetzt hinter uns (denken wir), und die Übergabe des Produktionsstabes an Lorena Salas, unsere chilenische Producerin, hat reibungslos geklappt. Sie ist schon gestern in den hohen Norden gereist (der für uns der tiefste Süden ist) und hat alles Erforderliche organisiert. Nach »Obi Wan« und »Yoda« nun »Prinzessin Leia«. An jedem Tag während der sieben Wochen sind wir neun Männer und eine Sternenkriegerin. Die ARD in den Anden: ein südamerikanisches Gruppenbild mit wechselnden Damen.

Das Backpacker-Hostel verdient eine Kurzerwähnung: Was haben wir uns nach dem Salar de Uyuni, nach der Campingnacht und gerade nach diesem besonders harten, eiskalten, sauerstofffreien Reisetag auf eine einigermaßen angenehme Unterkunft gefreut. Die Realität ist so ernüchternd, dass wir nicht nüchtern ins Bett können. Daher noch ein Tröpfchen von Axels über die Runden geretteter Wodkaration, und rappzapp ist es drei Uhr.

Teil 3

DURCH CHILE NACH FEUERLAND

Tag 22

Auf dem Trockendock

Lorena, dieses Organisationsgenie, begriff schon gestern Abend in Sekundenbruchteilen, welche Abgründe von Müdigkeit inzwischen in unseren alten Knochen stecken. Sie schlägt deshalb vor: »*Desayuno a las diez, partida a las once!*« (»Frühstück um zehn, Abfahrt um elf!«). Ich und nicht wenige andere lassen unser Frühstück am nächsten Morgen für ein paar Minuten mehr Schlaf trotzdem gern sausen. Ich erwische aber im Vorbeihuschen noch eine dringend ersehnte Tasse Kaffee, ohne die ich unausstehlich bin. Fahrt durch San Pedro de Atacama, dank eines Flusses eine grüne Oase.

Wüsten haben es so an sich, dass sie trocken sind. Aber die Atacama ist von allen Regionen der Welt mit mäßigem Niederschlag die trockenste, und zwar mit Abstand! Im Vergleich mit ihr ist das Death Valley in den USA geradezu ein Feuchtgebiet. Dort, in der kalifornischen Wüste, fällt fünfzigmal mehr Regen als hier in Nordchile. Selbst der Westwind, vom Pazifik kommend und mit oberflächlichem Menschenverstand als durchaus nass vorstellbar, ist in Wirklichkeit staubtrocken: Der eiskalte Humboldtstrom (Alex, du hast ihm deinen Namen gegeben!) aus der Antarktis verhindert die Bildung von Regenwolken. Den Rest besorgen die Andengipfel. Die wenigen Wolken aus anderen Regionen regnen sich an der Gebirgskette aus, die Atacama liegt sozusagen grundsätzlich auf dem Trockendock. Es gibt hier meteorologische Messstationen, in denen noch nie Niederschlag verzeichnet wurde. Kein Tropfen, null, *zero, nada,* gar nichts!

Dass es eine Mondlandschaft ist, zeigt sich nicht nur im Valle de la Luna (Tal des Mondes), in dem wir mehrere Einstellungen drehen, sondern auch im Valle de la Muerte (Tal des Todes), einer albtraumhaften Felsenformation, durch die sich ein enger Weg windet, auf dem man zu einer Sanddüne gelangt. Der Boden neben und sogar auf dem Pfad ist vor Trockenheit aufgerissen wie Lippen ohne Feuchtigkeitscreme. Gestern Abend auf dem Pass zwischen Bolivien und Chile: minus zwanzig Grad. Heute Mittag: plus dreißig, fünfunddreißig Grad im Schatten und fünfundvierzig in der unerbittlichen Sonne. Nicht schlecht für nur zwölf Stunden Zeit dazwischen. Die Kameraabteilung prügelt Chris und mich durch das Tal des Todes, bis zu achtmal müssen wir um jede der scharfkantigen Ecken biegen, bis alles im Kasten ist. Für eine wagemutige Einstellung klettert Hobbyalpinist und Snowboarder Florian sogar auf einen winzigen Felsvorsprung in großer Höhe und schafft es tatsächlich, dort sein Filmgerät wackelfrei zu installieren.

»Okay, bitte!«, tönt es aus dem Mund von Thorsten, der auf dem Boden liegt und durch seinen Sucher schaut.

»*Vamos!*«, nicken Chris und ich uns zu, »noch mal!« Stoisch ertragen wir die Anweisungen.

Fahrradfahrer aus Essen, Valencia und Paris, bepackt mit Sandboards, kreuzen unseren Weg, und ein Pärchen aus Spanien amüsiert sich über unsere Fahraufnahmen. Die junge Frau fragt mich, was wir denn da so treiben.

»Eine Reisedoku fürs deutsche Fernsehen, ARD. Silvester 19.15 Uhr. Fünfundvierzig Minuten, danach 3sat und Phoenix.«

»Nur hier in der Atacama-Wüste?«

»Nein, gestartet sind wir in Nazca, Peru, und jetzt geht's weiter nach Süden – Feuerland und so!«

»*Hooopa!*«

»Ja, ja, ganz schön stressig!«

»Und wie lange seid ihr unterwegs?« Die Spanierin scheint sich ernsthaft zu interessieren, was ihrem Lover nur bedingt gefällt.

»Sieben Wochen!«

»*Hooopa!* Und jetzt geht ihr sandboarden?«

»Nö, haben wir schon in Peru gemacht!«

»Aber nicht etwa auf dem Cerro Blanco?«

»Doch!«

»*Hooopa!*« Sie schreit begeistert auf, er lächelt bemüht.

»Okay, wir müssen jetzt echt weitermachen, die beiden Sklaventreiber an der Kamera schreien schon, macht's gut, viel Glück euch!«

»Okay, super, viel Glück, und wie heißt das Programm noch mal?«

»ARD!«

»Und was heißt das?«

»Vergiss es!«

Später treffen wir am Wegesrand eine Ziegen- und Schafshirtin bei ihrer Suche nach Gras oder zumindest irgendetwas Grünem. So sieht es jedenfalls im Film aus. In Wirklichkeit hat Lorena sie natürlich vorher »gecastet« und mit ihr einen Termin für heute ausgemacht. So etwas dem Zufall zu überlassen: romantisch, aber kriminell. Chris und ich jedenfalls halten mit unseren Motorrädern neben ihr und unterhalten uns angeregt mit der topfitten Seniorin. Sie ist ziemlich alt und kaum größer als Nadia! Protacia Ayllo Solor heißt die rüstige Dame, ihre Haut: erstaunlicherweise kaum faltig. Sie sieht durch und durch gesund aus, drahtig, und sie bewegt sich geradezu behände hinter ihrer Herde her, den Stock bedrohlich schwingend und die Tiere antreibend. Ein bäuerlicher langer, blauer Rock und eine graue Bluse, darüber ein buntes Tuch geschwungen.

Dann erzählt sie uns von ihrem harten Leben in der unerbittlichen Natur.

»Wasser ist hier nicht das Problem«, sagt sie milde lächelnd, denn durch San Pedro fließt ein Fluss. »Aber«, und hier beginnt sie ihren Kopf zu schütteln, »Nahrung zu finden für die Tiere, jeden Tag aufs Neue, das ist sehr, sehr mühsam!«

Täglich gehe sie Dutzende von Kilometern, sagt sie, und obwohl sie die Gegend wie ihre Westentasche kenne, gebe es Jahre, in denen die Vegetation sich in Luft aufgelöst zu haben scheine.

»Dann geht es um jeden Grashalm und um jeden Weidenzweig! Manchmal sterben mir meine Ziegen mitten auf dem Weg, und dann kann ich vor Trauer gar nicht mehr reden!«

Der eindrücklichste ihrer Sätze: »Als ich zweiundfünfzig war, hat es hier in San Pedro zum letzten Mal geregnet!«

»Wie lange ist das her?«, frage ich und muss mich dabei sehr weit hinunter bücken.

»Dreißig Jahre!«

»Dreißig Jahre?«

»Genau!«, grinst sie mich schelmisch an, und wunderschöne Lachfalten umspielen ihre aufmerksamen, schwarzbraunen Augen.

»Hat es damals denn viel geregnet?«

»Nein, nur ein paar Minuten.«

Fast können wir uns nicht von Protacia trennen, dieser süßen Alten. Nach unserer sehr, sehr herzlichen Verabschiedung zieht sie mit ihren Schafen und Ziegen weiter, in Richtung des Vulkans Licancabur, der majestätisch über der Grenzregion thront. 5920 Meter hoch und selbst jetzt, im südamerikanischen Sommer, an der Spitze mit einem Kragen aus Schnee bedeckt. Er ist für die indigene Bevölkerung ein heiliger Ort, an dem sie mit ihren Vorfahren in Kontakt treten. Südamerika: Magie und Übersinnlichkeit, wo immer man auch ist. Ein Subkontinent voller Mythen, gerade auf der pazifischen Seite.

Das Gute an San Pedro de Atacama ist, dass es auf lächerlichen 2500 Metern liegt, also für unsere bisherigen andinen Verhältnisse praktisch auf Meereshöhe. Schlagartig geht es Florian besser, der sich noch kurz zuvor im Zelt in Bolivien wie ein röhrender, erkälteter Hirsch anhörte. Und auch von Axel fällt die Last des Sauerstoffmangels ab, es scheint, als ob jetzt alles einfacher würde, angenehmer, lockerer.

Gestern habe ich von Susanne Sterzenbach aus der Stuttgarter Auslandsredaktion, der genialen Redakteurin aller Feiertags-Sonderdokumentationen, an denen ich bisher beteiligt war (»Abenteuer Amazonas« und »Expedition Humboldt«, zusammen mit Stefan Schaaf, ARD Mexiko), eine SMS bekommen. Sie hatte tagelang versucht, telefonisch Kontakt mit uns aufzunehmen, und dabei ausgerechnet jene Reisephase zwischen La Paz und der Grenze zu Chile erwischt, in der sie uns natürlich nicht erreichen konnte. Wir waren, wie so oft auf unserem Trip, ganz einfach nicht greifbar. Keine Anrufe, keine Emails, kein Skypen. Einfach verschwunden von der Bildfläche. Die SMS von Susanne lautete: »eigene homepage für die sendung. tagebuchmaessig.«

Also beginne ich umgehend mit ersten Aufzeichnungen für den Blog und letztlich mit dem Gerippe für dieses Buch. Abends in der Atacama-Wüste bei einer superleckeren, handgemachten Pizza und zwei Krügen eiskalten Bieres. Und so soll es von nun an weitergehen: eine Reise der Superlative, drehen und schneiden ist eins, erleben und darüber schreiben auch. Nie war Fernsehen intensiver, zumindest nicht für mich.

Tag

23

Standing Ovations am Pazifik

Am Morgen, als wir kurz vor unserer Abreise aus San Pedro de Atacama stehen, ist die Stimmung prächtig. Die Sonne glänzt auf unser frühes Freiluftfrühstück im Innenhof unserer Herberge herab, wir nehmen uns genügend Zeit für Brötchen und Kaffee.

»Das Schlimmste haben wir nun hinter uns«, fällt mir dazu ein, und die Kollegen stimmen erleichtert in die spontane Euphorie ein.

»Der Rest wird ein Kinderspiel«, meint Thorsten zwischen zwei Bissen.

»Jetzt geht's bergab«, freut sich Fahrer Henry wie befreit, »und das ist gut für uns!«

Mechaniker Eduardo hat den Vergaser endgültig umgestellt, denn jetzt fahren wir nicht mehr auf über fünftausend Metern, sondern gleiten langsam hinab bis an die Gestade des Pazifiks.

Zum ersten Mal auf dieser Reise überhaupt soll es zügig vorangehen, wir starren zufrieden auf unsere Geschwindigkeitsanzeige. Hundert Stundenkilometer, es läuft!

Als wir aufbrechen, stehen 4065 Kilometer auf unserem Tacho, am Abend sollen es 720 mehr sein. Auch die rasenden Kopfschmerzen haben bei uns Flachlandtirolern fast schlagartig aufgehört. Höhenkrankheiten, Lungenentzündungen, Beinahekatastrophen: alles Schnee von vorgestern.

Doch irgendwie lässt sich die kollektive Hochstimmung nicht halten. Der Tagestrip geht in eine nicht enden wollende Tour durch die Atacama-Wüste über, dort, wo sie keine Touristen anlockt. Die Härte der Touren in Peru und Bolivien wird abgelöst durch nordchilenische Eintönigkeit. Mechanisch halten wir unsere Gefährte an, für eine Toilettenpause am Straßenrand, für einen schnellen Kaffee, zum Tanken. Immer wieder fragen wir uns, ob wir nicht etwas drehen sollten, aber die Antwort ist jedes Mal: warum eigentlich?

Wir sind von unseren bisherigen Abenteuern verwöhnt. Obwohl wir die beiden Kameras nicht laufen lassen, sind am Ende des Tages, als wir unsere tausend kleinen und großen Dinge ausgeladen und unsere Restspaghetti verkocht haben, auch schon wieder vierzehn Stunden rum. Die letzte Stunde im Tageslicht ist die opulenteste: unsere Ankunft am Pazifik. Nahe der Stadt Cañaral mieten wir uns spontan ein Holzhaus am Strand, für umgerechnet 103,38 €, das heißt, jeder von uns zehn zahlt gut zehn Euro! Merkwürdig, dass wir ausgerechnet an einem winzigen Strandabschnitt namens Pan de Azúcar (Zuckerhut) landen, Erinnerungen an die Familie in Rio de Janeiro werden fast übermächtig.

Playa Cañaral: Lager am Pazifik. Die Anstrengungen der letzten Wochen scheinen zusammen mit der Sonne hinterm Horizont zu versinken.

Ich sitze neben Chris am Lagerfeuer direkt neben der Wellenbrandung und frage meinen Buddy: »Welcher Streckenabschnitt war für dich bisher der schwerste?« Was wird der Motorradprofi wohl sagen, dieser intime Kenner der Anden.

»Bolivien – ganz klar!«, meint er voller Überzeugung. »Diese Schotterpisten haben sich immer mehr nach oben geschraubt, und dieser schreckliche, tiefe Sand. Wir sind ja fast nicht vorangekommen! Und dazu diese Höhe: Junge, Junge, 5300 Meter! Was jetzt noch kommt, wird vergleichsweise einfach sein, glaub' es mir!«

»Warst du denn schon mal in Chile?«, frage ich, während ich einen Wasserkessel auf zwei beinahe glühende Steine stelle, die wir mitten ins Feuer gelegt haben.

»Nein, aber Chile ist flach wie 'ne Flunder. Was soll da schon groß kommen?«

Wasser in die Zweiminutenterrine, fertig ist das Nachtmahl.

Chris, wie er da so sitzt, eingesunken in seine Motorradjacke, den Blick aufs Feuer gerichtet, ein wahrhaft guter Mann. Beinhart ist der Peruaner, nichts wirft ihn aus der Bahn, stets trägt er zu der guten Laune im Team bei. Und seine Expertise hat uns bisher schon so manches Mal geholfen. Außer vielleicht auf dem Salzsee, wo er genauso versunken ist wie wir. Sein normaler Job: Motorrad und Geländewagen fahren, Reisegruppen führen ..., mal in Ecuador, mal in Peru, mal in Bolivien. Immer unterwegs, genau wie wir. Was ihn und uns verbunden hat, das war Seelenverwandtschaft von der ersten Minute an. Die Entscheidung, diesen eloquenten Abenteurer zu einem Hauptdarsteller zu machen, war goldrichtig!

»Was ist für dich eigentlich die größte Faszination an deinem Beruf?«, frage ich zwischen zwei Schlürfern an der Blechtasse mit Instantsuppe.

»Ich fahre mit meinen Reisegruppen durch viele Länder Südamerikas«, sagt er, »Länder, die ich ziemlich gut kenne und die diese Leute gern kennenlernen würden. Mein Job ist es, ihnen einen tollen Urlaub zu bieten und eine Menge fremdartiger Landstriche und Kulturen zu zeigen. Am Ende all dieser Reisen habe ich neue Freunde gewonnen, Freunde in der ganzen Welt. In ganz Lateinamerika, den USA, in Afrika, Asien, Australien und Europa. Das ist das Allerschönste an meinem Beruf!«

»Und welche Nationen sind besonders anspruchsvoll?«

»Die Russen!«

Ich schaue ihn ungläubig von der Seite an.

»Die Russen, zumindest die Männer, kennen überhaupt kein Pardon. Sie wollen tausend Kilometer am Tag schaffen und alles sehen, und sie saufen wie die Löcher. Ich bin nach so einer Tour jedes Mal völlig fertig, diese Typen scheinen überhaupt keinen Schlaf zu brauchen!«

»Die Russen schlafen *noch* weniger als wir?«

»Nein, nicht weniger. Aber sie trinken dabei Unmengen: Wein, Whisky, Bier und kistenweise Wodka. Und wenn wir das auch getan hätten, zum Beispiel in Bolivien, hätten wir es nicht geschafft!«

Drinnen in der Holzhütte haben Florian, Henry und Lorena etwas gekocht, Gemüsebrühe und Käsesoßenspaghetti. Nach meinem Lamafiasko muss ich zugeben: genießbar! So sitzen wir und essen in Schichten, da es in der Küche zu wenig Teller gibt, und wir keine Lust haben, unser gesamtes Campinggeschirr aus den Trucks hervorzukramen.

Dann folgt Thorstens großer Auftritt. Er präsentiert die etwa fünfzigste Version der ersten vier Minuten unseres Filmes. Immer wieder hatte er neue Zugänge gesucht, neue Kürzungen vorgenommen, andere Musiken versucht. Heute hat er wirklich Strecke gemacht, während seiner fast zwölfstündigen, komplett ruckelfreien Tagesschicht auf der Rückbank des Vans. Jetzt plötzlich sitzt jeder Schnitt, jeder Takt, jedes Bild, jedes Geräusch.

Gänsehaut. *Standing ovations.* Neun Männer und eine Frau johlen auf, und dieser Applaus wird nur gebrochen durch das kraftvolle Rauschen des dunklen Pazifiks.

Tag

24

Road to Hell

Extrem früh morgens – mal was ganz Neues! – schälen wir uns aus unseren Bettdecken und Schlafsäcken. Vor uns der sandig-steinige Strand, auf dem durch den Wind flach gewehte Bodendecker ihre Wurzeln geschlagen haben.

Mittlerweile haben sich die täglichen Prozesse und Handgriffe so weit perfektioniert, dass niemand mehr diskutieren muss. Die privaten Koffer werden verladen, ebenso die Rucksäcke, die Lebensmittel, die Stative, der Schnittplatz mit seinen Festplatten und die dazugehörigen tausend Kabel, der lebenswichtige »Tagesrucksack« mit Filtern, Batterien, Discs, Werkzeugen, Regenschutz und Gaffertape. Und natürlich: das Ton- und das Kameraequipment. Wenn die Zeit wie heute reicht, schnell noch ein Blick auf die wichtigsten Funktionen, eigentlich reine Routine. Heute aber ist alles anders. Die zweite Kamera springt nicht an. Batterien werden ausgewechselt, Kabel herausgezogen und wieder hineingesteckt und so weiter. Es hilft gar nichts. Unsere PDW 700 HD, die sonst diese unglaublich hochaufgelösten Bilder liefert, steht wie ein totes Metallstück auf dem Tisch und versagt ihren Dienst. Ein möglicherweise echtes Drama, über das wir es ablehnen auch nur nachzudenken.

Heute wollen wir entweder gut sechshundert Kilometer fahren und morgen noch mal die gleiche Strecke in die chilenische Hauptstadt bewältigen – was mehrheitlich befürwortet wird. Oder: direkt in einem Rutsch bis nach Santiago durchbrettern. Producerin Lorena muntert uns auf und lockt mit einem freien Tag, dem ersten während der Reise. Wir entscheiden uns dafür, dass wir es versuchen wollen. Eines der Motorräder wird auf den Hänger gehievt und mit Seilen festgezurrt. Chris, ich und Eduardo wollen uns den erneuten Kraftaufwand teilen. Ich beginne mit den ersten gut dreihundert Kilometern. Es folgen Eduardo, dann Chris, der aber schon frühzeitig erneut von einem Müdigkeits- und Krampfanfall geschüttelt wird. Seinen Anteil übernimmt zunächst wiederum Eduardo, während ich mehrere Stunden lang am Tagebuch schreiben kann.

Am Nachmittag passieren wir die Ausfahrt von Copiapó. Dort, wo die verschütteten Bergarbeiter und vor allem ihre Familien von den Medien belagert werden, seit Jahren einer der wenigen internationalen News-Hypes in Südamerika. Zwei komplette ARD-Teams sind jetzt gerade vor Ort, an meiner statt. Es war eine der schwierigsten Entscheidungen in meiner Zeit als Korrespondent: eine der extrem seltenen Gelegenheiten auf diesem Subkontinent mit beiden Händen ergreifen und jeden Tag live zu sehen zu sein oder diese Andenreise mit dem Motorrad zu machen, eine aberwitzige Unternehmung mit ungewissem Ausgang. Für die meisten meiner Kolleginnen und Kollegen war oder wäre die Wahl klipp und klar gewesen: das garantierte Bad in der Öffentlichkeit. Dass ich es anders gemacht habe, gehört im Nachhinein zu den besten Entscheidungen meines Journalistenlebens. Selten hat die Arbeit mir so viel Erfüllung gebracht wie zwischen Peru und Feuerland. Und unser Produkt ist schließlich zu etwas geworden, was wir uns immer erträumt hatten, aber insgeheim niemals erwartet hätten: eine Hommage an Südamerika, die von unglaublich vielen Zuschauern genau so begriffen wird. Für unser Team etwas Einmaliges und vermutlich nicht Wiederholbares.

Zurück zu unserer irren Tagesreise: Irgendwann, so einige wenige Hundert Kilometer vor Santiago, es ist mittlerweile wieder einmal Nacht geworden (!), schaue ich von meinem Laptop nach draußen und sehe gleich neben mir in Eduardos vom Visier geschütztes Gesicht. Sein Zustand ist bejammernswert, er bittet mich durch ein Kopfnicken, wieder zu übernehmen. Demzufolge fahre ich mit einem kochend heißen Motorrad in Santiago de Chile ein, und auch ich falle vor Müdigkeit fast von der Lederbank.

Ich habe meine peruanischen Fahrerkollegen immer wieder davor gewarnt: Es ist riskant, wenn die Gruppe sich unterwegs trennt. Das führt selten zu einem Vorteil, birgt aber die Gefahr, dass es plötzlich unnötig kompliziert oder sogar gefährlich wird. Doch heute haben sie sich durchgesetzt, zu müde sind auch sie mittlerweile, aus verständlichen Gründen. Also sind sie vorgeprescht in Richtung Hauptstadt, um an einer bestimmten Kreuzung nach einer bestimmten Autobahnabfahrt auf uns zu warten. Schnell die Augen schließen, ein Nickerchen am Wegesrand. Verständlich, wie gesagt, aber nicht sinnvoll.

Also verpassen sich das eine Zweirad und die drei Vierräder am ausgemachten Treffpunkt, es gibt ein furchtbares Durcheinander, Gerede per Telefon und eine schier unendliche Sucherei. Bis wir alle schließlich im Billighotel Cap Ducal eingetroffen sind und eingecheckt haben, ist es Mitternacht, sechzehn Stunden Fahrt liegen hinter uns. Von der enormen Kraftanstrengung dieses Fahrtages müssen wir uns mehr als einen Tag erholen. Chris ist längst in seinem Zimmer verschwunden, nachdem er gegen seine Krämpfe eine Handvoll Magnesiumtabletten geschluckt hat. Die Fahrer Paúl, Henry und Ernesto sehen grau aus und wie um ein Jahrzehnt gealtert. Nacheinander und wie in Zeitlupe erklimmen sie die Treppen zur ersten Etage in Richtung Bett. Staksend, steif und ohne emotionale Regung. Hätten sie jetzt die Arme nach vorne gestreckt, man hätte sie mit Untoten verwechseln können. Mein Zittern, Folge von Vibration und Erschöpfung, hat erst aufgehört, nachdem ich mir in Motorradkleidung fünf Minuten Verschnaufen auf dem Bett gegönnt habe. Nun stehen Axel, Florian, Thorsten und ich am Fuß der Treppe und grinsen unseren peruanischen Kollegen hinterher.

Als sie aus unserem Blickfeld geschlurft sind, schauen wir uns an: wenigstens noch ein Bierchen und ein Sandwich um die Ecke? Klar, aber logisch! Leider ist um die Ecke schon alles wie ausgestorben, und wir nehmen ein Taxi in die Innenstadt. Während der fast halbstündigen Fahrt beschwören wir uns gegenseitig geradezu:

»Ich bin völlig am Ende und total durchgefroren«, sage ich, »für mich heute nur ein Bier, ich fahre gleich zurück ins Bett!«

»Höchstens ein Gin Tonic!«, sagt Thorsten und kann seine Augen dabei fast nicht mehr aufhalten.

»Seh' ich genau so«, meint Florian, »kurz was einschieben und dann ab in die Falle!«

»Ich bin so müde, ich weiß gar nicht mehr, wie ich heiße«, pflichtet Axel bei, »schnell ein Bierchen, und das war's dann für mich.«

Als wir ins Bett gehen, ist es zwischen sechs und sieben Uhr in der Frühe, eine typische Road-to-Hell-Nacht. Tag 24: 1150 Kilometer geschafft und kein bisschen weise.

Tag 25

Der Kamera-Hermes

Es soll eigentlich unser freier Tag werden, wie wir beim Frühstück nicht müde werden zu betonen und wie Lorena uns hoch und heilig versprochen hat. Was davon übrig bleiben soll, ist Folgendes: Jener Techniker aus Santiago, der sich gestern und sogar noch heute früh telefonisch bereit erklärt hatte, auch an diesem Sonntag unsere defekte Kamera zu inspizieren, hat sich in Luft aufgelöst, als Thorsten am vereinbarten Treffpunkt erscheint. Wir jagen ihm hinterher, aber er bleibt verschwunden. An unserem »Ausruhtag« ist in Wirklichkeit so viel zu reparieren, zu organisieren und zu säubern, dass er sich im Nachhinein als ganz normaler Arbeitstag herausstellt. Immerhin: Die geschundenen Fahrer können sich nach ihrer gestrigen bisherigen Rekordanstrengung ohne nennenswerte Pause ein wenig erholen.

Schon jetzt laufen unsere Drähte nach Europa, Brasilien und Argentinien heiß. Im Prinzip müssen wir uns auf drei denkbare Varianten unseres Schicksals vorbereiten.

Erstens (völlig unwahrscheinlich): Die defekte Lasereinheit der Kamera lässt sich geschwind reparieren oder auswechseln. Dann sagen wir alle in die Wege geleiteten Rettungsaktionen einfach wieder ab.

Zweitens (wahrscheinlicher): Die Kamera bleibt kaputt, aber wir finden eine andere vor Ort. Es müsste aber eine mit unserem Format kompatible Kamera sein, weder irgendeine analoge noch eine, die auf dem amerikanischen NTSC aufzeichnet (»*never the same colour*«), und schon gar nicht eine dieser halbprofessionellen Mini-DV-Apparate (die haben wir selbst als Ersatz dabei). Die Bildqualität ist ein Witz gegenüber Full HD. Unsere Chancen, praktisch sofort an eine neue Kamera zu gelangen, die unseren Standards entspricht, liegen bei gefühlten eins zu zwanzig.

Drittens (am wahrscheinlichsten): Kamera bleibt kaputt, und wir finden in ganz Südamerika (Santiago/Buenos Aires/São Paulo) keinen Ersatz. Dann bleibt nur die Möglichkeit, dort für Ersatz zu sorgen, wo wir unsere Wurzeln haben, in Baden-Württemberg.

Option zwei und drei werden vorbereitet, und am nächsten Morgen, als der Techniker schließlich aus dem Nichts auftaucht und sich wie erwartet bald herausstellt, dass der Laser nicht mehr zu gebrauchen ist, geht alles sehr schnell.

Mit einem Anruf wird Variante drei in Gang gesetzt, Augenblicke später ist Kamerakollege Thomas Schneider aus der Ulmer Gegend in Richtung Stuttgart unterwegs, holt die Ersatzkamera ab und begibt sich nach Frankfurt. Dort steigt er in den bereits reservierten Flug über Paris bis nach Santiago de Chile und Temuco, und dreißig Stunden später wird Henry die neue PDW-700-HD-Kamera abholen, mitsamt Thomas, unserem Kamera-Hermes. Der Drehausfall wird sich, wenn alles klappt, in Grenzen halten.

Man kann argumentieren: warum so ein Aufwand? Kamera eins funktioniert ja noch! Tut sie auch, die Frage ist nur: wie lange noch? Selten haben zwei Kameras in so kurzer Zeit so viele extreme Belastungen aushalten müssen: Sanddünensand und große, trockene Hitze, gefolgt von Eiseskälte mit Regen, Hagel und Schnee, gefolgt von Salz in jeder denkbaren Form und Temperaturen zwischen plus zwanzig bis minus fünfzehn Grad innerhalb weniger Stunden, gefolgt von feinem Pulverstaub in Bolivien, der sich in die feinsten Ritzen einnistet, und das auf über fünftausend Metern Höhe, gefolgt von gröberem Staub und einer trockenen Wüstenhitze mit bis zu fünfundvierzig Grad und *last but not least* die kühle, feuchte Meeresluft am Strand des Pazifiks. Die zweite Kamera hat diese »Tour de Latino-Ländle« schon nicht mitgemacht, und wenn auch noch Kamera eins den Geist aufgibt, können wir gar nicht mehr drehen, unser kompletter, fein gesponnener Zeitplan wäre damit hinfällig. Und wenn das auch noch in Feuerland am Ende der Welt geschehen würde: ein logistischer Horror, gleichbedeutend mit dem Ende der Dreharbeiten und vermutlich sogar mit dem Aus für unseren Film. Das ist jedenfalls keine Option, und deshalb minimieren wir unser Risiko, so gut es eben geht.

Auch technisch ist unsere Reise ein Mammutunternehmen, ohne gute Kontakte, gute Ideen und vor allem gute Nerven wäre man aufgeschmissen. Vor allem einer in unserer Truppe hat all das: Thorsten.

Tag 26

Flashback

Nach einem grottenschlechten Frühstück mit Instantkaffee aus Probetütchen, lauwarmem Wasser und einer verheerenden Brötchenbeilage geht es schon wieder los. Wir können nicht fassen, was aus unserer gestrigen Eintagesfreizeit geworden ist. Nicht eben euphorisch klemmen Chris (dessen Krämpfe sich vorübergehend gelockert haben) und ich uns auf die Zweiräder und die drei Fahrer hinter ihre Lenker. Es geht los, im automobilen Gänsemarsch ...

»Wer vorfährt und die anderen verliert, wird am Straßenrand zurückgelassen!!!«

... hinaus aus der Hauptstadt. Eigentlich wollten wir uns noch in Ruhe Santiago de Chile anschauen und dabei drehen, wie Chris und ich am Präsidentenpalast La Moneda vorbeifahren, in dem der sozialistische Präsident Salvador Allende im November 1973 gegen den Putschisten, späteren Langzeitdiktator und Menschenrechtsverletzer General Pinochet unterlag und daraufhin Selbstmord verübte.

Wir hätten liebend gerne gemeinsam ein Fläschchen Rotwein auf einem der Weingüter getrunken und dabei die Kameras laufen lassen. Im Jahr 2008 hatten wir unter der Regie von Verena »Obi Wan« von Schönfeldt aus Buenos Aires die Weinanbaugebiete Argentiniens mit denen in Chile verglichen und dabei die Anden von Ost nach West überquert. Titel: »Liebe, die durch die Traube geht«. Eine ARD-Weltreise unter übelsten, unzumutbaren Produktionsbedingungen: ständig gezwungen sein, Wein zu trinken, diesen furchtbaren Malbek oder diesen grausigen Carmenère, ständig saftige Steaks essen müssen und diese mal witzigen, mal imposanten und mal schrägen Winzer kennenlernen – eine echte Tortur, die mich traumatisiert zurückgelassen hat, zu der ich mich aber angesichts des umfassenden Bildungsauftrags der ARD jederzeit wieder überreden lassen würde.

Doch solche ästhetischen Exkurse müssen wir angesichts eines Blickes auf den Kalender ersatzlos streichen. Durch unser unfreiwilliges Abenteuer auf dem Salzsee und die Panne mit der Kamera hängen wir mittlerweile drei Tage hinter unserem Zeitplan zurück. Unsere Fähre nach Patagonien ist längst gebucht, sie legt in genau vier Tagen ab. Mit uns oder ohne uns! Wir dürfen sie auf gar keinen Fall verpassen. Andererseits: Einfach aufgeben und eine komplette Geschichte streichen? Nicht mit uns, und schon gar nicht diese ganz und gar besondere Geschichte, wegen der wir morgen in Pucón ankommen wollen.

Schon nach einer Stunde und neunzig Kilometern Fahrstrecke, wir bewegen uns jetzt wieder auf der legendären Panamericana, kommen wir an der Autobahnausfahrt Rancagua vorbei. Schon 2006, also in meinem ersten Jahr als ARD-Korrespondent in Südamerika, haben wir dort eine der raren Geschichten produziert, in denen es um Wirtschaft geht. Das ist gerade in Südamerika nicht unbedingt das, was die Redaktionen herbeisehnen, weil bei der Ökonomie Emotionen selten eine Rolle spielen. Aber wir konnten den Beitrag dann doch platzieren, als Weltspiegel, und noch immer erzähle ich gern von unserer Sprachlosigkeit, als der »Oberleutnant« endlich vor uns lag.

April 2006: Chile beherbergt die beiden größten Kupferminen der Welt, nämlich Chuquicamata im Norden und in der Landesmitte El Teniente (spanisch für »Der Oberleutnant«). Im Norden wird über Tage gefördert und in Zentralchile unter Tage. Man fährt aus Rancagua nochmals rund vierzig Kilometer nach Osten in die Anden hinein zum Eingang des Bergwerks. Wer nach einer Gefahreneinweisung und dem Anlegen von orangefarbener Signalkleidung dachte, nun würde es im Pkw weitergehen, sah sich getäuscht. Man fuhr mit dem Bus! Wie auf einer gut ausgebauten Landstraße ging es immer tiefer in die Eingeweide der Erde hinein. Ich stellte meine erste jener Fragen, auf die ich eine Antwort bekommen sollte, die mein Verständnis überforderte.

Meine Frage an eine Pressesprecherin, die im Bus neben mir saß: »Wie viele Kilometer beträgt das gesamte befahrbare Streckennetz unter Tage?«

Ihre lapidare Antwort: »2600 Kilometer«.

Schon seit hundert Jahren wird hier Kupfer gefördert, und von Jahr zu Jahr schneller und effektiver. Immer poröser wird der Berg, auf dem die Kumpel auf acht Ebenen gleichzeitig arbeiten. Die Nachfrage nach Kupfer ist gigantisch, denn unter anderem werden Stromkabel daraus gefertigt. Ohne das Schwermetall versänken die Metropolen der Welt in Dunkelheit, ohne diesen Rohstoff bräche das Internet zusammen.

Wir trafen Juan Galvez, einen der Arbeiter. Auch er trug die gleiche leuchtende Schutzkleidung und die gleichen Sicherheitsschuhe mit eingearbeiteten Stahlkappen. Was unterschied den Sechzigjährigen von uns Besuchern außer seinem Alter? Es war die schiere Selbstverständlichkeit, hier zu sein. Wir kamen aus dem Staunen gar nicht wieder heraus, bei ihm lag dieses Staunen vierzig Jahre zurück, als er zum ersten Mal in dieses Monstrum ohne Tageslicht eingefahren war. Wir gingen zusammen in die Kantine im Abschnitt vier, für den er als Vorarbeiter zuständig war. Und waren schon wieder sprachlos. Wie hatten wir uns eine Kantine in einem Kupferbergwerk vorgestellt? Einfacher, improvisierter, dreckiger und vor allem kleiner. Aber was sich da vor uns auftat, nachdem wir die Schwingtür aufgestoßen hatten, könnte auch in einer Mensa in Köln stehen oder einem Speisesaal bei BMW in München. Dreihundert, vierhundert Männer saßen auf langen, perfekt polierten Bänken nebeneinander, karierte Tischdecken auf den Esstischen, selbst die Wände waren betoniert, und man verlor das Gefühl, gerade eintausend Meter unter der Erdoberfläche zu sein. Und es war nur eine von zehn Kantinen! Hier unter Tage gab es Büros, Aufenthalts- und Konferenzräume. Das Essen, das der Arbeitgeber, die staatliche Codelco, den Angestellten vorsetzt: Prima, fanden wir. Nur einen gab es, der das nicht so sah, denn er war besonders wählerisch: Juan Galvez. Er kramte einen Henkelmann hervor, den seine Frau Angélica, die wir später auch noch besuchten, für ihn vorbereitet hatte. Er wertete unsere Blicke als Frage und hatte recht damit. Einen offenbar fantastischen Eintopf mit einem langen Aluminiumlöffel schöpfend, sagte er:

»Natürlich ist es einfacher und praktischer, hier zu essen. Aber hier, in dieser Kantine«, er schaute bei diesem Satz verträumt ins Ungefähre am Ende des Raumes, »gibt es keine so begnadeten Hände, wie meine Frau sie hat!« Liebe geht durch den Magen, selten hatte dieser uralte Spruch für mich so sehr zugetroffen wie im »Oberleutnant«.

Dann besuchten wir Juans Arbeitsplatz und sahen dabei an einem bestimmten Stollenabschnitt einen Verladebahnhof, an dem alle zwei Minuten ein Minenzug seine steinerne Ladung in die Weiterverarbeitungsschächte kippte. Zwanzig Loren schwangen zur Seite, Kraaaaaaach!, ruuummmms! Ohne Wachskugeln im Ohr würde man sehr schnell taub.

»Wie viel Gestein wird denn hier abgeladen?«

»Nun«, schrie Juan, »von diesen Schächten gibt es mehrere im Berg, und an jedem werden dreitausend Tonnen pro Stunde verladen.«

Dann fuhren wir mit überdimensionierten Aufzügen ein paar Etagen tiefer. Besondere Vorsichtsmaßnahmen waren vonnöten, Splitterschutzbrillen und eine weitere Einweisung, denn Juans Arbeitsplatz war das Herzstück der gesamten Anlage.

Wir gelangten in einen turnhallenartigen Raum, der aber doppelt so hoch war und damit an einen Würfel erinnerte. In der Mitte: ein riesiger Stahltrichter. Oben hatte er einen Durchmesser von fast fünfzig Metern, unten war er nur noch fünf Meter breit.

»Achtung!«, schrie Juan und wies auf einen von mehreren Stahlschächten, die von oben in den Trichter reichten. Er drückte die Ohrenschützer, die man uns gegeben hatte, fest an den Kopf, und Sekunden später wussten wir warum: Durch die Schächte ergoss sich eine Flut aus Geröll in den Trichter, sodass alles zu vibrieren begann. Es war die Ladung eines der Minenzüge. Und dann sahen wir ins Zentrum des Ungetüms: ein überdimensionierter Sektkorken, stählern und mit Schichten aus Diamant bestückt.

In seiner Kommandozentrale, wo es einige Dezibel leiser war als direkt neben dem Trichter, bediente Juan »seine« Maschine: den Korken. Er wurde von allen der *crasher* genannt. Mit ihm zermalmte Juan die Gesteinsbrocken aus dem Bergwerk, die manchmal die Größe eines Pkw haben. Steter Tropfen höhlt den Stein, sagt man. Juans *crasher* brauchte dafür Sekunden.

»Wir produzieren hier das Einkommen Chiles«, sagte der Fan von Hausmannskost. »Wenn wir mit unserer Produktion so weitermachen, wie geplant, und wenn der Preis für Kupfer noch weiter steigt, dann werden wir ein sehr bedeutendes Land sein!«

Ein Tag wie jeder andere in El Teniente: Einhunderttausend

Tonnen Gestein wurden gesprengt und mit Juans *crasher* zermahlen, um eintausend Tonnen Kupfer, reinstes Kupfer, zu gewinnen. Vor allem eine Nation giert nach dem Rohstoff des Andenlandes. Ein Nimmersatt, der ohne Kupfer nicht weiter wachsen kann: das Reich der Mitte. Die Marktwirtschaftskommunisten aus China haben sich Anfang 2006 bei den Kupferkönigen aus Südamerika regelrecht eingekauft. Vierzig Prozent aller weltweiten Kupferreserven liegen in Chile, und nicht weniger als die Hälfte davon hat sich China einverleibt: garantiert, jahrzehntelang. Wie ein Süchtiger, der immer mehr Stoff braucht.

Am Ende sahen wir noch, wie die Funken sprühten. In Asbestschutzanzüge vermummte Arbeiter gossen das rotgelb glühende, flüssige, 1084 Grad heiße Schwermetall in die Formen. Sie werden auf Güterzügen zum Hafen von Valparaíso abtransportiert und dort auf Containerschiffe geladen, die den Pazifik überqueren. Stets mit einem Ziel: China.

Letzte Einstellung: Juan verließ den »Oberleutnant«, zusammen mit seiner Schicht stieg er in die ungezählten Busse. Sechstausend Arbeiter spuckte die Megamine aus, und sechstausend saugte sie Minuten später wieder ein.

Zwölftausend Kumpel: ein Ameisenstaat.

Zurück zu unserer Reise über die Anden bis ans Ende der Welt. Auf der Autobahn Richtung Süden passieren wir die Ausfahrten zur Stadt Talca, wenige Kilometer später biegt die Landstraße L-30 M nach Westen ab, zum Pazifik in das Küstendorf Constitución, das nach einer doppelten Naturkatastrophe gerade wieder aufgebaut wird: Das Erdbeben und der darauf folgende Tsunami im Februar 2010 brachten Thorsten und mich zum ersten Mal mit Tonmann Axel in Kontakt. Erinnerungen an unsere erste gemeinsame Drehreise werden wach, Erinnerungen an eine sehr strapaziöse Woche und an die katastrophalen Folgen eines einzigen Augenblicks. Ich fahre mit meinem Motorrad so nahe an den Teamwagen heran, bis ich Blickkontakt mit meinen beiden Mitstreitern von damals habe. Beide nicken wortlos. Rückblick.

Santiago de Chile, 27. Februar 2010, kurz nach halb vier Uhr nachts. Eine Überwachungskamera in Santiago filmte, wie einige Nachtschwärmer gerade nach Hause fuhren; andere saßen noch immer in Restaurants, Bars oder Diskotheken. Die meisten aber schliefen. Wo immer er war, kein Chilene würde diese Nacht jemals vergessen. Es war 3.34 Uhr und 20 Sekunden. Die Kamera begann zu vibrieren, erst leicht und dann immer stärker, bis gar nichts mehr zu erkennen war, alles verschwamm, alles bebte.

Was Chile erschütterte, war mit 8,8 auf der Richterskala eines der sechs stärksten Beben, die jemals gemessen wurden (das stärkste aller Beben mit einem Wert von 9,5 auf der Richterskala ereignete sich 1960 ebenfalls in Chile). Die tektonische Verschiebung der pazifischen Nazca-Platte unter die südamerikanische um jährlich gut sechs Zentimeter löst regelmäßig schwere und schwerste Beben aus. Nach dem Erdbeben in Peru im August 2007 war dies bereits unser zweiter Katastropheneinsatz am Pazifik. Die Opferzahlen hielten sich Gott sei Dank in Grenzen (521 Tote und 56 Vermisste), aber die Kraft der Erdstöße in Chile war gewaltig: Nach dem Beben von 2010 sollten sich die Rotation der Erde beschleunigen, die Länge eines Tages um 1,26 Mikrosekunden verkürzen, die Erdachse um acht Zentimeter verschieben, und weite Teile Südamerikas sollten um bis zu drei Meter versetzt werden.

Fünfzehn Minuten nach dem Erdstoß mit der Stärke 8,8 folgte ein Tsunami, acht bis zehn Meter hoch bäumte sich die Welle auf, als sie wütend über das kleine Städtchen Constitución hereinbrach, zu dem Thorsten, Axel und ich uns sofort aufmachten. Zwei Naturgewalten, die ihre zerstörerischen Kräfte potenzierten und den Ort am Pazifik in Schutt und Asche legten: Fünfundneunzig Prozent aller Häuser waren zerstört.

Nach einer abenteuerlichen Reise durch drei Länder Südamerikas erreichten wir die Grenze zu Chile in aller Herrgottsfrühe. Wegen der Zerstörungen auf den Landebahnen waren alle chilenischen Flughäfen gesperrt, und wir mussten von Mendoza in Argentinien mit einem eilig angemieteten Taxi einen kleinen Andenpass nehmen. Wir waren das erste ausländische Team, das im ehemaligen Hafenstädtchen Constitución ankam, und unsere ersten Eindrücke waren gespenstisch. Holzbalken ehemaliger Dächer auf den Straßen, Kinderspielzeug, Fernseher, Pfannen, Teile von Bettgestellen, Sofas, Pkw, Wände mit klaffenden Wunden, Wohnhäuser, die einfach in sich zusammengefallen waren. Eine eiskalte Stille lag über den Ruinen, die Menschen, die vereinzelt um wärmende Lagerfeuer standen, in Decken gehüllt, waren traumatisiert. Was sie erlebt hatten, konnten wir uns kaum vorstellen. Es wurde wenig geredet, die Männer hingen ihren eigenen Gedanken nach. Doch als wir die erste Frage stellten, sprudelte es aus ihnen heraus, als könnten sie gar nicht mehr aufhören zu sprechen.

»Es war ein sehr, sehr starkes Beben, und es hat eine Ewigkeit gedauert, ich schätze, es waren fast vier Minuten«, sagte ein Mann in zerschlissenen Hosen, das Gesicht grau vor Staub und Traurigkeit. »Mein Haus ist sofort in sich zusammengestürzt. Ich konnte es in letzter Sekunde verlassen und auch meine Familie aus den Trümmern befreien. Danach haben wir ein dumpfes Grollen gehört, das immer lauter wurde. Es war diese Welle, die vom Meer her kam. Wir konnten uns auf einen nahe gelegenen Hügel retten, das Wasser kam bis hierher, bis in unsere Straße!«

»Wie weit ist das Meer von hier entfernt?«, fragte ich den Mann.

»Das sind drei Blöcke, also ungefähr 450 Meter.«

Wir begleiteten den Schreiner Patricio García in die Trümmer seines Hauses und seines Lebens. Vier miteinander verwandte Familien lebten hier zusammen, bis das Beben kam. In diesem Raum, sagte Patricio, sei eine Verwandte gestorben: seine Tante Luisa.

Sie war siebzig und hatte es nicht mehr nach draußen geschafft. Im Hinterhof des zerstörten Anwesens: ein Holzsarg und darum versammelt die Familienmitglieder. Totenwache in eisiger Kälte.

Als es langsam hell wurde, verwandelte sich die nächtliche Ahnung vom Ausmaß der Zerstörung langsam in Gewissheit. Große Schiffe von dreißig Metern Länge waren ins Landesinnere gespült worden, Busse hatten sich wie Spielzeug um Felsen geknotet. Am unwirklichsten aber dieses zweistöckige, riesige Mehrfamilienhaus neben dem Ufer, in dem statt des Daches ein ganzer Fischkutter hing. Die zweite Welle der Zerstörung war vom Pazifik her gekommen und hatte mit furchtbarer Gewalt alle Stadtviertel in Strandnähe getroffen. Von ihnen und ihren Bewohnern gab es nur noch eine Ahnung. Die Behörden gingen davon aus, dass Hunderte Menschen von dem zurückrollenden Tsunami ins Meer gerissen worden waren. 103 bestätigte Tote gab es bereits in Constitución, sie lagen nebeneinander aufgebahrt in einer Turnhalle. Bilder, die man nie mehr vergisst.

Es fehlte an Wasser, Strom, Benzin, warmen Decken für die kalten Nächte und – Nahrung. Mit anderen Worten: Es fehlte an allem. Noch immer, es war Tag drei nach dem Beben, noch immer war in Constitución keine medizinische Hilfe von außen angekommen, kein Sack Reis, kein Wassertransport, keine Rettungskräfte, kein Räumgerät. Die kleine Stadt war in ihrer totalen Verzweiflung auf sich allein gestellt. Und Familien wie die Bravos: Vier Mitglieder dieser Familie waren gestorben. Ihre Schwestern, Brüder und Großeltern bargen die Leichen mit eigenen Kräften: den Vater, die Mutter, ihre große Tochter und die kleine. Sie war erst fünf Monate alt.

Notizen tauchen jetzt aus der Vergangenheit auf, Erlebnisse, Begegnungen. Erinnerungen an das, was wir sonst noch so in Chile getrieben haben, etwa die Reportagen über die Bergleute von Copiapó, die ausgerechnet in diesen Tagen geborgen werden, oder an den Winter 2008, als wir die Anden mit Huskys von Chile nach Argentinien überquert haben. An ein Exklusivinterview mit der damaligen Präsidentin Bachelet im Regierungspalast und an zwei Wahlen. An unseren Weltspiegel über den unglaublichen Qualitätsunterschied von öffentlichen und privaten Schulen und damit auch über die Zementierung der chilenischen Zweiklassengesellschaft sowie an all die anderen Geschichten, die das ARD-Büro Südamerika in diesem Land gedreht hat. Und, ja, die vielen Reportagen aus Bolivien und Peru ...

Und plötzlich wird es mir klar: Diese Reise ist nicht zuletzt so etwas wie ein Miniaturquerschnitt unserer bisherigen Arbeit, ein Vorbei-gleiten-lassen der Spielorte unserer Geschichten, ein Déjà-vu für den ARD-Korrespondenten nach fünf Jahren in Südamerika, eine andine Collage von Erinnerungen und ein vorgezogener Abschied: Ende 2011, nach dann insgesamt sechs Jahren, werde ich eine andere Aufgabe übernehmen, und andere Kolleginnen oder Kollegen werden durch Südamerika reisen. Ein Tröpfchen vorweggenommener Wehmut auf einer Abenteuerreise. Nicht geplant, aber unvermeidlich.

Ansonsten: 570 Kilometer bis zum Hostal Cabañas Flamingo Inn. Eine Dame im Einzelzimmer und zwei mal vier Herren in jeweils einer Holzhütte. Chris wird von Axel, Florian und mir mit einem eigenen Zimmer hofiert, während wir nebeneinander auf Pritschen schlafen, zwischen die nicht mal ein Koffer passen würde. Chris ist erstaunt und fühlt sich geschmeichelt. Doch in Wirklichkeit ist diese Vorzugsbehandlung eine eiskalt berechnete Vorsichtsmaßnahme: Chris neigt des Nachts zu veritablen Schlafgeräuschen, und auf diese Weise liegen zumindest zwei hauchdünne Holzwände zwischen ihm und uns.

In mittlerweile fast vier Wochen kommt man sich näher, ob man das schätzt oder nicht. Dieser permanent leidende Ausdruck von XX, obwohl es allen schlecht geht. Dieses Schlürfen von YY beim Frühstück, das manchen von uns frühzeitig an die frische Luft hinaustreibt. Diese Hysterie, jener Fatalismus, und warum muss der Mann immer so langsam fahren, findet er den zweiten Gang nicht? Der Korrespondent versemmelt das Nachtmahl, die Producerin vergisst die Getränke, jeder trägt etwas bei, so gut er kann. Menschliche Defizite lassen sich auf die Dauer nicht verbergen, zu anstrengend ist das, was wir uns vorgenommen haben. Die Konsequenz: Der eine wird gereizt, der andere apathisch, der eine redet noch mehr, der andere noch weniger. Es gibt Gerede hinter Korrespondentenrücken und abfällige Bemerkungen, Sorgenfalten und kritische Blicke. Aber all das hält sich total im Rahmen, unsere peruanischen Freunde haben schon völlig andere Kleinkriege mitgemacht und wir sowieso. Für die Intensität, mit der wir täglich sechzehn bis einundzwanzig Stunden aufeinander hängen, verläuft die Reise erstaunlich harmonisch. Ganz erstaunlich harmonisch.

Tag 27

Unaussprechlich

Das Frühstück im Flamingo Inn ist an Einfachheit nicht mehr zu überbieten. Ich kann vor allem dieses runde, furztrockene Weißbrot nicht mehr riechen und begnüge mich erneut mit einem Instantkaffee und einer Morgenzigarette, die ich draußen vor dem Haus im ersten Tageslicht genieße.

Die Ortsnamen beginnen die gewohnten hispanischen Silben zu verlieren und ändern sich sukzessive in Pitrufquén, Curarrehue und Huiscapi, die Seen heißen Huilipilun, Moquehue und Huesquefilo. Wir sind im Gebiet der Mapuche, einer indigenen Völkerfamilie, die vom chilenischen Staat unterdrückt wird.

Den Mapuche war es als einzigem indigenem Volk in Südamerika über Jahrhunderte gelungen, den spanischen Konquistadoren erfolgreich Widerstand zu leisten, immer wieder fügten sie den zahlenmäßig überlegenen Truppen empfindliche Verluste zu, eine Folge ihrer Kriegstechnik, ihrer Unerschrockenheit und ihrer hervorragenden Ortskenntnis. Auch heute noch kämpfen die Mapuche für das Überleben ihrer Sprache, Mapudungun, und ihrer Kultur. Besonders bitter wurde es für die Ureinwohner zu Beginn des 20. Jahrhunderts, als Großgrundbesitzer ihnen ihre Stammesgebiete wegnahmen und immer mehr Mapuche in die Großstädte abwandern mussten.

Unter dem Sozialisten Allende, der die Latifundien zu verstaatlichen begann, verbesserte sich die Lage kurzfristig, denn die Mapuche erhielten zumindest Teile ihres früheren Landes zurück; selbst ein zweisprachiger Schulunterricht sollte bald eingeführt werden. Doch dann, nach dem Ende der Ära Allende, wurde alles noch schlimmer: Unter Diktator Pinochet wurde sogar geleugnet, dass es Mapuche überhaupt gebe. »Es gibt keine Ureinwohner«, pflegte der spätere Intimus von Franz Josef Strauß zu sagen. »Wir sind alle Chilenen.« Die Enteignungen gingen beschleunigt weiter, die Kultur und die Sprache der Mapuche wurden verboten, und auf den Erhalt ihrer angestammten Lebensräume wurde keine Rücksicht mehr genommen. Die vierzehn demokratischen, postdiktatorischen Verfassungsänderungen seit 1990 und selbst die große, konstitutionelle Reform von 2005 haben daran im Prinzip nichts geändert: In Chile wird bis auf den heutigen Tag den Urvölkern keine Sonderstellung eingeräumt, wie es im Rest Südamerikas sonst weitgehend die Regel ist.

Gerade in dem Gebiet nördlich und westlich der Stadt Temuco (bis hinüber nach Argentinien), in dem wir uns jetzt aufhalten, kommt es nachgerade regelmäßig zu Landkonflikten zwischen der chilenischen Regierung (sowie – in verminderter Härte – auch der argentinischen Regierung) und den Mapuche. Deren Aufsässigkeit, die einst bereits die spanischen Eroberer fürchteten, hat sich bis heute in gewisser Weise erhalten: Immer wieder kommt es zur Bildung radikaler Gruppen, die Straßen sperren, zu Streiks aufrufen, den Ordnungskräften Widerstand leisten. Viele von ihnen lehnen es sogar ab, sich als Chilenen zu definieren.

»*Mapu*« bedeutet auf Mapudungun »Erde«, und »*che*« ist der »Mensch«. Für die »Menschen der Erde« ist die Beziehung zu ihrer früheren Heimat und ihrem früheren Territorium ungeheuer wichtig, und die Araukarie gilt ihnen als heilig. Dieser zu Patagonien gehörende, bis zu fünfzig Meter hohe Baum mit seinen unglaublich harten, dachziegelartig verschachtelten Blättern ist überall in der Region so oft abgeholzt und von Talsperren unter Wasser gesetzt worden, dass er von der International Union for Conservation of Nature and Natural Resources (IUCN) bereits als gefährdet bezeichnet wird.

Wir haben einmal (bei unserer winterlichen Andenüberquerung mit Huskys) Station bei Mapuche gemacht. Der lokale Vorsteher führte uns zu einer großen Fläche, auf der ein mächtiges Industrieunternehmen ein Werk errichten wollte. Als der alte Mapuche mit seiner *chiripa* (eine kurze Hose), seinem braungrauen, riesigen Poncho* und in seinen durch den Schnee feuchten und eiskalten Ledermokassins dann vor diesem Wald aus bis zu zweitausend Jahre alten Araukarien stand, die bald gefällt werden sollten, begann er zu weinen. »Wenn eine Araukarie stirbt«, sagte er, »dann stirbt ein Teil von uns!«

Über die Bundesstraße 199 biegen wir von Freire nach Südosten ab und erreichen den Lago Villarrica, den wir südlich bis in die Touristenhochburg Pucón umfahren. Jedes zweite *»restorant«* ist deutsch geführt, viele frühe Aussiedler und späte Aussteiger haben sich hier in einer Umgebung niedergelassen, die an den Baye-

---

* Das aus dem Spanischen ins Deutsche übernommene Wort stammt übrigens aus den Anden und lehnt sich an Bezeichnungen für diese Art Umhang in den indigenen Sprachen der Andenbewohner an: *punchu* auf Quechua, *pontro* auf Mapundungun.

rischen Wald, an die Region um den Bodensee, manchmal auch an Norditalien erinnert. Gerade fünfzig Kilometer Luftlinie sind es bis zur argentinischen Grenze, allein in der unmittelbaren Umgebung von Pucón gibt es drei Vulkane. Natürlich wollen wir sie filmen, gleich bei unserer Ankunft, doch von ihnen ist heute rein gar nichts zu sehen, sie liegen in Wolken eingehüllt. Und so soll es zunächst auch bleiben.

Weshalb wir aber eigentlich hier Station machen, wird bei einem abendlichen Gespräch in einer Musikkneipe unter Dach und Fach gebracht. Wir treffen uns mit Sergio Vidal, einem Kajakprofi, und seinen Kumpeln Rodrigo, Momo und José zu einem Vorgespräch. Es handelt sich um Extremsportler, die ihr halsbrecherisches Hobby nicht auf Sand gebaut haben, wie die Jungs in Nazca, sondern sich dafür ein anderes Element ausgesucht haben, das es hier in Zentralchile im Überfluss gibt: Wasser.

Sergio ist der Chef der Truppe. Während wir über die Dreharbeiten der beiden nächsten Tage reden und so etwas wie einen Plan entwickeln, holt er aus seinem Rucksack einen Laptop heraus. Die Fotos, die er uns in einer kleinen Desktop-Diashow präsentiert, lassen uns urplötzlich daran zweifeln, ob es eine gute Idee war, hierher zu kommen. Vor allem das Lächeln von Chris wird immer künstlich-hysterischer. Mein peruanischer Freund hat nichts gegen Erdhügel, Schlammwege und Wüstentouren, aber bei den Themen Meer, See und Fluss fühlt er sich einfach nicht heimisch. Und bei diesen Bildern erst recht nicht: Sergio und seine Höllenreiter springen mit ihren Booten von immer höheren Wasserfällen herunter, es spritzt, es donnert, es rauscht. Und mitten in diesem Inferno: unsere Jungs mit ihren Neoprenanzügen. Sie sind Extremkajakfahrer, um Himmels willen! Mit ihnen zusammen wollen wir morgen und übermorgen zu einem Trip auf den wilden Flüssen aufbrechen, die diese Region am Rand der Anden zu einem Paradies für Wasser- und Extremsportler aller Schattierungen machen.

Der Fahrplan ist entworfen, wir trinken zusammen noch einen Krug eiskaltes Bier und essen einige Pizzen. Endlich wieder mal Musik im Hintergrund, und die Stimmung schwingt sich schnell in erstaunliche Höhen hinauf. Wenn da nur nicht die Vorahnung auf das wäre, was uns bald erwartet. Besonders Sergios funkelnder, stierer Blick und das geradezu sadistische Lächeln, das seine Lippen umspielt: ein Hinweis darauf, dass seine Lieblingsbeschäftigung nicht allzu weit vom Wahnsinn entfernt zu sein scheint. Na ja, jetzt ist es noch zu früh, in Panik zu verfallen. Erst mal in der Unterkunft einchecken, morgen sehen wir weiter.

Selten haben wir so prima gewohnt: dreißig Dollar pro Nacht und Nase. Wir wohnen in den Cabañas Playa Linda auf der anderen Seite der Bundesstraße, die südlich um den Lago Villarrica herumführt. Sauber ist es in den hölzernen Hütten, einen Holzofen gibt es und draußen jeweils einen Grill, einen Stromstecker, aus dem Strom fließt, neben einem Küchentisch, auf dem man bequem unser mobiles Schnittstudio aufbauen kann. Und wenn man duscht, hört das heiße Wasser auch nach fünf Minuten nicht auf zu sprudeln, die Besitzer sind supernett und das Frühstück ... Runde, furztrockene ...

Na ja, man kann nicht alles haben. Preisleistungsmäßig aber vielleicht die beste Unterkunft auf der gesamten Reise.

Tag 28

Von Stromschnellen und Nichtschwimmern

Aus Pucón geht es am nächsten Morgen in Richtung Natur. So grün, so saftig! Größter denkbarer Gegensatz zum Norden Chiles. Wir fahren mit einem unserer Teamwagen und den beiden Motorrädern los, der Geländewagen von Sergio ist mit vier übereinandergestapelten Profikajaks bepackt. Dazu kommen auf einem Anhänger noch ein paar aufblasbare Touristenboote, die für uns vorgesehen sind. Als wir an einer Wiese ankommen, direkt neben einem Fluss, entbrennt eine Diskussion mit Thorsten.

»Habt ihr eben die Schafherde gesehen, da oben auf der Weide?«

»Ja«, entgegne ich, »haben wir.«

»Dann sollten wir da drehen, findet ihr nicht?«

»Schafe sind nicht Kajaks«, meint Axel, »was sollen wir denn da?«

»Na«, erregt sich Thorsten, »unsere Ankunft drehen. Ich habe mir das so vorgestellt: Kamera auf der Wiese, Schafe im Vordergrund, und ihr fahrt dann mit den Booten und den Motorrädern durchs Bild. Eine Hammereinstellung!«

»Aber Sergio hat die Kajaks doch schon vom Dach heruntergehievt«, gebe ich zu bedenken, »die liegen alle schon am Boden!«

»Die kann man ja wieder aufladen!«, entgegnet Thorsten beinhart.

»Kann man schon«, ich merke, wie ich langsam genervt bin, »muss man aber nicht!«

»Doch!«

So diskutieren wir noch eine Weile, und ich biete als Kompromiss an, zunächst die Schafsituation in Augenschein zu nehmen, bevor man die Boote wieder auflädt. Das wird schließlich akzeptiert, und ich begebe mich mit meinem Motorrad an den Anfang des Feldwegs, wo die Herde steht. Beziehungsweise wo sie eben stand. Denn nun sind die Tiere auf ihrer riesigen Weide ans andere Ende gelaufen. Luftlinie vom Zaun: zweihundert Meter.

»Sollen wir wirklich?«, frage ich noch einmal zur Sicherheit ...

»Auf geht's, Tommy!« Thorsten bleibt freundlich, aber unnachgiebig.

Gesagt getan: Wir öffnen das Gatter, und ich holpere mit meiner Falcon aufs Feld. Vom Prinzip her die gleiche Situation wie mit Eduardos Lamas in Peru, als Chris und ich uns als motorisierte Treiber betätigten. Aber es gibt leichte Unterschiede: Die peruanischen Lamas wussten, wohin es geht, während die chilenischen Schafe keine Ahnung haben. Die Lamas waren stoisch, die Schafe sind panisch. Und in Peru stand die grobe Richtung fest, da es keine Alternative zu der gepflasterten Straße gab, während die mehrere Quadratkilometer große Weide eine einzige Alternative ist. Die Tiere fliehen vor meinem Motorengeheul nicht im Pulk auf Thorsten zu, sondern teilen sich. Die eine Gruppe rennt nach rechts, die andere nach links. Eine halbe Stunde treibe ich sie so vor mich hin, übrigens ohne erkennbare Fortschritte, bis schließlich ein Bauer auftaucht, der sich als Besitzer der Schafe herausstellt – und als furchtbar sauer. Eigentlich scheint er ein Harmonie suchender Zeitgenosse zu sein, der sich mit Tier und Mensch versteht. Aber das gilt offenbar nicht, wenn ein Motorradfahrer seine Wiesen durchpflügt und seine Tiere in die Nähe eines Herzinfarkts bringt.

Thorsten versucht noch zu insistieren, aber ich falle ihm in den Rücken und verbünde mich mit dem Landwirt: »Genau ..., unmöglich ..., sorry ..., fahren dann mal wieder ...« Jetzt ist der Bauer zufrieden, während Thorsten zu grummeln beginnt.

Zurück auf der anderen Wiese, wo die Kajaks liegen: Chris und ich kämpfen uns in unsere blauen, Wasser abweisenden Kutten und unsere roten, Auftrieb verleihenden Schwimmwesten. Thorsten, Florian und Axel lachen sich scheckig, weil wir wirklich nicht gerade aussehen wie Sylvester Stallone, sondern eher wie Danny DeVito, auch angesichts dieser unvorteilhaften, aufgeplusterten Hosen. Merkwürdig nur, dass das für Producerin Lorena nicht zu gelten scheint: Sie sieht in den gleichen Klamotten aus wie aus dem Ei gepellt. Lorena hat sich ebenfalls eines der aufblasbaren Kajaks geschnappt, als frühere Volleyball-Nationalmannschaftsspielerin ist für sie jede Form von Sport ein willkommener Ausgleich.

Sergio und sein Mitstreiter Rodrigo zäumen ihre Wasserpferdchen. Klack macht es, wenn die Neoprenabdeckung einschnappt. Damit sitzen die Herren im Trockenen. Weitgehend jedenfalls. Letztes Interview, bevor wir ins kühle Nass eintauchen.

»Sergio«, frage ich, »was ist in dieser Region dein ganz persönlicher Lieblingsfluss?«

»Der Río Palguín ist für mich in der Umgebung *der* Favorit«, gibt er zur Antwort und entwickelt schon wieder dieses leicht irre Lächeln. »Das ist kein Zuckerschlecken, es gibt viele Stromschnellen und sehr anspruchsvolle Wasserfälle!«

»Letzte Frage, Sergio. Wie viel Grad hat das Wasser?«

»Vier Grad. Deshalb tragen Rodrigo, Momo und ich Trockenanzüge mit eingebauten Streben, die uns vor einem Aufprall schützen!«

»Danke, Sergio«, sage ich und denke darüber nach, warum Chris, Lorena und ich keine Trockenanzüge bekommen haben und unsere Watschelwesten keine einzige Anti-Aufprall-Strebe besitzen. Dann tragen wir im Gänsemarsch unsere Kajaks ins Wasser. Manchmal kommt das zu hörende Glucksen nicht vom Wasser, sondern aus Richtung der beiden Kameras. Chris und ich sind nicht gerade amüsiert von der Situation, und als wir ins Wasser gleiten, ist Schluss mit lustig, vor allem für Herrn Christopher Gallegos. Seine Abneigung gegen Flüssigkeiten, wenn sie sich nicht in Flaschen befinden, bricht sich von Minute zu Minute mehr Bahn. Auch die vier Grad Wassertemperatur reichen nicht aus, sein Mütchen zu kühlen.

So paddelt er auf dem Fluss, der bei unserem Einstiegsort einen sehr ruhigen See gebildet hat, auf und ab. Wo er gerade unterwegs ist, weiß man automatisch durch die Flüche, die gut hörbar aus seinem Mund dringen.

»Mensch Chris«, versuche ich ihn zu beruhigen, »hier gibt es doch noch gar keine Wellen, warum schimpfst du denn jetzt schon?«

»Ich find' das gar nicht gut«, protestiert er aus seiner roten Weste heraus, »ich bin Motorradfahrer, und kein ... kein ...«

»Kein was?«

»Nun ja, also, im Prinzip ...!«

»Chris: kein was?«

»Tommy, ich kann nicht schwimmen!«

Nun ist es heraus, mit einer geschickten Schleife bringe ich mein Puste-Kajak neben seinem zum Halten und starre in sein Gesicht. Er zieht die Augenbrauen hoch und fügt trotzig hinzu:

»Das stand auch nicht in unserem Produktionsvertrag. Von Schwimmen war niemals die Rede!«

»Na ja, Chris, heute wäre es schon besser, wenn du es könntest!«

»Nein, ich mach' das nicht!« Wie ein aufmüpfiges Kind schlägt er mit seinem Plastikpaddel in den Fluss, der ja auch nichts dafür kann.

»Tut mir leid, Chris, wir brauchen dich im Bild, wenigstens am Anfang! Mach' dich locker, Mann, ist ja nur für ein paar Minuten.«

»¡Mierda!«

Thorsten und *crane operator* Florian haben mittlerweile ihr Teleskopmonstrum am Flussufer aufgebaut, in weniger als einer Stunde. Nun sollen wir zu sechst daran vorbeigleiten: Sergio, Momo, Rodrigo, Chris, Lorena und ich. Hinter einem Weidenbusch soll die Kamera zu Beginn stehen, dann langsam hochziehen und am Ende wieder hinuntergleiten bis zu einem weiteren Busch, hinter dem unsere Paddlergruppe dann verschwindet. Dass Wiederholungen beim Fernsehen der Standard sind, wissen wir zur Genüge. Aber mit dem Motorrad eine Einstellung zu wiederholen ist deutlich einfacher als mit dem Kajak. Denn hier müssen wir gegen die Strömung den gesamten Weg flussaufwärts wieder zurück, bis wir nicht mehr im Bild sind. Nach drei Malen ist Chris mit den Kräften und den Nerven am Ende und braucht eine Pause. Ich nutze die Zeit, um Sergio zu fragen, ob ich es nicht auch mal mit dem Profikajak versuchen könne.

»Klar, Tommy, aber das ist tierisch instabil. Du wirst kentern!«

»Schau'n wir mal«, entgegne ich, klemme mich in das harte Boot, stoße mich vom Ufer ab und – kentere.

Als ich triefend und prustend wieder an die Oberfläche komme, freuen sich meine Kollegen und Kolleginnen mit mir und schwören, diese Szene bis zu ihrem Lebensende jedem zu schildern, den sie träfen.

Die nächste Kranfahrt scheint perfekt funktioniert zu haben, denn wir Paddler hören kein »¡otra vez!« von Seiten der Kameraabteilung und fahren dementsprechend weiter. Die Abmachung ist, dass wir uns weiter unten wieder treffen wollen, an einem Ort, zu dem die Wegbeschreibung relativ einfach wirkt. Also bauen Thorsten, Florian und Axel zusammen mit Fahrer Ernesto den Kran zusammen, und wir sechs paddeln weiter auf dem Río Liucura, ohne groß darüber nachzudenken. Denn eigentlich wäre es besser gewesen, wenn Chris jetzt ausgestiegen wäre. Für ihn spricht, dass er sich nicht lumpen lassen will, gegen ihn, dass er sich plötzlich wieder daran erinnert, wo er gerade ist. Diese Erkenntnis gewinnt er immer häufiger, je schneller die Stromschnellen werden.

Das Drama beginnt jetzt, der anfängliche Sonntagsausflug ist vorbei: Die Wellen bäumen sich auf, der Tanz geht los. Keine Frage, es gibt lange Flussabschnitte, in denen man ästhetisch dahingleitet, unbehelligt von großem Gefälle und den damit verbundenen Widrigkeiten. Doch meistens, so muss man das leider sehen, jagt eine Stromschnelle die nächste. Chris sieht das Ganze aus einer sehr persönlichen Perspektive: der des Nichtschwimmers. Wasser an sich ist für ihn bereits ein Horror, speziell dann, wenn er sich auf einem instabilen Bötchen darauf bewegen muss. Schon während der ersten Stromschnelle beginnt er zu hyperventilieren und flucht lauthals los.

Ich rate ihm noch, zumindest bis zur nächsten Flussbiegung auszuharren, an der sich laut Sergio ruhiges Fahrwasser befindet, sodass man problemlos aussteigen könnte, um dann über einen Waldpfad zu der Straße zu gelangen, auf der unsere Jungs gleich mit dem Geländewagen vorbeikommen würden. Sie könnten Chris mitnehmen.

Mit recht deutlichen Formulierungen wehrt mein Kumpel sich und lässt sich stattdessen lieber von Rodrigo abschleppen. Minuten später, die gar nicht aufhören wollen, ist es geschafft: Chris wirft das feuchte Handtuch und steigt im wahrsten Sinne des Wortes aus. Sein gleichermaßen rüdes wie unverdientes Schicksal beklagend, schlägt er sich in die Büsche, ohne uns auch nur einmal anzuschauen.

Lorena und ich machen weiter, behütet von Sergio, Momo und José. Diese Vorsichtsmaßnahme stellt sich auch als absolut sinnvoll heraus: Die Stromschnellen werden von Mal zu Mal schneller, ihren Lärm hört man immer früher. Und dann türmen sich die Wellenkämme vor einem auf, man muss seine ganze Kraft einsetzen, um die Wellen frontal und nicht seitlich zu erwischen, sonst ist es vorbei! Manchmal, wenn man in einem Wellental ist und nach oben schaut, sind es zwei, drei Meter Wasser, die vor und über einem stehen: eiskaltes, vier Grad kaltes Schmelzwasser aus den Anden. Manchmal sind die *rapidos,* die Stromschnellen, fünfhundert Meter lang, das heißt, mit einmal rechts und einmal links paddeln ist es nicht getan. Und mitten im Weg stehen Findlinge, die man erst kurz vorher sieht und die man am besten irgendwie umschifft. Irgendwie habe ich das Gefühl, Sergio, Momo und José grinsen sich die ganze Zeit 'nen Ast ...

Rodrigo und Momo schnalle ich jetzt eine unserer GoPros an den Schutzhelm, auch Sergios Paddel verpasse ich eine dieser hochauflösenden Minikameras. Später im Schnitt sind diese Szenen ein Segen und machen diesen Teil unserer Reportage in etwa so spannend und authentisch, wie wir selbst ihn heute empfinden.

Dass Chris sich schon zu Beginn verabschiedet hat, ist ein Segen, selbst für eine ausgesprochene Wasserratte wie mich ist das Ganze eine Herausforderung, die es in sich hat. Lorena geht einmal baden, kann sich aber nach einigen Hundert Metern Geplantsche und einigen Litern Eiswasser wieder berappeln, klettert ins Blaseboot und macht weiter. Besonders faszinierend: die zweihundert Meter, auf denen sich der Río Liucura und der Río Trancura vermählen. Gebrochen von Tausenden von Steinen und Geröllbrocken stürzt sich der zweite Fluss in den ersten, das Rauschen und Gurgeln nimmt kein Ende mehr, die Luft ist fast so feucht wie das Wasser unter uns.

Als wir völlig durchnässt und körperlich ausgelaugt an einem Eddy angelangen (so nennen die Extremsportler einen Wasserbereich, in dem das Wasser nur langsam fließt; vergleichbar einem Windschatten), sind wir jedenfalls glücklich, dieses echte Abenteuer ohne größere Schäden hinter uns gebracht zu haben. Ein längeres Interview mit Sergio beim Verladen der Kajaks, und das war's. Während wir uns in unsere trockenen Sachen klemmen, beginnt selbst Chris wieder langsam zu lächeln. Morgen, auf dem Río Palguín, sollen dann die Profis ran.

Abends grillen wir bei einem unserer Blockhäuser, wunderbares Rindfleisch hat Lorena gekauft. Dazu gibt es einen Salat aus Florians Hand und eine exzellente Knoblauch-Kräuterbutter von Thomas Schneider aus Ulm, der heute endlich mit unserer Ersatzkamera angekommen ist. Seine Augen sind nach dreißig Stunden Flug angeschwollen, und damit sieht er jetzt – mehr oder weniger – aus wie wir.

Auch Sergio, Momo und José haben wir eingeladen. Es wird viel über Fernsehen und Kajaks geredet, TV- und Sportlerlatein vom Allerfeinsten, dazu ein chilenischer Roter, und die Welt ist in Ordnung. Gegen halb zwei oder so fragen wir die drei Kajakler, ob sie vielleicht die ersten sechs Minuten unseres Filmes sehen wollen. Begeisterung!

Wir richten den Aufenthaltsraum unserer zweiten Blockhütte in zehn Minuten wie ein Kino her: Der Laptop steht auf mehreren übereinandergestapelten Metallkisten auf Augenhöhe, der PC-Lautsprecher wird angeschlossen und bis zum Anschlag aufgedreht, das Licht wird auf ein Minimum reduziert, die verfügbaren Stühle stehen in Reihen geordnet. Leertaste: Film ab.

Wir freuen uns wie die Schneekönige, dass die drei Extremkajakler mit geöffneten Mündern dasitzen und am Ende anerkennend mit den Köpfen nicken.

Tag 29

Teufelskerle

Der Anfangsvortrag von Sergio lässt an Deutlichkeit nichts zu wünschen übrig, der Morgenappell von Gunnery Sergeant Hartman in Kubricks »Full Metal Jacket« ist ein Singsang dagegen. Wir stehen im dichten Regen auf einer Wiese, die von runden Kuhexkrementen grün-braun gepunktet daherkommt. »Ich will heute keinen von euch im Holzsarg nach Hause bringen«, keift und zischt er uns an, »das heißt, ihr haltet euch an das, was ich euch sage!«

Wenn wir von den Wegen abkämen, sei es so glitschig wie Schmierseife, der Luftweg hinunter bis zum Wasser betrage manchmal vierzig Meter, und wenn man hineinfalle, sei man tot. Übrigens sei man auch tot, wenn man nur fünfzehn Meter falle, aber dafür auf die fast überall anzutreffenden Felsen.

»Okay«, sagen Thorsten und ich unisono, »aber wenn ihr in die Kajaks steigt, das *müssen* wir drehen!«

»Dann brechen wir jetzt ab!«, Sergeant Sergio zeigt uns, wo der Hammer hängt.

Die Situation wird immer unangenehmer, besonders als Thorsten und ich versuchen ihm zu erklären, wo wir schon überall gedreht haben, in ungleich gefährlicheren Situationen.

»Wir waren im Balkankrieg, Mann!«

»Na und?«

»Und in den Überschwemmungen von Mosambik!«

»Na und?«

«Und monatelang in Baghdad!«

»Ende der Diskussion: Ihr bleibt hier oben, oder wir reisen ab!«

Thorsten und ich rollen die Augen und beschimpfen dieses Weichei, fügen uns aber letztlich in das Unumstößliche. Wir wollen den Höhepunkt unseres Zentralchile-Drehs nicht gefährden.

Mit einem vernehmbaren abfälligen »Paaahhh!« setzen Thorsten und ich uns in Gang. Die Gruppen teilen sich: Die vier Kajakler gehen nach links zum Fluss hinunter, und wir sechs (Lorena, Thorsten, Axel, Florian, Chris und ich) nach rechts auf einen Waldweg. Chris und ich übrigens wieder in unserer Motorradkleidung. Plötzlich hört der breite Weg auf und wird zu einem kleinen Weg, der wiederum zu einem Pfad wird, und plötzlich liegt das Gefälle bei fünfundvierzig Grad und mehr. Der Boden ist glitschig wie Schmierseife. Nebenan geht es ungesichert in die Tiefe zum rauschenden Wildwasserfluss, mal fünfzehn, mal vierzig Meter, und immer wieder rutschen wir mit unserem schweren Fernsehequipment aus. Wir hangeln uns an Bambusruten und Ästen entlang und sind froh, wenn wir mal einen festen Halt haben. Irgendwie hatte der Sergeant doch nicht so unrecht ...

Der erste Drehort: Die Kamera wird auf ein Stativ gesetzt, direkt am Felsvorsprung gegenüber einem etwa drei Meter hohen Wasserfall, der sich in ein Felsbecken ergießt. Das Wasser darüber fließt so schnell, dass kaum ein Unterschied zwischen Fluss und Wasserfall zu bemerken ist. Kurzum: ein Wahnsinn, hier hinunter zu fahren. Genau das tun dann aber die fantastischen vier: hier untertauchen, dort Fahrt aufnehmen, an den spitzen Felsen entlang, in die tosenden Wasser hinein, mal nach rechts, mal nach links. Und dann der Sprung im Wasserfall nach unten. Vier Meter! Wahnsinn! Voraussetzung für solch einen Sprung: absolute Körperbeherrschung und Nerven wie Drahtseile! Gerade das Richtige für Chris, denke ich schmunzelnd. Schon von hier oben sieht das verrückt aus, und da unter uns, mitten in den Fluten, wo die sonnenblumengelben und leuchtendroten Kajaks wie kleine Pfeile von den Fluten förmlich mitgerissen werden, ist es mit Sicherheit noch um einige Grade verrückter. Auch heute sind die beiden Minikameras im Einsatz und können diese schnellen Beschleunigungen, diese Seitenlagen, diese Stürze und dieses Eintauchen ins brodelnde Wasser wiederholt für mehrere Sekunden aufnehmen.

Zweiter Drehort, zu dem wir von der Beobachtergruppe fast eine halbe Stunde gebraucht haben, wobei immer mal wieder der eine oder die andere mit einem Vulgärausdruck auf den Lippen einige Meter hinunterdriftet: Wir stehen praktisch direkt neben einem weiteren Wasserfall, der hinter einer steinernen Ecke herausschießt wie ein gigantischer Strahl aus einem Hydranten. Der ganze Río Palguín, von betonhartem Fels zusammengepresst auf die Größe eines Fußballtors. Die Fließgeschwindigkeit ist enorm, wir schätzen mindestens fünfzig Stundenkilometer. Nach unten sind es jetzt sieben Meter, und wir können uns überhaupt nicht vorstellen, wie man von hier oben heil hinabgelangt. Die Kamera läuft, denn wir haben keinen Kontakt zu Sergio & Co, wir müssen in jedem Fall bereit sein und drehen, wenn die Jungs irgendwann kommen.

Plötzlich, Axel schreit auf: »Da!« Tatsächlich, ein gelbes Kajak wird von dem Eiswasser pfeilschnell hervorkatapultiert, steht, auch wenn das eine Sinnestäuschung ist, eine Millisekunde wie bestellt und nicht abgeholt in der Luft und saust dann senkrecht nach unten. Es dauert einige Sekunden, in denen wir alle auf unserem Vorsprung die Luft anhalten, bis das Kajak zusammen mit Momo aus dem Luft-Schaumgemisch wieder auftaucht. Es folgen die anderen Wasserextremisten. Nach vorne katapultiert, und dann geht es hinab ins feuchte Nichts. Nicht nur beim »Anfahren« an einen Wasserfall kann viel schiefgehen: etwa, dass man eine Kurve nicht schnell genug nimmt und gegen einen der Felsen knallt. Vor allem die Performance in der Luft ist nichts für Laien, ja nicht einmal für Halbprofis. Denn für das heile Überstehen eines solchen Sprungs ist es von elementarer Bedeutung, dass das Kanu im perfekten Winkel auf die Wasseroberfläche trifft: steil nach vorn gebeugt, aber weniger als im rechten Winkel. Sonst, so haben uns die Verrückten erklärt, sind die Kräfte, die auf das Boot und seine Insassen einwirken, zu groß.

Dritter Drehort, wir haben eine weitere Dreiviertelstunde bis dahin gebraucht: Nun stehen wir etwa vierzig Meter über dem dritten Wasserfall, selbst aus dieser großen Entfernung wirkt das Vorhaben, hier hinunter zu springen, als tendenziell suizidal. Es sind nicht weniger als zwölf Meter von der Kante bis nach unten.

Hier schießt das Wasser nicht so schnell hervor wie beim letzten Wasserfall, die Tiefe ist jetzt das eigentliche Problem. Wieder nähern sich die Farbtupfer der Kajaks dem Abgrund, paddeln noch einige Male auf der wässrigen Hochebene, es wird diskutiert und noch einmal an der Kante Maß genommen. Dann konzentriert Sergio sich, atmet tief durch und sprintet nach vorn, immer schneller. Wieder scheint er in der Luft zu stehen und schießt anschließend senkrecht nach unten, das Boot in perfekter Neigung dem brodelnden See unter ihm entgegen. Er vermischt sich mit den immer schäumenderen, immer schneller stürzenden Wassermassen und: plötzlich ist er weg. Uns stockt der Atem. Diesmal dauert es eine Ewigkeit, bis er sich wieder an der Wasseroberfläche blicken lässt.

Von Sprüngen wie diesem hat der Flusssport in dieser Region seinen Namen: *Kajak vertikal!* Senkrechtes Kajak fahren. Teufelskerle, diese Chilenen! Bis zu zweiundzwanzig Meter geht es am Palguín in die Tiefe, doch für solche noch extremeren Sprünge benötigt man mehr als ein Dutzend Helfer und Retter, und die sind jetzt, in der Nebensaison, nicht vorhanden. Muss ja auch nicht, uns haben – schon allein vom Zuschauen – zwölf Meter gereicht, wir verabschieden uns von den feuchten Freaks und reisen weiter.

Adrenalingetränkt fahren wir jetzt noch eine winzige, aber wahrhaft lohnende Schleife: Der Villarrica, schönster der drei Vulkane oberhalb von Pucón, hat sich während unserer drei Tage in der Region standhaft unseren Blicken entzogen. Als wir auf die Motorräder und in die Wagen steigen, reißen die Wolken plötzlich auf. Wir halten es zumindest nicht für ausgeschlossen, dass dieser perfekt geformte Vulkan uns jetzt endlich empfängt, also fahren wir noch nicht auf die Autobahn, sondern ein weiteres Mal hinauf in die Anden. Und tatsächlich: Da liegt er vor uns, der Villarrica, 2840 Meter hoch, ein fast gleichschenkliges, von Eis und Schnee bedecktes Dreieck, aus dessen Spitze es raucht wie aus einer Friedenspfeife. Ein Prachtstück, ein Bild von einem Vulkan. Nur zehn Minuten in drei Tagen soll er seine Wolkenhülle fallen lassen, und diese zehn Minuten sind: jetzt! Wenn Engel reisen.

Dieser komplette Teil, den wir in Pucón und Umgebung gedreht haben, wird (außer dem Vulkan) in der ARD-Fassung übrigens nicht zu sehen sein. Beim Schnitt wissen wir vor atemberaubenden Bildern und Geschichten gar nicht mehr, wohin damit. Vierundvierzig Minuten lang wird die Silvester-ARD-Urversion sein, und jede Einstellung, jeder O-Ton muss mit einer Schar von KonkurrentInnen kämpfen. Wir entscheiden uns dafür, die anderen Geschichten intensiver zu erzählen und »Kajak vertikal« nicht hineinzunehmen. Dieser Teil wird später in den Langfassungen unserer Andenreportage erscheinen.

TEUFELSKERLE

Wir fahren wieder einmal kurzfristig in Richtung Westen zum Pazifik. Unser Ziel: Puerto Montt, die große und leider ziemlich hässliche Hafenstadt. Das gilt auch für unser Hotel. Tageslicht scheint hier unerwünscht zu sein, modernes Design ist als Teufelszeug verschrien, und Fahrstühle gelten offenbar als verzichtbarer Luxus. Was das für unser morgiges Frühstück bedeuten wird, darüber wollen wir heute noch gar nicht nachdenken.

Doch auch dieses »Hotel« ist eine einzige Bestätigung für unsere in ungezählten Herbergen auf bislang vier Kontinenten gesammelte Faustregel: je schäbiger die Unterkünfte, desto ausufernder die Muster der Tischdecken, Tagesdecken und vor allem Vorhänge. In einem guten Mittelklassehotel findet man Vorhänge in Pastelluni, dezenteste Zierborde und maximal rosafarbene Tischdecken. Pensionen der unteren Preiskategorie neigen zu wilden Blumenstickereien, rot-weiß karierten Tisch- und aggressiv gemusterten Tagesdecken. Zu unserem Schlafort kann ich nur so viel sagen: Ornamente verschiedenster Kulturräume machen sich gegenseitig die Aufmerksamkeit des Beobachters streitig, groteske Farbkombinationen stechen ins Auge, und zwar im Wortsinn. Dazu dieses dumpfe Licht aus Energiesparlampen und der allgegenwärtige Modergeruch. Man ist froh, wenn die Lichter aus und die Geschmacklosigkeiten für einige Stunden unsichtbar sind.

Laut Vertrag, den das ARD-Studio mit dem Chef der fünf Peruaner hat, sind wir verpflichtet, diese während der Reise zu verköstigen. Wir sind unseren Pflichten nachgekommen, haben ihnen eisgekühltes Quellwasser gereicht, frisch gepresste Fruchtsäfte und die erlesensten Speisen: heiße und kalte, mal schnelle Gerichte, mal Slow Food vom Feinsten, dazu Nachtisch. Morgens ein frisch gebrühter Hochlandkaffee, mittags ein kleiner, aber vitaminreicher Lunch und abends ein exquisites Dinner bei Kerzenschein.

Faktisch sind wir meistens satt geworden: nicht weniger, aber auch nicht mehr. Die Auswahl unserer Speisen lappte schwer ins

Einfallslose, ihre Qualität schwankte zwischen dürftig und ungenießbar, und die drei Mahlzeiten wurden angesichts des Dreh- und Fahrplans nicht selten auf eine einzige zusammengestrichen. Tomatenmark an Nudelnestern, deftige Brotzeiten ohne Butter und Fleisch, wechselnde Gemüsebrühen mit hohem Sandanteil. Eigentlich haben wir, wenn man genau nachdenkt, nur vier-, fünfmal wirklich nett und angenehm gegessen. Lafer, Mälzer & Co hätten sich mit Grausen abgewendet, aber unseren Fahrern blieb schlicht keine Fluchtmöglichkeit: mitgefangen, mitgehangen. Die Peruaner haben, das ist jedenfalls meine persönliche Meinung, die beste Küche des gesamten amerikanischen Kontinents, und die Jungs haben gelitten, so viel steht fest. Auf der einen Seite können die Götter der ARD mit uns zufrieden sein: Wir haben nun wirklich keine Gebührengelder verschwendet. Aber ob wir zufrieden sein können mit uns selbst, ist mehr als fraglich.

Morgen früh geht unsere Fähre, es ist also laut Plan der letzte gemeinsame Abend mit der ganzen Truppe; vier von uns werden hier in Puerto Montt ihre Reise beenden. Und deshalb gehen wir nach dem Einchecken ins beste verfügbare Restaurant am Platz (ich bin mir dessen sicher: Es ist das einzige, das um Mitternacht noch geöffnet hat). Eine wunderbare und wieder einmal lange Nacht steht uns bevor, ein Festmahl mit Vorspeise und Fischplatte und am Ende ein Digestif für alle. Als die Gläser klingen, das Eis in ihnen klingelt und alle lachen und sich umarmen, habe ich das Gefühl, unsere kulinarische Ehre zumindest zum Teil wieder hergestellt zu haben.

Tag
30

Das Prinzip Hoffnung

Um 6.55 Uhr glaubt man nicht, dass der Wecker real ist und das Aufstehen eine Pflicht. Dazu diese Ornamente überall ..., noch fünf Minuten, einmal umdrehen. Beim Frühstück mit rundem Brot und Instantkaffee ist es ausgemacht: Dieser Tag wird ganz, ganz übel werden.

Zunächst zwar die Bestätigung, dass wir pünktlich angekommen sind. In strömendem Regen erreichen Chris und ich mit unseren Motorrädern den Hafen, und da liegt sie vor uns: die »M/N Evangelistas«, unsere Fähre. Für den kombinierten Fracht- und Passagierverkehr in Japan gebaut und im Jahr 2000 in Chile grundsaniert, 123 Meter lang und 21 Meter breit. 38 Kabinen, von der Luxuskategorie AAA bis zur Holzklasse A, mit insgesamt 132 Doppelstockbetten. Man darf raten, wo unsere Producerin uns einquartiert hat. Jedenfalls besteht die Kabine aus zwei Doppelstockbetten und separatem Wellnessbad im Außenbereich. Florian und ich in je einer Koje, eine weitere vollgepfropft mit unseren Koffern und Teilen unseres Equipments und eine für Chris. Es soll in dieser Nacht zum Schwur kommen, nicht mal eine hauchdünne Spanplatte liegt jetzt zwischen uns.

Tag 30 unserer Reise, 7540 Kilometer haben wir bewältigt, seit wir vor einem Monat in Nazca aufgebrochen sind. Man kann die Bedeutung dieses Tages kaum beschreiben, ohne gleich einen ganzen Aufsatz zu verfassen. Soviel in Kürze: Heute wird die »Evangelistas« ablegen, und danach fährt sie erst wieder in einer Woche. Von Anfang an also war Tag 30 in logistischer Hinsicht der wichtigste, die gesamte Route wurde um dieses Datum herum geplant, nach vorne bis zum Tag 1 und nach hinten bis zum Tag 42. Wir *mussten* diese Fähre bekommen und haben es geschafft. Wir haben sie erreicht, wir haben sie nicht verpasst, sie wird nicht ohne uns in See stechen! *Just in time,* die Pleiten, das Pech und die Pannen haben uns nicht aus der organisatorischen Bahn werfen können. Aufatmen, zunächst jedenfalls.

Dann stellt sich heraus, dass sich die Abfahrt der Fähre angeblich verzögern wird, wegen schlechten Wetters. Kein Problem, denken wir in unserem jugendlichen Leichtsinn, dann haben wir mehr Zeit, uns in Ruhe zu verabschieden. Doch aus den zwei, drei Stunden, die wir als realistisch vermuteten, werden immer mehr. Die Verzögerung geht in eine amtliche Verspätung über, und schließlich heißt es seitens der Reederei »Navimag« plötzlich: Den ganzen Tag über wird es gar nichts mehr mit dem Auslaufen, die »Evangelistas« wird erst in der Nacht in See stechen – frühestens!

Das ist genau das, was wir alle nicht gebraucht haben! Wie hatten wir unsere Dreharbeiten ständig auf das Wesentliche beschränkt, um heute früh hier zu sein! Wieso haben Thorsten und ich uns permanent über jede Einstellung streiten müssen, um Zeit zu sparen, wenn es sich jetzt als völlig wurscht herausstellt? Warum haben wir unsere Filmaufnahmen in Santiago de Chile gecancelt und den Besuch auf dem Weingut ebenso, wenn wir uns jetzt die Beine in den Bauch warten? Aber nicht nur das: Diese massive Verspätung bedeutet unter dem Strich, dass uns morgen ein kompletter Drehtag fehlen wird, und das ist beinahe so schlimm, als ob wir die Fähre doch verpasst hätten!

Eine Motorradreise durch Südamerika von Peru bis Patagonien bedeutet ja, dass wir überall auf dieser Strecke unsere Räder über den Asphalt rollen lassen sollten. Also auch im tiefsten Süden Chiles. Und dafür hatten wir uns die Strecke von Puerto Natales bis nach Punta Arenas ausgesucht. Hier wollten wir noch mal richtig Gas geben und sogar den Kamerakran ein letztes Mal einsetzen, um die faszinierende Schönheit dieses Landstrichs einzufangen. Dafür hatten wir anderthalb Tage bis zur Weiterfahrt von Punta Arenas mit einer weiteren Fähre bis nach Feuerland eingeplant. Doch dieses Konstrukt ist nun in sich zusammengebrochen. Wenn unsere »Evangelistas«, wie es jetzt aussieht, erst in der Nacht aufbricht, wird sie drei Tage später ebenfalls erst spät abends in Puerto Natales ankommen. Drehtag weg, Plan A kann man in die Tonne treten.

Wir zermartern unsere Hirne in der großen Runde und verwerfen einen Plan B nach dem anderen. Und schließlich stellen wir uns die schlichte Frage: Warum, wie ursprünglich geplant, überhaupt unsere beiden Motorräder noch mitnehmen und zwei der drei Teamwagen, wenn wir nur noch einige Stunden Zeit haben werden, um irgendwo auf der Strecke einige Einstellungen zu drehen? Der Einsatz des Kamerakrans in dieser Zeitspanne: völlig unrealistisch! Es wäre, wie mit Kanonen auf Spatzen zu schießen, eine totale Vergeudung von Ressourcen, Zeit und Geld. Und deshalb entschließen wir uns zu einer radikalen Lösung: Nicht nur Tonmann Axel, Kamerabote Thomas sowie die beiden Fahrer Henry und Ernesto werden sich nun, wie geplant, auf den Heimweg machen, sondern auch Fahrer Elkar Paúl mitsamt seinem Geländewagen, Techniker Eduardo und unsere beiden Motorräder, die ja nach Peru zurück müssen. Es ist jetzt nicht mehr sinnvoll, das volle Programm zu fahren, wenn dafür überhaupt keine Zeit mehr bleibt. Selten hat eine einfache Verspätung zu so massiven Konsequenzen geführt, sie hat unsere ganze Planung in null Komma nichts zerstört. Denn: auch in Punta Arenas, am Ende unserer letzten Tour zu Lande, wartet eine Fähre auf uns, beziehungsweise sie wartet genauso wenig wie die »Evangelistas«.

Und so verabschieden wir uns, obwohl wir es selbst nicht fassen können. Auflösung, Trennung, das Ende ist so plötzlich gekommen, dass für Melancholie praktisch keine Zeit bleibt. Axel fliegt nach Rio, wo seine Camilla auf ihn wartet. Thomas nach Stuttgart, wo er seinen Kollegen vermutlich tagelang von seinen Eindrücken aus den letzten drei Tagen berichten wird; schließlich hat er ein begnadetes Mundwerk. Und unsere vier peruanischen Freunde gehen zurück nach Lima. Ohne Umwege, ohne Wiederholungen, ohne diese nervigen Fernsehfuzzis, einfach im Wesentlichen auf der Panamericana in Richtung Norden. Etwa eine knappe Woche lang.

Wir drehen vor dem Einstieg, in allerletzter Minute und ohne Drehgenehmigung, wie Chris und ich mit unseren Motorrädern im strömenden Regen auf die »Evangelistas« fahren, vorbei an Lkw, Gefahrguttransportern und Bussen. Die Zuladung beträgt siebentausend Tonnen. Im Hamburger Hafen würde man sofort in Handschellen abgeführt werden, hier kratzt es keinen, wenn zwei Motorräder viermal nacheinander die Hundertmeterrampe hinunter- und hinauffahren (außer vielleicht diese beiden Typen, die ständig hinter uns her rennen, für die wir aber einfach zu schnell sind). Dann übergeben wir die Motorräder unseren Jungs aus Lima. Zum letzten Mal haben wir mit den beiden altehrwürdigen und nicht eben spritzigen Honda Falcons Gas gegeben. Sie haben ihren Job getan, genau wie wir.

Der Augenblick des Abschieds ist gekommen: Die vier Peruaner stehen draußen im Regen, wir umarmen uns inbrünstig, und dann fahren die Heimkehrer zurück ins Ornamentmusterhotel, wo sie eine Nacht ausruhen und von wo sie morgen gen Norden aufbrechen. Herzlich lachend, ein wenig stolz auf die durchgestandenen Torturen, ein wenig froh darüber, dass diese nun ein Ende haben sollen, ein wenig nachdenklich, ein wenig traurig. Mit diesen Leuten noch so eine Wahnsinnsfahrt, wo immer auf der Welt? Jederzeit! Auch Axels letztes Minütchen hat geschlagen, für ihn geht es jetzt zum Flughafen. Es war eine Ehre, mit diesem Gott der Tonschwingungen so ein Projekt durchzuziehen.

Für Männer, die eine Weile zusammen gearbeitet haben, ist die Umarmung eine Spur zu lang ausgefallen, und die Schlussworte sind ein wenig zu schwülstig, um noch in die Standardkategorie »kollegial« zu fallen. Diese vier Wochen zusammen mit der ARD waren auch für unsere peruanischen Kollegen etwas Besonderes.

Und unsere Motorradreise? Die Fahrtaufnahmen müssen sein, und so ist nicht von der Hand zu weisen, dass wir gerade unter einem gewissen Druck stehen. Seit unserer Entscheidung telefonieren wir mit Reiseagenturen in Punta Arenas, mit Autoverleihfirmen, mit Hoteliers und deren Bekannten und deren Kollegen. Aber niemand hat zwei Motorräder, die er uns für einen Tag leihen will. Aber auch das ist Südamerika: Hoffnung haben, Vertrauen hinüberretten, Gleichmut bewahren, auch wenn es wieder einmal nicht gut aussieht. Am Ende wird's schon klappen: Augen zu und durch!

Nur noch Lorena, Florian, Thorsten, Chris und ich gehen auf die »Evangelistas«. Der Zwang zur Improvisation geht weiter, wie eigentlich immer auf unserer Reise, nur diesmal in anderen Dimensionen. Das Geld, das wir durch das Nicht-Einschiffen von Paúl, seinem Geländewagen und den beiden Motorrädern einsparen, werden wir für Mietwagen und Motorräder brauchen (wenn's denn funktioniert). Wir hoffen, unterm Strich geht wenigstens die finanzielle Rechnung auf.

Dann müssen wir wieder aus dem Hafengelände raus und offiziell einchecken: in dem Wartesaal, der mit Flughafensitzen und

Touristen aus der ganzen Welt gespickt ist. Wir steigen in Busse, die uns zum Schiff bringen (wie am Flughafen), schleppen unser Gepäck nach oben, essen Kartoffelpüree mit Fisch, trinken gegen elf Uhr nachts noch ein schnelles Bier und fallen in die Kojen. Als Chris sich in seinen Schlafsack rollt und umgehend beginnt, an der Holzverkleidung zu sägen, stehen Flo und ich wieder auf und machen einen Nachtspaziergang an Deck. Irgendwann treffen wir auch Thorsten wieder. So filmen die beiden auch in dem Augenblick, als die Schotten geschlossen werden und unsere Fähre ablegt.

Tag
31

Homo Faber in Patagonien

Das Wort »*pena*« ist spanisch und kann eine ganze Menge bedeuten: Strafe, Harm, Gram, Weh, Leid und Leiden, Schmerz, Pein, Qual, Not, Mühsal und dergleichen mehr. Grob gesagt, wird es für Sachverhalte und Ereignisse benutzt, die nicht unbedingt vorteilhaft sind und vor denen man sich lieber in Acht nehmen sollte. In Verbindung mit »Der Golf von ...« *(Golfo de ...)* beschreibt der fantasievolle, spanische Volksmund jenen Seeweg, auf dem die »Evangelistas« seit etwa Mitternacht in Richtung Süden stampft und wir mit ihr. Jenen Seeweg, der berüchtigt ist für die häufigen Stürme und Schlechtwetterfronten, für bis zu neun Meter Regen im Jahresdurchschnitt und für allerlei sonstige Ungemach: den Golfo de Penas ... So finden wir es recht passend, dass wir die Bekanntschaft mit unserem ersten Orkan gleich in der ersten Nacht machen.

Gut, dass die Kojen zur Kabinenmitte hin mit einer wirklich massiven Holzbarriere ausgestattet sind, sonst wären wir drei permanent herausgepurzelt. Neun- und Zehnmeterwellen sind das zum Teil, so wird man uns beim Frühstück mitteilen, und wir liegen in unseren Kabinen eher im hinteren Teil, wo die Amplituden gern ein wenig höher sind als die höchste Welle. Wir schießen also allesamt mit brachialer Gewalt in die Höhe, verweilen einen Augenblick auf jenem Punkt, den unser Mathematiklehrer »lokales Maximum« genannt hätte, und fallen dann um die fünfzehn Meter hinunter ins Wellental. Florian tut die ganze Nacht kein Auge zu und wird später aussehen wie ein Zombie, sich beklagen wie ein Waschweib und schwören, nie wieder eine Fähre zu besteigen. Ich sehe das zwar nicht so dramatisch wie er, muss aber zugeben, dass auch mich die Tatsache beunruhigt, dass das gesamte Schiff aus den Fugen zu geraten scheint: Stahlplatten reiben irgendwo im Schiffsrumpf gegeneinander, es klingt so, als breche die »M/N Evangelistas« nun bald auseinander. Nur einen Vorteil hat die grenzwertige Situation: dass Chris in seiner Koje so viel Geräusche produzieren kann, wie er will, ohne uns zusätzlich die Nerven zu rauben.

Lorena Salas kann alles außer Hochdeutsch. Sogar Ton machen, schneiden und drehen. Unsere Chile-Producerin ist eine Allzweckwaffe. Punkt. Sie stammt aus einer bekannten Journalistenfamilie. Ihr Mann Iván drehte schon oft, vor seinem Wechsel zu Al Jazeera, für die ARD, und ihr älterer Bruder war mit seiner Kamera Zeitzeuge beim tragischen Übergang von der Demokratie zur Diktatur. Lorena, die uns auch schon früher oft zu Hilfe eilte, etwa beim Erdbeben des Jahres 2010 in dem zerstörten Dörfchen Constitución und beim Drama um die Bergleute von Copiapó, ist ein Vollprofi. Selbst die wahrlich anspruchsvolle Aufgabe, aus Axels Hand den Stereoton zu übernehmen, bewältigt sie beinahe mühelos. Sie hat Film studiert und weiß, was zu tun ist.

Ansonsten: Schon vor dem Ablegen fühlen wir uns wie im Käfig. Von hundert Stundenkilometern auf Null, von Action zu Abwarten, von nicht endendem Stress zu endlosem Nichtstun. Wir bemühen uns, wo es geht, zu drehen, zu schneiden und zu texten, doch das Niveau unserer Beanspruchung sackt im Verhältnis zu den vergangenen vollgepackten dreißig Tagen in die Bedeutungslosigkeit. Man fühlt sich wie »Homo Faber auf Kreuzfahrtschiff«: Drei Mahlzeiten bedeuten noch keinen Lebenssinn.

Zunächst können wir nicht mal richtig schlafen, so aufgedreht sind alle. Erst nach zwei Nächten merken wir, wie müde wir sind. Florian schafft die Rekordmarke von zwölf Stunden am Stück, und Chris erhält mit einer überragenden Leistung von fünfzehn Stunden die Goldmedaille in der Kategorie gestückelter Dauerschlaf. Erstaunlich genug: Unser Vorzeige-Peruaner ist nach der ersten Nacht offenbar selbst zum Schnarchen zu müde, Florians und meine Sorgenfalten bilden sich zurück. Die Batterien beginnen sich aufzuladen.

Ärgerlich, dass wir bei Windböen von bis zu hundert Stundenkilometern und Wellen von bis zu zehn Metern Höhe nach Angaben von Kapitän Luís Flores in gut einem Tag fast zwanzig Stunden verloren haben (ich frage mich, ob wir aus Versehen rückwärts gefahren sind ...). Jedenfalls: Die mittlerweile zweite meteorologische Verzögerung kostet uns einen weiteren Tag, wir wissen zu diesem Zeitpunkt tatsächlich nicht, ob wir unseren ehedem ehernen Zeitplan (oder zumindest die Bruchstücke desselben) noch einhalten können. Eine Verspätung auf dem Land kann man durch Verzicht auf Schlaf wieder hereinholen. Eine Fähre fährt.

Dazu passt ganz vortrefflich, dass nun auch unsere erste Kamera ihren Dienst verweigert. »Fehler Nr. 15-02-20« erscheint in dem Minidisplay am unteren rechten Rand, und kein Mensch weiß, was das bedeutet, nicht mal im Handbuch steht ein Hinweis. Fakt ist: Jetzt scheint uns nur noch unsere von Thomas nachgelieferte PDW-700 für unseren Trip auf die extrem abgelegene Insel Yendegaia zu bleiben. *Last camera standing:* Wir sind technisch am absoluten Limit. Ich schlage vor, notfalls mit den beiden GoPros weiter zu drehen, doch Thorsten gibt seinen Bedenken dezidiert Ausdruck: »Tommy, halt die Klappe!«

Ansonsten hat hauptsächlich Florian die noch anstehenden Dreharbeiten übernommen, während Thorsten seine mobile Editsuite auf einem dieser runden Bartischchen im Kasino auf dem obersten Deck aufgebaut hat, um an unserer Reportage zu schneiden. Ein echter Hammer, ihn inmitten der schnatternden Bordgemeinde so konzentriert zu sehen: Sequenz an Sequenz fügend, Originaltöne heraussuchend, Filmmusik anlegend und sich so langsam der Minute zehn annähernd. Wie ein Fels in der Brandung des Patagonientourismus, nur mit seinen tief in die Ohren gestopften Stereolautsprechern gegen den ihn umgebenden Lärm geschützt, schneidet er auf seinem Laptop, auf dem er alle notwendigen Komponenten und Programme installiert hat. Zu dieser extrem ungewöhnlichen Produktionsweise gibt es keine Alternative: Nach Abschluss unserer Reise und unserer Ankunft in unserem Studio in Rio de Janeiro werden uns für die gesamte restliche Postproduktion, also Schnitt/Ton/Mischung, gerade mal zwei Wochen bleiben.

Alles an diesem Film ist extrem. Nur mit einem Ausnahmeteam kann man so ein Projekt überhaupt angehen. Ich habe eines bei mir und bin jedem Einzelnen unglaublich dankbar.

Tag 32

Augen auf und durch

Heute passiert: nichts.
Jedenfalls nichts im Vergleich zu den Erlebnissen auf der Motorradstrecke durch die Anden von Nazca bis zum Einschiffen. Aber diese Tage verminderter Anspannung tun uns gut, sie stärken uns für die noch ausstehenden, vor uns liegenden Abenteuer und für die danach anstehende Schlussphase der Produktion in Rio und Stuttgart.

Die Nacht war erneut »turbulent«, um einen dezenten Begriff zu verwenden. Wellenberge, Wellentäler – und mittendrin die »Evangelistas«. Nicht das Auf und Ab ist das Problem, sondern die Detonationen, die auch in der zweiten Nacht regelmäßig das Schiff erschüttern. Es knarzt und scheppert und rumpelt und tut Schläge, dass sich einem der Magen umdreht. Ansonsten aber: Zwischen Kopf anstoßen und Füße stauchen lässt es sich eigentlich ganz gut schlafen. Das sieht übrigens Florian anders: Wellen sind für den Bodenseeanrainer nicht sein Ding. Zwei Stunden habe er geschlafen, vermeldet er beim Frühstück. Beim anschließenden Dreh auf dem Oberdeck flucht er lauthals über alles, vor allem über diese beißende Kälte. »Beim nächsten Mal fliege ich«, meint er mehr zu sich selbst.

Offenbar haben wir nun den Corcovado-Golf hinter uns gelassen, der seinen Namen »der Buckelige« (übrigens genauso wie Rios Hausberg, auf dem der weltberühmte Cristo Redentor, Christus der Erlöser, thront) von den permanenten Wellen bekommen hat, die jedes Schiff schütteln und rütteln. Jetzt liegen die weitgehend offenen Passagen hinter uns, und wir biegen mit der »Evangelistas« westlich der Isla Juan Stuven in eine völlig neue Landschaft ein: das Patagonien der Kanäle! Schlagartig beruhigt sich das Meer, und wir haben ab diesem Tag nicht nur den Himmel über, sondern auch menschenleeres Festland neben uns. Wenn der Regen aufhört und der Nebel sich lichtet, dann ist der Anblick wahrlich atemberaubend: Bewaldete Hügel ziehen an uns vorüber, steinige Buchten, in denen ab und zu Seehunde schnell ins Wasser flüchten. Möwen umkreisen unser Oberdeck, Pelikane segeln majestätisch vorbei, Kormorane schießen pfeilschnell ins Wasser, um nach Beute zu tauchen. Gänse, Enten und Fregattvögel tun sich zu lautstark protestierenden Orchestern zusammen, und Pinguine beobachten das Spektakel aus sicherer Entfernung.

Manchmal erahnt man auf der linken Seite, auf dem Festland, die Ausläufer der Anden, doch in unserer unmittelbaren Nähe gibt es eher Hügel mit Zypressen, Olivillo-Bäumen und Südbuchen, dazwischen tundraartige Vegetation mit Büschen, Flechten und Moosen. Wasser überall, selbst von kleinsten Inselchen ergießen sich Bäche und Flüsse in den Pazifik.

Was ab jetzt fast durchgehend der Fall sein soll, von Sonnenaufgang bis Sonnenuntergang, ist das allgemeine Staunen an Bord. Angesichts der märchenhaften Natur, durch die wir unsere Reise fortsetzen, hat sich auf den Decks eine fast kontemplative Stimmung verbreitet. Die Sonne wird zum Magier und taucht plötzlich von hinten die Nebelwand über einem Wäldchen in gleißendes Licht, heraus ragen Baumwipfel, die unvermittelt leuchten wie von einem Spot angestrahlt. Schräg von oben fällt das Licht nun und färbt die pazifischen Fjorde zusammen mit dem Wasser der immer näher kommenden Gletscher mondschein-milchigweiß. Nur für Sekunden, wenn der Wind einmal abflaut, kann die Sonne zeigen, was tatsächlich in ihr steckt: Die Gischt, die sich auf dem Deck zu Pfützen gesammelt hat, beginnt im Nu zu dampfen. Dann wieder eine eiskalte Böe, und vorbei ist die Fata Morgana. Spektakulär wird es, wenn die Sonnenstrahlen durch die Wolken brechen und sich danach breit auffächern bis hinunter zur Oberfläche des Wassers, gesprenkelt mit Flecken aus Licht. Und als wir gerade eine besonders enge Kurve zwischen zwei Inseln nehmen: ein perfekter Regenbogen im Gegenlicht, plakativ und fast aufreizend in seinen klaren, gestochenen Farben. Nicht Monet, sondern Kandinsky.

Patagonien wie im Film. Augen auf und durch! Es ist eine der schönsten Schiffspassagen meines Lebens. Sie ist jedem zu empfehlen, der den rauen Charme einer Natur mag, die sich in einem permanenten Überlebenskampf befindet. Wer ausschließlich auf liebliche Landschaften steht, sollte es sich besser noch einmal überlegen.

Thorsten schneidet inmitten von Adventure-Touristen auch heute in der ausladenden Bar auf dem Oberdeck: seine gespiegelte Doppelfestplatte, seinen Laptop, sein Disk-Lesegerät und ein Dutzend Kabel auf dem quadratischen Holztisch. Die Kopfhörer bis zum Kleinhirn in die Ohren gedrückt, um das alttestamentarische Stimmengewirr aus allen Teilen der Welt zu übertönen. Florian dreht, was zu drehen ist, vor allem am frühen Vormittag peitschen die Böen über die Decks, und Chris, er und ich müssen zu dritt unser schweres Panther-Stativ auf den Boden drücken, damit es nicht umfällt. Plötzlich zwei Gruppen von kleinen, weißschwarzen Delfinen, die parallel zur Fähre pfeilschnell durch die Wellenkämme schießen. Ein wundervolles Bild, man kann sich gar nicht sattsehen.

Backpacker und Reisegruppen allenthalben, vor allem auf Deutsch und Französisch wird gefachsimpelt, bis die Bar schließt. Ich liebe Chile, wirklich, aber zu jeder Mahlzeit gibt es diesen runden, meist aber zu undefinierbaren Formen gequetschten, halbsüßen, albtraumhaften Weißbrotersatz aus Plastiktüten ... Selbst zu Lachs wird sie gereicht, diese lukullische Widerwärtigkeit. Unbegreiflich, wie es eine Nation trotz dieser Nahrung zu wirtschaftlichem Erfolg bringen kann.

Salman Rushdies »De duivelsverzen«, Dan Browns »Deception Point«, Bruce Chatwins »En la Patagonia« entdecke ich bei meinen Wanderungen durch die Sitzreihen bei niederländischen, britischen und argentinischen Touristen, literarische Hilfsmittel, um die Zeit bis zum nächsten Lunch zu überbrücken. Zum Glück habe ich mein Tagebuch! Und den Schnitt, über den Thorsten und ich ständig diskutieren, das Interview mit dem Kapitän, die Fahrtaufnahmen, wenn das Wetter besonders schlecht oder besonders gut ist, die Gespräche mit Chris und Flo und Lorena. Mit Mühe und Not schaffen wir es, acht Stunden beschäftigt zu sein, mehr ist nicht drin. Wir wissen: Die schlichten, entspannten Genießer um uns herum haben recht, und wir sind die, die im falschen Film sind. Aber jenes hinter uns liegende Höchstmaß an Abwechslung und Abenteuer lässt uns innerlich nur sehr langsam zur Ruhe kommen. Wir hätten vor der Schifffahrt erst einmal für eine Woche in ein Zen-Kloster gesteckt werden müssen, um unseren Adrenalinspiegel wirklich abzusenken. Oder dreimal mit der »Evangelistas« hin- und herfahren. Oder Verarbeitungskleingruppen bilden.

Eine weitere Information, die wir nicht eben mit übermäßiger Euphorie aufnehmen: Noch immer haben wir, obwohl wir täglich mehrere Male unser Satellitenhandy anstellen und mit verschiedensten Menschen in Puerto Natales und Punta Arenas diskutieren, niemanden gefunden, der erstens Zeit, zweitens zwei Motorräder und drittens Lust hat, uns diese für anderthalb Tage zu leihen.

Tag 33

*Kurzfilmfestival
im Kasino*

Für 6.30 Uhr morgens hat Kapitän Luís Flores die Passagiere zu einem Kurzstopp der besonderen Art geladen. Vorher treffen wir ihn zu einem längeren Gespräch. Ein ruhiger, ein stolzer, vielleicht ein wenig selbstverliebter Bootschef. Unter seiner weißen Schirmmütze lächelt er gewinnend, sein Teint: braun. Auf der Brücke erläutert er, umringt von seinen Adlaten, die besonderen Erfordernisse des Schiffsverkehrs in Patagonien. Manch einer seiner Kollegen habe schon die heftigen Winde unterschätzt, die von Westen her durch noch so kleine Spalten zwischen den Inseln plötzlich auf die Schiffe eingewirkt hätten. Deshalb sei das A und O die richtige Geschwindigkeit, die sich nur durch jahrelange Erfahrung einhalten lasse. Zu schnell, und das Schiff könne in den manchmal nur achtzig Meter breiten Kanälen nicht mehr die geforderten Kurvenbewegungen ausführen. Zu langsam, und der Sturm werfe das Boot aus seiner Bahn. Die Folge bei beiden Fehlern: eine Kollision mit einem Felsen.

Nun ist es fast sechs Uhr in der Früh, eine suppenartige, unstrukturierte Helligkeit erfüllt die Wasserstraße, die sich plötzlich weit zu einer Art großer, nach drei Seiten geschlossenen Bucht öffnet. Aus dieser führt kein Weg hinaus, nur der Kanal, auf dem wir gerade ankommen: eine maritime Sackgasse. Es wird noch heller, vereinzelt dringt die aufgehende Sonne durch die äußerst tief hängenden Wolken. Und dann liegt es vor uns: das erste »ewige« Eis auf dieser Reise, der Gletscher »Iceberg« (er heißt wirklich so, wie man uns versichert). Auf Steuerbord: Eine weiße Masse ergießt sich in Zeitlupentempo in die Bucht. Überall im Wasser: Zeugen dieser spektakulären Abbrüche – Schollen, Berge und Brocken aus »ewigem« Eis, dem aber nun sein letztes Stündchen geschlagen hat, auch wenn sich der Zeitraum bis zum Dahinschmelzen noch einige Wochen ziehen kann.

Wunderschön, dieser Anblick, die Leute neben mir geraten in Freudentaumel und drücken immer schneller auf die Auslöser ihrer Digitalkameras. Thorsten und ich sagen jetzt besser nichts. Für eine Unterhaltungsshow im Ersten, »Die große ARD-Weltreise« im Sommer 2010* haben wir zusammen mit Chief-Producerin Verena am Perito Moreno gedreht, fast auf gleicher geografischer Höhe drüben auf argentinischer Seite. Dieser dreißig Kilometer lange Gletscher ist nun wirklich sensationell, er ist die Hauptattraktion des Nationalparks Los Glaciares, Weltnaturerbe der UNESCO. Für Aufsehen sorgt er in doppelter Hinsicht: Er ist außerhalb der Antarktis und Grönlands einer der wenigen Gletscher, die nicht abschmelzen, sondern im Gegenteil ständig wachsen (vermutlich eine Folge des regionalen Klimas, nicht etwa ein

---

* mit Sven Lorig, Jutta Speidel, Tim Mälzer, Jens Riewa und Kai Pflaume

Beweis für das plötzliche Ende des weltweiten Klimawandels). Außerdem kann man von mehreren in Stufen angelegten, stählernen Aussichtsplattformen aus beobachten, wie dieses Ungetüm kalbt: Gigantische, ab der Wasseroberfläche bis zur Spitze des Eisfelds gemessen vierundsiebzig Meter hohe und etwa fünf Kilometer breite Gletscherzungen brechen unregelmäßig, aber sehr häufig ab. Dann fallen ungezählte, tonnenschwere Brocken mit einem Donnergrollen – und eine regelrechte Flutwelle auslösend – in den Lago Argentino. Manchmal wartet man drei Stunden, manchmal gibt es drei Abbrüche in zehn Minuten. Die Gletscherzunge schiebt sich sehr schnell nach vorne, um etwa einen Meter pro Tag, was für dieses einzigartige Naturschauspiel sorgt. Nicht, dass man deshalb seinen chilenischen Patagonienurlaub umplanen sollte, denn die pazifische Seite Patagoniens und Feuerlands ist ein einziger Traum, in ihrer Vielfalt betörender als das Pendant jenseits der Anden. Nein, aber man sollte danach und bei nächster Gelegenheit eine weitere Reise planen: nach Argentinien!*

Zurück in die Morgendämmerung Chiles und auf die »Evangelistas«. Ein Zodiak wird jetzt an langen Seilen bis auf Meereshöhe hinuntergelassen, an den Relings gibt es ein Mordsgedränge. Zwei Mitglieder der Besatzung starten den Außenbordmotor und streben dem Gletscher entgegen. Etwa einen halben Kilometer erhebt er sich schmutziggrau, manchmal blauweiß schillernd und wie ein Koloss über den beiden Seeleuten in ihren alarmfarbenen Westen. Hier cruisen sie eine Weile umher, schließlich laden sie das ein, wofür sie heute aufgebrochen sind: Eis. Auf Nachfrage nach abgeschlossenem Wieder-Hinaufziehen sagen sie:

---

* Persönlicher Tipp: erstens eine ganze Woche Buenos Aires; zweitens Flug nach Ushuaia am Beagle-Kanal; drittens Rückflug nach Buenos Aires und dabei Zwischenstopp in El Calafate nahe dem Perito Moreno; viertens mit dem Leihwagen durch die Pampa bis ins Weinparadies Mendoza.

»Wir holen Eis für unsere Truhen!«

Applaus von den Umstehenden, doch wir glauben, die komplette Angelegenheit ist doch mehr ein Spektakel für die Touristen, ein Mini-Umweg als fester Programmpunkt während der dreieinhalb Tage dauernden Passage. Sei's drum. Die Leute sind begeistert, die beiden jungen Seeleute stolz, und die Eisbrocken, von denen wir uns einige handtellergroße Platten abschlagen, machen aus jedem Getränk eine echte Besonderheit: Wer hätte denn schon mal zuvor eine Zitronenlimo, einen O-Saft oder gar einen Whisky mit Zehntausende Jahre altem Gletschereis verkostet?

Wir haben uns mittlerweile mit mehreren der Passagiere aus verschiedenen Nationen verbrüdert. Die wohl größte Reisegruppe stammt aus Deutschland, und hier wiederum gilt unser besonderer Dank dem Dieter. Er ist in Begleitung seiner Gattin Inge an Bord gekommen und unser interessierter, belustigter, cooler Leidensgenosse, wenn wir mal wieder vom Schnitt im rauchfreien Barbereich hinaus müssen aufs eiskalte Deck. Vor allem Florian steht häufig neben ihm und versucht in der steifen Brise eine Zigarette anzuzünden, dabei heftig fluchend (zwar ist das nicht wirklich ernst gemeint, aber die Umstehenden biegen sich vor Lachen).

»Das hier«, grollt Dieter, »ist eine einzige raucherfeindliche Umgebung!«

»Eine Bar ohne Zigaretten«, bleckt Flo zurück, »darauf muss man erst mal kommen!«

Später am Vormittag eine wirklich gute Nachricht: Kamera eins funktioniert wieder. Thorsten hatte sie in seiner Wohn- und Ausrüstungskammer zwei Tage und Nächte lang über die Heizung gehängt. Offenbar hat diese Trockensauna die letzten Spuren Feuchtigkeit aus den Gewinden, der Optik und den Schaltkreisen vertrieben. Wir sind wieder doppelt drehbereit! Und außerdem hat Lorena nun einen motorisierten Zeitgenossen in Punta Arenas gefunden, der zumindest zwei Motorräder besitzt. Ob er sie uns zur Verfügung stellen wird und wenn ja für wie viel

Geld, das ist zwar noch nicht spruchreif ... Immerhin ist es ein Licht am Ende des Tunnels.

Gegen Abend, zwischen Bingo und Abschlussfeier für alle Passagiere in der Bar, haben wir denjenigen, mit denen wir uns während der vergangenen Tage auf dem Schiff unterhalten haben, eine kleine Vorführung unseres Rohschnitts angeboten. Großes »Hallo« bei den Deutschen, die schon immer mal sehen wollten, was die ARD da so auf ihrer Fähre treibt. Wir rechnen folglich mit zehn, fünfzehn Zuschauern bei unserem winzigen *public viewing,* das wir nach dem Ende des Abendessens planen. Thorstens Laptop steht jetzt im Speisesaal und ist mit der üppigen Musikanlage verbunden, die Tonqualität zumindest wird *state of the art* sein. Dann trudeln die Leute ein, zunächst, wie erwartet, fast alle Deutschen. Dann noch die Österreicher und Schweizer. Die Metallstühle, die wir im Halbkreis um den Laptop aufgebaut haben, sind nun alle besetzt. Doch es kommen immer mehr: US-Amerikaner, Australier, Spanier, Chilenen, am Ende sind es fast fünfzig Leute, die sich um den zwanzig mal dreißig Zentimeter großen Monitor scharen. Schräger geht's nicht, aber es macht unglaublichen Spaß. Es kommt nämlich nicht allzu oft vor, dass man mit dem Publikum seiner Filme in Kontakt kommt, und schon gar nicht während der Produktion.

Ich halte eine kurze Einführungsrede, dann läuft unser Film, der bis etwa zu Minute sechs praktisch fertig geschnitten ist, mit Musik und allem Schnickschnack. Der Rest bis zur peruanisch-bolivianischen Grenzstadt Desaguadero liegt im Rohschnitt vor, etwa bis zur Minute zehn, und wird ebenfalls recht stark goutiert. Nach dem Applaus müssen Thorsten und ich Fragen beantworten. Großes Interesse ist vorhanden, so viel steht fest. Hoffentlich gilt das auch für den 31. Dezember, wenn unsere Reportage erstmalig in der ARD ausgestrahlt wird.

Schließlich findet oben in der Bar das Abschlussfest für die Passagiere statt. Thorsten hat seine mobile Schnitteinheit abgebaut, und das ist auch besser so: Es wird ausgelassen gefeiert, getanzt und getrunken. Unsere Wecker haben wir ARDler erstmalig seit mehreren Tagen wieder in Betrieb genommen, denn morgen früh werden wir dieses gastliche Schiff verlassen. Auch wenn nun Teile unserer Ausrüstung mit den Begleitfahrzeugen bereits unterwegs nach Peru beziehungsweise zumindest hundert Kilo mit unserem brasilianischen Berliner Axel schon in Rio de Janeiro sind: Der überwiegende Teil ist noch mit uns auf der Reise, und pro Person ist die zu tragende Menge sogar noch deutlich angestiegen. Deshalb werden Chris, Thorti, Flo, Lorena und ich morgen früh vor allem eines tun: packen und schleppen.

Tag

34

Back to Earth

Vor dreieinhalb Tagen sind wir in Puerto Montt aufgebrochen, nun, in den Morgenstunden, erreichen wir unser Ziel: Puerto Natales. 798 Seemeilen, so hat Kapitän Flores uns auf seinen Seekarten vorexerziert, liegen hinter uns: 1433 Kilometer zu Wasser. Einige letzte Manöver im Golf Admiral Montt, und dann liegt die Hauptstadt der Provinz (in Chile ist die Provinz nach der Region die zweithöchste administrative Einheit) Última Esperanza (»Letzte Hoffnung«) vor uns, mit gerade mal zwanzigtausend Einwohnern. Je weiter man sich von der Zivilisation entfernt, oder dem, was landläufig dafür gehalten wird, desto mehr sinkt die Bevölkerungsdichte. Das Extrem dieser Relation sollen wir in einigen Tagen auf Feuerland in Augenschein nehmen können. An Bord ist schon Stunden vor dem Ausschiffen eine regelrechte Hektik ausgebrochen, an der wir fünf einen nicht geringen Anteil haben.

Lorena, in blauer Sturmweste, schleppt Rucksäcke aus ihrer kleinen und feinen Frauenkabine (die sie sich mit Ausrüstungsgegenständen teilen musste), Thorsten aus seinem Verschlag seinen Überseekoffer und Chris, Florian und ich unsere Siebensachen. Dazu steckt eine weitere Kabine bis zur Decke voll mit Stativen, Kabeln, Batterien und Ladegeräten. Die Kabinen liegen am Bug, der Ausstieg ist beim Heck, und deshalb rempeln und keuchen wir uns durch die unvorstellbar langen Flure und über die unvorstellbar steilen Treppen. Nach und nach sammeln wir privates und dienstliches Gepäck in der Nähe der Stufen, die zur Laderampe hinunterführen. Immer mehr türmt sich auf, bis der Berg so hoch und breit ist, dass praktisch niemand mehr vorbei passt. Die meisten Passagiere grinsen freundlich. Nach unserer kleinen Filmvorführung gelten wir offenbar als spinnert, aber sakrosankt.

Unser erster Anruf gilt nun jenem Chilenen in Punta Arenas, dem die beiden Motorräder gehören, auf die wir es abgesehen haben. Niemand meldet sich. Eigentlich ein gutes Zeichen, behaupten wir dreist, das könnte bedeuten, dass er schon unterwegs ist!

Puerto Natales: Wo liegt das überhaupt? Wie muss man sich die Lage der Provinz »Letzte Hoffnung« in Chile vorstellen? Stellen Sie sich einen ausgewachsenen, nicht zu kleinen, nicht zu großen Mann vor, ein Meter achtzig vom Scheitel bis zur Sohle. Oben, an den Haarspitzen, liegt die 2007 neu gebildete XV. Region (XV Región de Arica y Parinacota) an der Grenze zu Peru. San Pedro de Atacama liegt in Höhe des Halses, die Hauptstadt Santiago beim Bauchnabel und Puerto Natales (nebst Punta Arenas, die lächerlichen 250 Kilometer zwischen den beiden Städten spielen keine Rolle) liegt am Fußknöchel. Wir haben uns also schon recht weit in den Süden des extrem langen und extrem schmalen Landes vorgearbeitet. Schräg daneben folgt die Provinz Feuerland und darunter nur noch die Provinz Chilenische Antarktis, beide in der XII Región de Magellanes y de la Antárctica Chilena zusammengefasst. Und nun noch eine weitere Vergleichsgröße: Der Haarschopf des chilenischen »Maßmannes« liegt in Dänemark, sein Bauchnabel in etwa auf dem Kolosseum in Rom, und die Füße stehen in der Sahara auf der Grenze zwischen Libyen und Niger.

Das Schiffshorn der »Evangelistas« ertönt zum letzten Mal, und die stählerne, etwa zwanzig Meter hohe Rampe wird langsam herabgelassen. Schon dröhnen die Dieselmotoren der Lkw, schon klirren die Ketten zu Boden, mit denen die Räder der Fahrzeuge vor den Schwankungen und dem Hin- und Herrutschen gesichert waren, Hunderte Stimmen versuchen, gegen das Inferno anzukommen, Eltern schreien nach ihren Kindern, dazwischen das Kichern der Reisegruppen, die die Fähre zu Fuß verlassen. Freundliches Lebewohl und Schulterklopfen. Kapitän Flores steht an der Rampe und winkt wie ein römischer Papst. Als wir zum ersten Mal unsere Ausrüstungsgegenstände auf festem Boden ablegen und zu unserer zweiten Tour zurück zum Schiff aufbrechen, werden wir von einem Sicherheitsoffizier des Hafens rüde davon abgehalten.

»Niemand geht zurück!«, blafft er uns in feinstem, chilenischem Bürokratenslang an.

»Aber unsere ganze Ausrüstung liegt noch da!«

»Egal, keine Ausnahme!«

Mit Mühe und Not schaffen wir es zumindest noch einmal, wenigstens unsere teuersten Gerätschaften zu holen: die Kameras, die Batterien, die Ladestation, die bereits gedrehten Kassetten und Thorstens mobilen Rucksackschnittplatz. Aber das war's dann auch!

»Der Rest wird von der Schiffsbesatzung transportiert, bitte bleiben Sie hinter dem Zaun stehen!« Der Beamte in seiner Hafenuniform ist steif wie die patagonische Brise, die uns beim Aussteigen begrüßt hat, und bar jeden Humors. Wie oft in unserem Leben haben wir weltweit in ähnliche Gesichter geschaut, in unnachgiebige, beharrende, hochnäsige, amtsanmaßende Mienen.

Und wie oft haben wir wegen dieses Archetypus des Verbietenden, dieser Inkarnation der Ablehnung, unsere Nerven verloren und Stunden oder gar Tage unserer kostbaren Zeit. So soll es auch heute sein: Wir warten auf unser Gepäck, obwohl wir es gern selbst schleppen würden und in einer halben Stunde damit fertig wären. Mit jeder Minute schrumpft unsere verbleibende Drehzeit, man könnte verrückt werden.

Dieter und Anja kommen gerade mit den anderen deutschen Passagieren vorbei. Herzliche Umarmungen, dann sind sie in ihren Bussen verschwunden, die sie in ihre Unterkünfte bringen. Dabei fällt mir ein, dass Dieter und Anja aus Engelskirchen stammen und dass sie von ihren Nachbarn erzählt haben, die Jahr für Jahr Briefe von Kindern ans Christkind beantworten. Hammer, oder? Darüber müsste man mal einen Film machen!

Nach etwa anderthalb Stunden Wartens rollen plötzlich zwei Pkw vor, beide mit Anhänger. Und auf ihnen: je ein Motorrad! Wir hätten, soviel steht fest, jedes verfügbare Modell genommen, selbst einen Klasse-1-Motorroller, doch die beiden Zweiräder, die uns da in ihrem Anthrazit- und Blaumetallic entgegen funkeln, sind ziemlich funkelnagelneue Schöpfungen einer deutschen Firma aus dem Münchner Raum. Die Frage, warum der Besitzer gleich zwei davon gekauft hat und was er normalerweise damit macht, wird überlagert von einer anderen Diskussion: Preis pro Tag und Vertragsdetails. Der bärtige, eigentlich recht sympathische Zeitgenosse hat uns in der Hand, das weiß er nach allen unseren flehentlichen Anrufen der vergangenen Tage, aber auch er muss lernen, dass wir nicht bereit sind, das Geld zum Fenster hinauszuwerfen. Wir einigen uns so, dass keiner recht zufrieden ist (was auf einen guten Kompromiss hindeutet), die beiden Motorräder werden losgezurrt und anschließend gemeinsam auf den Asphalt gehievt.

Chris und ich grinsen uns an, wer hätte das gedacht? Für die letzte Teilstrecke unserer Andenreise zu Land solche Raketen unter dem Allerwertesten zu haben, das hätte keiner von uns noch am Morgen erwartet. Knapp 100 PS haben die beiden Geschosse, und das merken wir sogleich, als wir auf dem riesigen Lkw-Parkplatz einige vorsichtige Runden drehen. Der Motor heult auf wie ein junger Hengst, der seinem Reiter zeigen will, was in ihm steckt. Nur ein paar Millimeter zu viel Gas, und man fliegt förmlich nach vorne. Ich muss höllisch aufpassen, nicht zu sehr aufzudrehen, sonst würde das Motorrad ohne mich weiterfahren. Weder ich noch mein peruanischer Profifreund Christopher haben jemals auf solchen hochgezüchteten Teilen gesessen, und wir müssen uns erst langsam daran gewöhnen.

Schon wieder ist es Mittag, noch immer ist das Gepäck aus der »Evangelistas« nicht im Hafen. So entschließen wir uns, die Gruppe zu teilen: Florian wartet mit Lorena auf das restliche Equipment, während Chris und ich mit Thorsten und einer Kamera in unserem Schlepptau vorfahren. Die Zeit läuft uns erneut weg, also wollen wir in den verbleibenden Stunden bis zum Sonnenuntergang drehen, auf Teufel komm heraus. Wir alle sind jedenfalls froh, dass das »Nichtstun« ein Ende hat und dass es jetzt weitergeht. Chris und ich brettern also los, Thorsten mit einem Mietwagen und dem Drehequipment hinterher.

Als wir aus der chilenischen Hafenidylle in Puerto Natales mit ihren blauweiß gestrichenen Holzhäuschen herauskommen, biegt die Landstraße 9 nach Westen ab und schlängelt sich im Landesinneren nach Süden in Richtung Punta Arenas, wo wir heute Abend nächtigen wollen. Wir aber, Chris und ich auf unseren beinahe nagelneuen Motorrädern sowie Thorsten mit dem ebenfalls geliehenen Pick-up und dem Wichtigsten, was er zum Drehen braucht, fahren zunächst gen Norden, denn in dieser Richtung liegt der Nationalpark Torres del Paine, einer der meistbesuchten chilenischen Naturparks. Er breitet sich um die Paine-Kordilleren aus und vor allem um die Wahrzeichen, die Torres del Paine, die schon nach etwa fünfzig Kilometern für uns sichtbar werden: drei spitze, fast nadelartige Granitfelsen, von denen der höchste bis auf knapp dreitausend Meter hinaufragt. Wir wissen, dass wir kaum Zeit haben werden, die komplette Strecke zu den Touristenmagneten zu fahren, denn wir müssen ja den gesamten Weg bis Puerto Natales wieder zurück und zusätzlich die 250 Kilometer bis Punta Arenas.

Doch dieser Abstecher soll sich als wahrhaft lohnend herausstellen: Die Landschaft ist genial. Gletscherausläufer, die Zackentürme von Paine und andere Andengipfel im Hintergrund. Dazu kommen wir an tiefblauen Seen wie dem Lago del Toro vorbei, den ein pastellgelber Gürtel aus Schilf umgibt. Zypressenwälder, breite Ebenen mit tundraartigem Bewuchs, leicht geschwungene Hügelketten: ein Fest für die Augen.

Noch immer sind an einer Stelle die Spuren der großen Waldbrände zu sehen, die im Jahr 2005 mehr als 15 000 Hektar Wald vernichteten, ein Trauerspiel. Nach unserer Reise, Ende 2011/Anfang 2012, gab es ebenso fatale Brände – verursacht durch unachtsame Touristen. Der Nationalpark ist ein Dorado für Trekker, die zum Teil mehrere Tage und Nächte in der Natur unterwegs sind. Ein nicht sachgemäß gelöschtes Lagerfeuer, ja eine einzige Zigarette, reichen aus, um das trockene Unterholz zu entzünden. Und die permanenten Windböen bewirken dann den Rest.

Zurück zu dem weitgehend unbeschadeten Teil des Parkes, durch den wir uns jetzt bewegen. Besonders eine Einstellung gefällt Thorsten, der sogleich seine Kamera auf das Stativ und dieses auf eine Bergkuppe stellt. Vor uns neigt sich die Schotterstraße in eines dieser Täler hinab, in dem alle landschaftlichen Köstlichkeiten Patagoniens zu sehen sind. Also fahren Chris und ich diese Strecke über fast fünf Kilometer immer und immer wieder hin und her, mal sind wir auf den Tapes, die wir später im Schnitt sichten werden, nur noch als Punkte zu sehen, die durch die Tundra fahren, die Andenkette erhebt sich wie eine bizarre Felswand über uns. Und manchmal zoomt Thorsten mit seiner Spezialoptik über fast drei Kilometer so nah an uns heran, dass die Staubfahnen, die wir hinter uns herziehen, beinahe das ganze Bild in einen Nebel hüllen.

Irgendwann, es ist bereits Nachmittag, entschließen wir uns wohl oder übel, diese wunderbare Gegend zu verlassen und uns auf den Weg in Richtung Süden zu machen. Dass diese Strecke südlich von Puerto Natales eher bescheiden würde, das wissen wir natürlich, aber wir hofften auf eine Landschaft, die uns den vorübergehenden Abschied vom Pazifik trotzdem irgendwie schmackhaft machen würde: vielleicht eine patagonische, raue, regnerische Impression. Vielleicht noch eine Hügelkette, um die Dimension der Landschaft in Bilder zu fassen. Oder ein atemberaubender Sonnenuntergang ... Vielleicht Schafsherden, nette Dörfchen mit freundlich winkenden Einwohnern ... Pustekuchen!

Wir sind in einem der unansehnlichsten Teile Patagoniens gestrandet, flach wie 'ne Flunder, Grau in Braun, nicht mal die Sonne kommt raus, um das Trauerspiel von Landschaft aufzuheitern. Wir drehen dementsprechend: eine Einstellung hier, einen Schwenk dort – lustlos, unmotiviert, fahrig. Lorena, die Chilenin, hat uns zwar bereits Hoffnung auf den nächsten Tag gemacht: dass die Umgebung von Punta Arenas ein Traum sein solle und dass es sich allemal lohne, in dieser Umgebung unsere Motorradreise zu beenden. Aber heute sieht es nun überhaupt nicht danach aus! Irgendwie kommt es einem noch erbärmlicher vor als auf der landschaftlich dürftigen Strecke zwischen Antofagasta und Santiago, und wesentlich kälter und regnerischer ist es auch. Immer wieder müssen Chris und ich die Zweiräder anhalten, um unsere eiskalten Hände zu reiben.

Dazu kommt, dass die Tankanzeigen unserer Motorräder plötzlich anfangen zu spinnen. Mal soll mein Tank bis zum Rand voll sein, mal ist der von Chris leer, dann wieder sind beide angeblich halb voll und so weiter. Jedenfalls wollen wir diese Dreihundert-Kilo-Monster nicht durch halb Chile schieben müssen und machen uns so unsere Gedanken ... Thorsten fährt mit seinem Pkw vor und holt Benzin von irgendwoher, und wir wollen warten. Da stehen Chris und ich also am Straßenrand und frieren uns 'nen Ast. Ich übe mich in spanischer Konversation, Chris sich in Geduld, und beide werfen wir Steine auf den Strommast auf der gegenüberliegenden Straßenseite, um einigermaßen warm zu bleiben.

Plötzlich entdecke ich neben mir im Gras einen Strauch, der mehrere kleine Blüten trägt. Rote Blätter fassen den zentralen, flachen, silberfarbenen Kern ein wie die Andengipfel eine kreisrunde Hochebene. Mir kommt diese Pflanze sehr bekannt vor, ich weiß aber nicht mehr, wo ich so etwas schon einmal gesehen habe. Dann wird es mir klar: Es liegt an der Größe! Die Schwestern dieser Pflanze hier sind riesig, und sie wachsen am Kap der Guten Hoffnung in Südafrika. Die bekannteste ist die Königsprotea, die man ab und zu auch in spezialisierten Blumenläden Europas erhält. Später lese ich es nach. Die *Proteaceae* oder Silberbaumgewächse kommen nur auf der Südhalbkugel vor. Und sie sind einer der vielen Beweise für die wissenschaftliche Erkenntnis, dass die Erde früher lediglich aus zwei Kontinenten bestand: dem nördlichen Laurasia und dem südlichen Gondwana. Diese vereinten sich im Lauf von Jahrmillionen zwar mehrmals zu einem Superkontinent aller Landmassen, wurden aber durch die vulkanischen, unterirdischen Driften auch immer wieder getrennt. Bis hin zum letzten Auseinanderbrechen Gondwanas: in Südamerika, Südafrika, Australien und die Antarktis. Nur dort, auf Kontinenten, die heute Tausende Kilometer voneinander entfernt sind, wachsen die Silberbaumgewächse (außer natürlich in der eiskalten Antarktis). Die Protea also: ein bis heute sichtbarer Hinweis auf die bewegte Frühgeschichte unseres Planeten.

So stehen wir also da, freuen uns ein wenig über die Pflanze und ärgern uns viel über die Temperaturen. Schließlich beschließen wir, dass wir doch losfahren, Thorsten hinterher. Langsam, um Sprit zu sparen. Mit sechzig im sechsten Gang, doch das ist auch nicht sinnvoll: Der Motor läuft untertourig und hört sich an wie eine Waschmaschine im Schonwaschgang. Also runter in den fünften Gang. Die Drehzahl erhöht sich erheblich und damit der Verbrauch. Also hoch in den sechsten und auf achtzig Stundenkilometer gehen. Neunzig ist eigentlich besser, ach, und dann ist man ja auch schnell bei hundert, was wir seit eh und je gefahren sind. Als wir Thorsten begegnen, der mit Karacho angeschossen kommt, ist er gerade von der Tankstelle gestartet. Er schüttelt den Kopf über uns, und wir können es ihm nicht verdenken.

Als wir uns Punta Arenas nähern, wird alles gut: Schiffe, Strände, Sonnenschein, jedenfalls öffnen sich immerhin die Wolken kurz vor Sonnenuntergang für ein paar Minuten ... Morgen soll unser letzter Drehtag mit Motorrädern sein, wir haben wieder Hoffnung, und wir freuen uns darauf wie verrückt!

Lorena und Florian sind mittlerweile bei unserer Pension eingetroffen. Gemeinsam verstauen wir unser umfangreiches Gepäck und sind der Rezeptionistin überaus dankbar, dass sie uns dafür ein Zimmer im Erdgeschoss zur Verfügung stellt. Normalerweise steht hier mal ein Koffer, mal ein Rucksack. In dieser Nacht geht nicht einmal mehr die Tür zu, so ausufernd machen wir von dem freundlichen Angebot Gebrauch.

Danach geht es noch einmal ins wunderschöne, charmante Städtchen. Irgendwann verabschiedet sich Lorena, dann unser Lieblingsperuaner. Weit nach Mitternacht kommen auch Florian, Thorsten und ich in der Pension an, nicht ohne noch kurz eine weitere, sehr dunkle Spelunke aufgesucht zu haben, die am Wegesrand lag und aus der dumpfe E-Gitarren-Klänge auf die Straße drangen. Vernünftig ist das nicht, aber auch nicht schlecht!

Tag 35

Ende Gelände

Was wir heute vorhaben, von sieben Uhr bis siebzehn Uhr (dann soll die Fähre ablegen), ist ein schwieriges Unterfangen, das aber in unserem Gesamtprojekt Andenreise einen außergewöhnlich hohen Stellenwert hat: Wir müssen es schaffen, in dieser Zeit einen bildlich möglichst opulenten Abschluss unserer Motorradreise aufs Parkett zu legen. Wenn der gar nicht gelänge, hätten wir eigentlich nichts zu bieten außer den wenigen schönen Impressionen von gestern an den Torres del Paine, gedreht im Vorbeihuschen, quasi als Passanten.

Ein Wort zur Gewichtung unserer *Stories*. Da gibt es die großen Geschichten, die vor allem inhaltlich oder von der Spannung her einen breiteren Raum und mehr Sendeminuten beanspruchen als die kleinen. Der verrückt-geniale Erfinder Eduardo Gold mit seinem *»Paint it white«*-Projekt war so ein besonders wichtiger Teil, ebenso unsere halsbrecherische Tour auf dem Weg des Todes in Bolivien sowie das letzte Abenteuer, das nun auf uns im chilenischen Feuerland wartet. Mit der Kraft dieser Szenen können das Sandboarden, die Überquerung des Titicaca-Sees oder die rauflustigen Ringerinnen nicht mithalten. Und schon gar nicht unsere aktuellen Fahraufnahmen, die ja gar keine eigentliche Geschichte erzählen. Und dennoch: sie sind als logisches Element, als inhaltliche Klammer enorm wichtig. Etwa dass Chris und ich heute am späten Nachmittag zum letzten Mal von unseren Zweirädern steigen werden, weil wir dann wieder aufs Schiff gehen, muss im Film zu sehen sein.

Wir vier Typen brechen also auf, als es noch feuchtkalt und erstaunlich ungemütlich ist, während unsere Dame sich um die Logistik kümmert: um das Verladen unseres immer noch furchterregenden dienstlichen und privaten Gepäcks sowie um die Verpflegung. Wir Motorradfahrer waren schon auf der gesamten Reise stets erheblich schneller als der Tross der Begleitfahrzeuge. Heute aber ist das Missverhältnis so groß wie noch nie: Thorsten und Florian kämpfen sich im dritten Gang einen Hügel hinauf, während Chris und ich auf unseren metallic lackierten Rossen bereits das nächste Tal hinter uns gelassen haben. Wir erfreuen uns einfach an der Geschwindigkeit und unserer dadurch enorm gesteigerten Freiheit. Freilich nur so lange, bis die beiden uns per Funk für die nächste Einstellung zurückbefehlen. Zum Beispiel diese: Eine Reihe von Schiffen, Kuttern und kleineren Booten, die am Vorabend aus dem Wasser an Land gezogen wurden, stehen über mindestens hundert Meter in schönster Parallelität nebeneinander. Die Motorradfraktion hat den Auftrag, sich vor diesem schönen Hintergrund für die Kamerafraktion in Szene zu setzen, wir brettern vor und zurück, mal schneller, mal langsamer, um allen Wünschen gerecht zu werden. Irgendwie beginnt dieser Tag wieder einmal mühsam, irgendwie klingt das Ganze wie bei einer unmotivierten Fußballpartie nach Arbeitssieg. Obwohl niemand von uns vieren einen Fehler macht: Es fehlt irgendetwas. Plötzlich wissen wir, was: die Sonne. Wenige Minuten später aber, es ist jetzt gegen acht Uhr, schiebt der ewige Wind eine Wolkenbank zur Seite, und die Bühne Patagoniens wirkt mit einem Mal wie bewusst beleuchtet. Die Szenerie erstrahlt, das Blau der Schiffswände wird zu einem ernstzunehmenden Blau, genau wie das Weiß der Masten, das Gelb des Öltanks, das Grün der Wiese. Dieser Tag hat Potenzial, und wir sind jetzt hoch motiviert, jede Minute davon zu nutzen.

Wir fahren gemeinsam weiter durch leicht gewellte Ebenen, die sich immer wieder zum Wasser hinunterbeugen, mal ist die gute Asphaltstraße einen Kilometer davon entfernt, mal führt sie direkt daneben entlang. Als wir uns an genau so einem Punkt befinden, wo eine Kurve beinahe die Wellen berührt, schreien Thorsten und Florian durch unsere Funkanlage:

»Hey, Chris und Tommy, kommt sofort zurück!«

»Wieso eigentlich«, gibt Chris zurück, »hier oben auf der Kuppe sieht man weit ins Land hinein, ist echt toll!«

»Kommt einfach her!«

Als wir zu dem gemieteten Teamwagen zurückfahren, haben Thorsten und Florian schon begonnen, beide Kameras in unterschiedlichen Winkeln zur Straße aufzubauen. Wir sind jetzt etwa zweihundert Meter im Landesinneren und von dieser leichten Rechtskurve direkt am Wasser entfernt. Hinter der Kurve biegt die Straße sich wieder gerade und führt exakt auf uns zu. Jetzt wissen wir auch, wieso es gut war, uns zurückzurufen: Von unserer Position aus und dem Wasser zugewandt, scheint die Straße im Meer zu verschwinden. Genau in der Verlängerung der Straße nämlich haben die Sonnenstrahlen aus der Wasseroberfläche eine Christbaumkugel hervorgezaubert. Es gleißt, es glänzt, es glitzert. Und das ist noch nicht alles. Die Straße selbst, die aus dem Lametta herauszukommen scheint und von dort schnurstracks in unsere Richtung führt, beginnt ihre Konturen zu verlieren. Der Asphalt erwärmt sich, erhitzt die Luft darüber, und diese beginnt ein Eigenleben. Eine klassische Fata Morgana, aber nicht in der Sahara, sondern in Südpatagonien. Und das vor diesem weihnachtlich geschmückten Hintergrund, ein absoluter Leckerbissen für uns vier, die wir uns gar nicht sattsehen können, für die beiden Kameras und, so hoffen wir, auch für die Zuschauer, die wir einige Wochen später mit auf unsere Reise nehmen wollen.

Klasse, denken Chris und ich, ohne die beiden Kameraleute und ihren Blick in den Rückspiegel wären wir an dieser Szenerie vorbeigefahren. Deren Faszination erschließt sich nicht, wenn man ins Landesinnere fährt, sondern nur, wenn man zurückblickt in Richtung Wasser. Also fahren wir beide zurück, weit hinter die Kurve am Wasser, und warten am Straßenrand auf das Signal per Funk.

»Jetzt?«, fragen wir nach zwei Minuten.

»Nein, da kommt noch ein Auto. Wartet!«

Der alte VW ist jetzt aus unserem Bühnenbild hinausgetuckert.

»Okay, *vamos!*«

Schnell nehmen wir Fahrt auf, passen gegenseitig unsere Geschwindigkeit an, auf etwa sechzig Stundenkilometer, biegen in die Kurve ein und wissen, dass wir jetzt für die beiden Kameras auftauchen wie aus einer Wand aus Licht. Und dass wir gleichzeitig eintauchen in wabernde, heiße Luftmasse, die unsere Umrisse unmerklich verzerrt, ja, dass die Reifen unserer Motorräder aufzuhören scheinen, den Boden zu berühren. Als ob wir fliegen würden. Ein einmaliges Bild!

Vier Stunden später: Nachdem wir noch durch enge, direkt auf das Wasser ausgerichtete Alleen gefahren sind und in einem kleinen Hafen wunderschöne Farbreflexe und Spiegelungen gedreht haben, kommen wir auf unserem Weg auf der Landstraße 9 in Richtung Süden durch einen dichten und duftenden Wald. Der Asphalt hat sich bereits vor etlichen Buchten verabschiedet, so dass Chris und ich wieder einmal über Rollsplitt- und Sandserpentinen fahren, recht steil das Ganze, bis wir die Einstellung finden, nach der wir schon lange gesucht haben: Chris und ich kommen auf unseren beiden Zweirädern von unten aus dem Zypressenwald heraus und fahren auf die Kamera zu, wir gewinnen in den acht bis zehn Sekunden, die diese Sequenz dauert, etwa zehn Meter Höhe. Die Kamera schwenkt mit, zieht auf, die beiden Motorräder fahren aus dem Bild und geben schließlich den Blick auf diese tiefblaue Wasserstraße frei, die jetzt endlich von hier oben aus in ihrer Gänze zu sehen ist. Es ist die sagenumwobene Magellanstraße.

Geografische, begriffliche, historische Meilensteine zum Verständnis dieser Weltgegend: Wir drehen die Uhren zurück, sehr weit zurück, gut fünfhundert Jahre.

Man schrieb das Jahr 1492, in dem Christoph Kolumbus Amerika entdeckte, das er für Indien hielt. Der zwölfjährige Fernão de Magalhães (Magellan, span. Fernando de Magallanes) entstammte dem verarmten portugiesischen Adel, seine Eltern waren vor zwei Jahren verstorben. Der Junge ging als Page an den Hof des portugiesischen Königs und wurde dort unterrichtet, unter anderem im Fach Seefahrt. Mit fünfundzwanzig Jahren durfte er zum ersten Mal an einer Expedition teilnehmen, das Ziel war Indien. Nachdem er auf der Reise eine Meuterei gegen den mitreisenden Vizekönig verhindern konnte, stiegen seine Aktien. Aber nicht so sehr, dass die Portugiesen ihm seinen Traum einer eigenen Mission erfüllten. Dazu fehlte ihm nicht zuletzt das Kapitänspatent. Auf mehreren Folgereisen sollte er dies zwar erhalten, doch wegen seiner Eigensinnigkeit fiel er trotz wiederholter Heldentaten beim König immer wieder in Ungnade. Zuerst entfernte er sich mit seinem Schiff verbotenerweise vom Pulk, dann trieb er illegalen Handel mit fremden Völkern. Die Quittung: 1514 wurde er aus den Diensten des Königs entlassen.

Als Magellan zur damaligen Konkurrenz um die Vorherrschaft auf den Weltmeeren ging, nach Spanien, hatte er nicht allzu viel im Gepäck, aber in seinem Gedächtnis eine kostbare Erinnerung: In den portugiesischen Archiven hatte er eine geheime Seekarte entdeckt. Auf ihr war in Südamerika eine Passage verzeichnet, die den Atlantik mit der anderen Seite der Welt verband. Während der nächsten Jahre bereitete Magellan seine Expedition zu den Gewürzinseln vor. Als erster Seefahrer der Welt wollte er dabei nicht nach Südosten segeln, sondern nach Westen. Sein Gehorsam gegenüber der Obrigkeit schien nicht eben vorbildlich zu sein, als Netzwerker aber war er offenbar genial: Es gelang ihm, mit nichts als einer vagen Idee mächtige und vor allem reiche Fürsprecher zu gewinnen, die viel Geld in ihn investierten, darunter (allerdings in verhältnismäßig geringem Maß) die zeitgenössischen Heuschrecken, die Augsburger Fugger. Sogar der spanische König ließ sich herab, mit dem Neuling einen Vertrag zu schließen, stellte ihm fünf Schiffe zur Verfügung und ließ diese Flotte unter der Flagge des Heiligen Römischen Reiches segeln.

Am 10. August 1519 stachen also fünf Schiffe in See: die Santiago, die Victoria, die Concepción, die San Antonio und Magellans Flaggschiff, die Trinidad. 237 Mann Besatzung und Proviant, so viel die Schiffe fassen konnten. Die Portugiesen hatten schon mehr gelacht und versuchten zunächst, die spanische Konkurrenz durch zwei Kriegsflotten aufzubringen. Doch ihr abtrünniger Landsmann nahm weder die vermutete Route nach Nordbrasilien noch die entlang des südlichen Afrika. Stattdessen segelte er über Teneriffa und die Kapverden bis in jene Bucht, an der heute das ARD-Studio Südamerika liegt: die Baía de Guanabara von Rio de Janeiro. Um die erhoffte Passage nicht zu verpassen, segelte die Flotte immer nah am Ufer entlang bis zur Mündung des Río de la Plata beim heutigen Buenos Aires. Die Erkundung des gigantischen Deltas kostete Zeit und Proviant, und so mussten die Schiffe weiter südlich schließlich überwintern. Die hochgewachsenen Ureinwohner in dieser kalten, stürmischen Region nannte Magellan Patagonier, »Großfüßer«. Zwei von ihnen wurden an Bord genommen, um sie nach der Rückkehr in Spanien zu präsentieren. Beide starben während der Reise.

Wegen der immer schlechteren Versorgungslage kam es bald zur ersten Meuterei, Magellan gelang es nur knapp, sie zu beenden. Die Expedition stand unter einem schlechten Stern, die Santiago erlitt Schiffbruch. Nach siebenmonatiger Winterpause ging es endlich weiter, die vier übrig gebliebenen Schiffe erreichten am 21. Oktober 1520 eine vielversprechende, weit ins Land hineinreichende Meerenge. Ihren Ausgangspunkt nannte Magellan Cabo Vírgenes, Kap der Jungfrauen. Am 1. November, dem Allerheiligentag, setzte ein anderthalbtägiger, furchtbarer Sturm ein und trieb die Schiffe in die Bucht, die sich als Einfahrt in die Passage erweisen sollte. Während der mühsamen, von fast permanenten Stürmen erschwerten Erkundung setzte sich nach einer weiteren Meuterei ein zweites Schiff ab und segelte nach Spanien zurück.

Peitschende Winde, orkanartige Stürme, tosendes Wasser. Die drei Schiffe unter dem Kommando Magellans tasteten sich unter schwierigsten Bedingungen durch das unbekannte Gewässer in Richtung Westen, an seiner engsten Stelle lagen zwischen den Ufern im Norden und Süden nur dreieinhalb Kilometer. Immer in Angst, auf steinige Untiefen zu stoßen oder vom Wind gegen die Küste geschmettert zu werden.

Menschen lebten selbst hier in dieser extremen, unwirtlichen, eiskalten Region. Die Besatzung kam mit ihnen zwar nicht in Berührung, zu gefährlich erschien Magellan ein Landungsmanöver. Aber immer wieder sahen die Seefahrer von ihren Schiffen aus an der südlichen Küste große Lagerfeuer. Und so vergab der Portugiese wieder einmal einen spanischen Namen, der sich bis heute erhalten hat: *Tierra del Fuego,* Land des Feuers, Feuerland.

Am 28. November 1520 war es geschafft: Die Meerenge lag hinter den Männern, die Winde beruhigten sich seit Wochen zum ersten Mal, und dankbar nannte Magellan das Gewässer auf der anderen Seite Amerikas Pazifik, Friedlicher Ozean. Er war der erste Europäer, der mit dem Schiff bis hierher vorgedrungen war. Auch dem *paso*, dieser 570 Kilometer langen Verbindung zwischen beiden Weltmeeren, verlieh der Portugiese einen, diesmal portugiesischen Namen: *O Estreito de Todos os Santos,* Kanal der Allerheiligen. Doch diese Bezeichnung sollte sich als nicht dauerhaft erweisen; der spanische König änderte sie in jenen Namen, der bis heute Gültigkeit hat: *Estrecho de Magallanes,* Magellan-Kanal oder Magellanstraße.

Der weitere Verlauf von Magellans Reise (die einerseits mit dessen gewaltsamem Tod und dem seiner meisten Kollegen endete, die andererseits aber achtzehn Männern den Ruhm eintrug, die ersten Weltumsegler in der Geschichte gewesen zu sein) kann hier nicht geschildert werden. Doch für den interkontinentalen Handel zwischen Europa und Asien besaß die Magellanstraße eine jahrhundertelange, kaum zu überschätzende Bedeutung. Selbst nach der Entdeckung von Kap Hoorn ein Jahrhundert später, blieb sie *die* Verbindung zwischen Atlantik und Pazifik. Die extremen klimatischen Bedingungen um die Südspitze Südamerikas versenkten Dutzende Schiffe und kosteten Hunderte von Seeleuten das Leben. Im Gegensatz zum Kap Hoorn aber war die Magellanstraße relativ sicher. Sie ersparte den Schiffen zudem tagelange Umwege und bot mit der Besiedelung Feuerlands und Patagoniens nach und nach immer bessere Nachschubstationen. Erst die Eröffnung des Panamakanals 1914 fast vierhundert Jahre später nahm der Magellanstraße ihre wirtschaftliche Bedeutung, ihre historische indes kann ihr niemand nehmen.

Zurück zu unserer bescheidenen Motorradreise: Noch immer sind wir vier Feuer und Flamme für Feuerland, das wir auf der anderen Seite der Meerenge erahnen können. Noch eine Einstellung mit unserer geliehenen 500-mm-Spezialoptik, mit der man laut Thorti »den Mond Bild füllend bekommt«, doch auch dieses Zubehörteil ist physisch am Ende: Der Verdoppler lässt sich nicht mehr ausschalten, durch den Transport auf Ruckelpisten hat sich in dem Gehäuse irgendetwas verzogen. Daran zeigt sich – zum letzten Mal auf unserer Reise –, dass es sich um eine Extremreise handelt: Unser Equipment ist schwer angeschlagen, und wir gehen ebenfalls am Stock. Nach Lungenentzündungen, Höhenkrankheiten, Schüttelfrösten, Grippen, allgemeinen Erschöpfungszuständen, chronischem Schlafmangel, Muskelkater, Krämpfen, Dehydrierung ...

Eigentlich ist unser Unterfangen ein Unding: achttausend Kilometer in sieben Wochen und dabei mehr als zehn Geschichten drehen. Stets gibt es einen Konflikt, der nicht zu lösen ist: weiterfahren oder die Kamera auspacken. Beides muss sein, also kommt es auf ein fast stündliches Austarieren an: Okay, diese Szene drehen wir noch, aber dann, bitte schön, erst mal nichts mehr! Oder, vielleicht, diese eine noch! Genau so geht es uns auch heute: Wir halten zunächst im Hafen des Hungers, Puerto Hambre, rund sechzig Kilometer südlich von Punta Arenas, ein gespenstischer Ort. Die Spanier hatten hier die strategisch unglaublich wichtige Meerenge befestigen wollen und im Jahr 1584 an dieser Stelle das Fort Felipe* gegründet. Dreihundert Mann wurden hier im südlichsten Patagonien zurückgelassen, um die Festung auszubauen und sich auf Dauer hier einzurichten. Drei Jahre später ankerte ein englischer Pirat in der Magellanstraße und entdeckte die Siedlung. Was er an Land sah, war ein fürchterliches Desaster: Die dreihundert Mann waren allesamt erfroren oder verhungert.

Hier zu drehen stellt sich aber als nicht sinnvoll heraus, außer einem Gedenkstein ist nicht viel zu sehen. Es ist jetzt bereits halb zwei am Nachmittag. Eine unserer beliebten Diskussionen

---

* Ciudad del Rey Don Felipe, benannt nach dem spanischen König Philipp II./Felipe II

entbrennt: umkehren oder weitermachen. Schließlich obsiegt die Kameraabteilung, weil ein angemessenes Schlussbild gefunden werden muss, und das stimmt natürlich auch. Also fahren wir noch einmal zwei, drei Kilometer weiter in Richtung Süden, dorthin, wo die Landstraße 9 endet: Fuerte Bulnes, der Nachbau eines historischen Forts, das die Chilenen Mitte des 19. Jahrhunderts bauten, um ihre Ansprüche auf die Magellanstraße zu unterstreichen. Auch dieses Projekt scheiterte übrigens am patagonischen Klima und an mangelndem Nachschub. Das Fort wurde bereits fünf Jahre später zugunsten von Punta Arenas aufgegeben. Für die Chilenen aber ist der Ort ein Markstein ihrer Geschichte, und so haben sie das Fort wieder aufgebaut, es ist heute ein nationales Monument. Und es ist zugleich nicht nur das Ende der chilenischen Landstraße 9, auf der wir seit Puerto Natales gefahren sind, sondern auch der Schlusspunkt des chilenischen Straßensystems überhaupt. Ende Gelände.

Wunderschön, wie die Holzhäuser und hohen Holzzäune auf dem kleinen Hügelchen gruppiert sind, hier und da von einer dünnen Moosschicht überzogen. Von hier oben bietet sich ein grandioser Blick auf die Magellanstraße, auf die die nachgebauten Kanonen gerichtet sind. Auf dem Parkplatz unter uns hält noch ein Pkw, und heraus steigen zwei der Passagiere aus der deutschen Reisegruppe, die wir von der »Evangelistas« kennen. Schnelle Begrüßung, denn es ist schon nach vierzehn Uhr, allerhöchste Eisenbahn für uns. Thorsten und Florian bauen ihre Gerätschaften auf, zügig wird ein Drehplan improvisiert, obwohl man hier Stunden zubringen könnte. Vereinzelte Raubvögel suchen von den Zaunspitzen nach Beute, ein leichter Wind weht von der Meerenge herauf, die Albatrosse zerteilen den tiefblauen Himmel, und die pralle Nachmittagssonne lässt unsere hochgezüchteten Motorräder funkeln. Chris und ich beugen uns über unsere Spezialkarte, die wir wie die meisten anderen Karten in einem Spezialgeschäft in Hamburg bestellen mussten. Mein Finger schiebt sich für Thorstens Kamera und die Zuschauer über die Mappe, beginnend von unserem Standort aus, also bei Punta Arenas. Die letzte Etappe wird von hier zunächst westlich verlaufen: per Fähre durch die Magellanstraße in Richtung Pazifik und dann lange Zeit südlich durch ein abenteuerliches Geflecht von Kanälen und Fjorden am rauen Pazifik. Schließlich werden wir nach Nordwesten in den Beagle-Kanal einbiegen und in der Bucht von Yendegaia landen, am Ende der Welt.

Ein Blick auf die Uhr, unsere Herzen stocken. Fünfzehn Uhr!

Um siebzehn Uhr soll die Fähre in See stechen, noch zwei Stunden. Die Fahrt bis hierher hat uns (einschließlich der Dreharbeiten) über sechs Stunden gekostet. Jetzt also dürfen wir uns nicht mehr die kleinste Verzögerung leisten. Mit Volldampf zurück, wir dürfen dieses Schiff auf keinen Fall verpassen! Zurück durch die hügeligen Wäldchen, der Rollsplitt auf den Wegen spritzt zur Seite, wir erreichen die Asphaltstraße und überholen jedes Fahrzeug. Die Strecke wird etwas gerader, und wir geben Gas. Der Tacho auf unseren Motorrädern schießt kurzzeitig auf 160 Stundenkilometer, wir fliegen zurück nach Punta Arenas. Ein letztes Mal dieser südamerikanische Fahrtwind, diese Frische, diese wunderbare, klare Luft.

Etwa eine Stunde nach unserem Aufbruch vom Militärfort erreichen wir die kleine Pension, vor der Lorena mit bösen Blicken auf uns wartet. Natürlich müssen wir zunächst noch das gesamte Gepäck in unser Begleitfahrzeug umladen, das unter der Last zusammenzubrechen droht. Producerin Lorena ist jedenfalls stocksauer, weil es nun einmal mehr verdammt knapp wird. Um 16.45 Uhr (!), bei unserem Aufbruch von der Pension in Richtung Hafen quer durch die ganze Stadt, ist weder klar, ob wir es schaffen werden, noch, ob die Fähre auf uns wartet. Hätte sie übrigens nicht getan, wie wir nachträglich erfahren. Aber die Dinge verzögern sich: wie immer in Südamerika. Endlich profitieren wir einmal davon! Wir haben sogar noch Zeit, den angespannten Besitzer der beiden Motorräder von deren Unversehrtheit zu überzeugen, ihn auszuzahlen, die Quittungen unterschreiben zu lassen und die Abschlussszene zu drehen: Chris und ich stoppen die Maschinen an der »Waterkant« exakt in dem Augenblick, als das Lastschiff seine Laderampe herablässt. Die Motorräder bleiben hinter uns zurück, ihr durchschnaufender Besitzer, das chilenische Festland und 8100 Kilometer Strecke, die wir gemeinsam bewältigt haben. Zusammen mit den beiden Schiffspassagen kommen noch mal gut 2000 Kilometer zu Wasser dazu. Wir haben die Hälfte der Distanz von Pol zu Pol durchmessen, ein Viertel des Erdumfangs.

Die »Bahía Azul« sticht in See. Geschafft!

Noch ist Prinzessin Leia uns gram, aber nach und nach ziehen wir die Chilenin mit unserer Hochstimmung auf unsere Seite. Ein Gläschen Rotwein aus Plastikbechern, hoch die Tassen, die von der untergehenden Sonne zu Leuchtkugeln umdekoriert werden. Unsere Euphorie mag für die wenigen anderen Passagiere übertrieben wirken, aber sie ist echt. In diesem Augenblick wissen wir, dass wir Feuerland erreichen werden und unsere mit heißer Nadel gestrickte Logistik tatsächlich funktioniert hat.

Noch ein letztes Abenteuer liegt vor uns, wir sind bereit!

Tag 36

Ausgesetzt am Ende der Welt

Gestern Abend hatte sich folgende Schlafsituation ergeben: Eine Einzelkabine für den Kapitän, zwei Doppelzimmer für die Besatzung der »Blauen Bucht«, und für die wenigen Passagiere (drei chilenische Lkw- und Pkw-Fahrer, drei australische, ein französischer und ein deutscher Tourist nebst ARD) war ein busartiger Raum mit blauen Sitzbänken vorgesehen. Wartesaalatmosphäre, Beinfreiheit wie in der Economy-Class von TACA, die reine Wonne. Thorti hatte es dann irgendwie geschafft, dem Maat zwei Kojen aus den Rippen zu schneiden und sie kollegial Florian (dessen Erschöpfungsgrad noch immer nicht in Worte zu fassen ist) und mir überlassen (»Rentner ins Bett!«). Eine wahrhaft heldenhafte Aktion. In Gedanken verliehen wir unserem Kumpel Thorsten dafür die Kameradschaftsmedaille erster Klasse und kletterten, ohne uns groß zu zieren, in die Betten. Das muss so um einundzwanzig Uhr gewesen sein, als es Nacht geworden war und man gar nichts mehr sah.

Als ich aufwache, drehe ich mich direkt noch mal herum, ohne auch nur auf die Armbanduhr zu schauen. Nach einem weiteren Tiefschlaf schäle ich mich mit geschwollenen Lidern aus der Koje, kleide mich in Zeitlupe an und tappe hinaus auf den offenen Laderaum der Fähre. Erst jetzt fällt mein Blick auf die Uhr: elf Uhr! Sage und schreibe vierzehn Stunden Schlaf, das habe ich seit meinen Kindheitstagen nicht mehr geschafft! Der eiskalte Fahrtwind tut meinem Körper gut, ich atme minutenlang durch und setze mich dann in Bewegung, wie in Trance! In der Messe im Untergeschoss will der Koch von meinem flehentlichen Hast-du-noch-ne-Tasse-Kaffee-Hundeblick nichts wissen. Mit einer ärgerlichen Handbewegung, die nach oben in den blauen Wartesaal führt, erstickt er mein Ansinnen direkt im Keim. Also wanke ich weiter, dorthin, wo mich der gehässige Applaus meiner Kollegen und Prinzessin Leias erwartet, aber weiß Gott kein Kaffee. Selbst beim Instantkaffee wird hier gegeizt: Braune Aufreißtütchen werden nur zu bestimmten Tageszeiten gereicht. Die Phase von elf bis eins gehört nun mal eben nicht dazu.

Die Sonne kommt gerade heraus, und die doppelt besetzte Kameraabteilung begibt sich wieder hinaus zum Drehen, ich gehe natürlich mit. Wenigstens ein Glimmstängel muss jetzt sein, also ein halbes Junggesellenfrühstück! Wir klettern die Stahlleiter hoch auf das Oberdeck, auf das Niveau der Kapitänsbrücke. Und da surren sie wieder, die beiden Kameras, fangen Facetten und Ausschnitte und appetitliche Häppchen dieser unglaublichen Landschaft ein, derer ich mir erst jetzt bewusst werde.

Die Cordillera Darwin, ein unzugänglicher Flickenteppich aus Gipfeln, Tälern und Gletschern. Es sind die letzten Ausläufer der Anden, die uns seit Peru begleiten: über die Hochebenen Boliviens und durch ganz Chile bis zum Schluss unserer Reise. Auf den Landkarten sieht diese Region aus wie ein glatter Tisch, auf dem jemand mehrere Gläser zerschlagen hat: Splitter unterschiedlicher Größe, Abertausende von kleinen und kleinsten Inseln, durch die die Schiffe sich ihren Weg bahnen müssen. Ein einziges Mal falsch abgebogen, statt links rechts um ein Eiland herum, und man hätte sich heillos verfranzt, säße in einer amphibischen Sackgasse fest oder würde irgendwo am Pazifik wieder aus dem Gewirr herauskommen, Hunderte von Kilometern jenseits des rechten Weges.

Längst sind wir nach Süden abgebogen, bewegen uns durch ein unvorstellbares Geflecht von winzigen und winzigsten Inseln, aus denen das chilenische Patagonien besteht. Immer häufiger kommen wir jetzt an Gletschern vorbei, die sich in das Gewässer zu ergießen scheinen. Die Fähre ist deutlich kleiner als die »Evangelistas«, aber unsere Eindrücke sind größer: Diese Reise ist eine totale Low-Budget-Tour, was unsere Herren und Damen Controller später besänftigen wird. Für'n Appel und 'n Ei haben wir die Ehre, mit der »Blauen Bucht« durch die schönsten Fjorde zu schippern: ganz nah an den Felsklippen entlang, ganz nah an den Wellen, ganz nah an Feuerland. Quasi intim, ohne Brimborium. Einfach so, wie Südchilenen reisen. Neben uns die nach Öl und Benzin stinkenden Lkw, die vor Teer und Kälte starrenden Taue, die Meerwasserpfützen, die die Gischt beständig auf das Deck zaubert. Es geht uns gut, um nicht zu sagen prächtig.

Natürlich schlafen auch wir immer mal wieder gern in Daunen, natürlich springen auch wir immer mal wieder gern in wohltemperierte Pools und trinken einen Cocktail in den nach Leder und Zigarrenqualm duftenden Luxusbars dieser Welt. Aber wenn wir Reporter und Auslandskameraleute und Offroad-Produzenten mal ehrlich sind, dann lieben wir in Wirklichkeit Momente wie diesen: Teil dessen zu sein, was auch ohne uns stattfindet. In einer Umgebung, in der in potthässlichen Öljacken gearbeitet wird und man gleichzeitig einen einmaligen Ausblick genießt. Wo es keine Anbiederung an die Bedürfnisse höchst anspruchsvoller Touristen gibt. Wo niemand mit Schmiergeld etwas ausrichten kann, weil jede Abweichung von der Normalität das gesamte Unternehmen gefährdet. Wo man mit Menschen spricht, die nicht immer das ausdrücken können, was sie denken, deren Ja aber ein Ja und deren Nein ein Nein ist. Wo es ungekünstelt zugeht, da sind wir zuhause, und von solchen Momenten und von solchen Menschen leben unsere besten Reportagen.

Zwischen uns und unseren Geschichten gibt es in Momenten wie diesen fast keinen Unterschied. Auf besonderen Reisen wie dieser würde niemand im Team an Überstunden denken, sich über Petitessen beschweren oder persönliche Vorteile herausschlagen wollen. Gerade im Ausland, gerade in Extremsituationen ist man aufeinander angewiesen und hat ein gemeinsames Ziel: Den jeweiligen Film so gut zu machen wie nur irgend möglich. Unser von außen kommender Auftrag und unser von innen kommendes Bestreben überlagern sich. Letztlich ist Letzteres sogar wichtiger: denn eigentlich arbeiten wir für uns selbst. Wir sind wochenlang unterwegs und haben niemanden, der sich einmischt, keinen Vorgesetzten, der uns sagt, ob wir mit dem Auto um den Titicaca-See herumfahren sollen oder mit dem Totora-Boot hinübersetzen. Ob wir den Weg des Todes ausfallen lassen sollen oder ihn wagen. Ob wir einen Riesenaufwand betreiben, um auch auf der letzten Strecke mit dem Motorrad zu fahren, oder es sein lassen. Wir entscheiden das vor Ort im Team, wir sind damit auch verantwortlich und identifizieren uns mit unserem Produkt. Wir tun – beinahe – alles, damit wir am Ende stolz sein können, wenn der Film gesendet wird. Wir sind unsere eigenen Chefs, und meistens sind wir wesentlich anspruchsvoller, als diese je sein könnten. Wir selbst sind es, die uns vorwärtstreiben, ab und an über die Grenzen des Verantwortungsbewusstseins hinaus.

Manchmal verengt sich die Fahrrinne so sehr, dass man von der Fähre aus mit einem Steinwurf beide Seiten erreichen könnte. Dann drosselt der Kapitän die Geschwindigkeit beinahe bis auf Schritttempo. Dann wieder öffnet sich der natürliche Kanal, die Berge rücken von uns ab, verschwimmen im Nebel. Nun ist die Fahrt fast wie auf offenem Meer, und das Schiff beschleunigt: volle Kraft voraus. Gerade jetzt zum Beispiel. Wie aus heiterem Himmel, überraschend für uns alle, peitscht ein Wind die Wellenkämme empor, und die Fähre, die eben noch so ruhig und sicher im Wasser lag, wird zur Nussschale.

Ungute Erinnerungen an Schmerzen und Buckel werden wach, aber der Kapitän bemüßigt sich ziemlich schnell eines Planes B: zur Sicherheit macht er einen Umweg! Vorteil dieser Variante: Ruhe kehrt wieder im engen Kanal ein. Der Nachteil: eine weitere Verzögerung. Vier bis fünf Stunden, schätzt der Steuermann grob. Für uns bedeutet das: Wir werden unser Ziel, die Bucht von Yendegaia doch nicht mehr, wie geplant, bei Tageslicht erreichen, sondern erst mitten in der Nacht. Echt schade, wir hätten unsere Ankunft liebend gern auf unsere Sechzig-Minuten-Discs gebannt, aber man kann auf einer solchen Reise eben nicht alles haben. Und was wir haben, ist schon mehr, als wir erträumten.

An einer Stelle in der jetzt wieder extrem schmalen Rinne passieren wir nacheinander, im Abstand von nur wenigen Kilometern, drei Gletscher. Der erste gibt den Blick auf den massiven Felsen unter sich preis. Eine steinerne Grenze genau dort, wo er sich eigentlich ins Wasser ergießen müsste. Als wäre der Gletscher dauerhaft schockgefrostet. Sein Nachbar dagegen freizügig, ungehindert fließend, seine Eismassen wie eine Dauerleihgabe ins Wasser rutschen lassend. Überall Eisberge und Trümmer im Kanal, die »Bahía Azul« tuckert im Schneckentempo an ihnen vorbei und durch sie hindurch. Der dritte Gletscher schließlich ein Monstrum, über mehrere Andengipfel verteilt. Es scheint, als ob diese Eisfläche beschlossen hätte, niemals mehr enden zu wollen. Und das Schönste: Die nebeneinanderliegenden Spitzen werden von der langsam untergehenden Sonne in rot glühendes Licht getaucht. Thorsten und Florian drehen, bis ihnen schwindelig wird.

Dann sind die Sonnenstrahlen weg und unsere Dreharbeiten für heute beendet.

In der Messe (wo wegen des überschaubaren Platzangebots in Schichten gegessen werden muss) beginnen wir mit den drei Australiern und dem Franzosen ein Pokerspiel. Da wir natürlich keine Spielchips haben, aber auch keine Streichhölzer, nehmen wir das, was gerade einigermaßen umfangreich verfügbar ist: Teebeutel, von denen wir in drei Plastikschraubdosen einige Dutzend finden. Obwohl wir das Höchstgebot auf vier Orange Pekoe begrenzen, geht das Spiel in rasanter Geschwindigkeit seinem Ende entgegen. Einer nach dem anderen streicht die Segel, nachdem er auch seinen letzten Beutel in den Topf geworfen und wieder nur ein Siebenerpärchen auf der Hand hatte. Einer grinst, einer rafft, einer kommentiert ein ums andere Mal mit einem geradezu unverschämten »*Merci!*«. Am Ende lädt uns der Franzose zu einer Teeparty ein, aber wir Verlierer finden, das soll er mit sich selbst ausmachen!

Aus den gut dreißig werden am Ende fast vierzig Stunden. Der letzte, sturmbedingte Umweg hat uns das Tageslicht gekostet, und so ist es fast Mitternacht, als die »Bahía Azul« plötzlich ihr Nebelhorn betätigt, langsamer wird und sich ächzend irgendetwas Schwarzem nähert: dem Ufer. Hektische Betriebsamkeit, nachdem die Ladeluke endlich in der Waagerechten steht. Koffer, Kisten und Kameras werden auf dem feuchten Gras abgestellt, das Ganze dauert keine fünf Minuten. Wir verabschieden uns von den Skippern und den Passagieren, das Nebelhorn tutet bis in die Antarktis, die Klappe wird hydraulisch hochgezogen, die Fähre sticht wieder in See. Letzte Rufe, letzte Handzeichen, und dann wird es schlagartig still und: dunkel! Man sieht die Hand vor Augen nicht.

Ein merkwürdiges Gefühl, so mutterseelenallein irgendwo am Ende der Welt ausgesetzt zu werden, auch wenn wir zu fünft sind. Unsere Taschenlampen tasten umher, aber im dünnen Lichtschein ergibt sich noch immer kein Hinweis darauf, ob es die richtige Bucht ist oder nicht. Uns bleibt nur zu hoffen, dass der Kapitän wusste, was er tut. Wie immer nach langen Schiffspassagen: Der Körper kann sich an die überraschende Festlandstarre nicht gewöhnen und wankt noch einige Stunden weiter. So stehen wir da, die Männer rauchend und diskutierend, Lorena von oben herab lächelnd ob unseres Unwohlseins in der neuen Situation. Sie hat offensichtlich schon Lebenszeichen vernommen und tatsächlich: zunächst ein Rudel Hunde, kläffend, bellend und uns mit gefletschten Zähnen als Eindringlinge betrachtend. Dann eine Männerstimme. Laut, schneidend, gebieterisch, endgültig:

»¡A callar!« – »Ruhe jetzt!«

Die Hunde kuschen, und der Mann tritt aus der Dunkelheit hervor: José, von dem unsere Producerin Lorena uns bereits erzählt hat. Nicht überdurchschnittlich groß, dazu hager. Doch seine Persönlichkeit wächst sofort, beim allerersten Blickkontakt, weit über seine Körperstatur hinaus. Er ist ernst, um nicht zu sagen barsch. Eher auf die Natur um sich herum fixiert als auf seine Gäste. Das sieht man eindrücklich daran, dass er die ganze Zeit ausschließlich seine Schäferhunde im Visier hat, wir spielen praktisch keine Rolle. Wachsam, misstrauisch und jederzeit bereit, die Tiere ein weiteres Mal anzupfeifen, wenn sie nicht so wollen, wie er es will. Erst als sie sich trollen und sich ihrem Herrchen vollends unterordnen, wendet José sich an uns, jetzt eine Spur freundlicher. Mit weit ausgestreckten Armen begrüßt er uns, jeder Körperkontakt mit uns scheint ihm zuwider zu sein, eine Umarmung ausgeschlossen. In unserem kollektiven Taschenlampenlicht können wir ihn jetzt ziemlich gut betrachten. Er ist ein Mensch, wie wir alle ihn noch nie gesehen haben.

Goldbraune Lederstiefel, die ihm bis zu den Knien reichen. In ihnen steckt eine schwarze Reiterhose, an den Oberschenkeln extrem weit ausgeschnitten, fast wie eine Pumphose. Um die Hüften ein mehrfach geschlungenes, rotes Tuch, das das Schwarz der Hose vom Azurblau seines Pullovers trennt. Der Kragen des Pullovers ist geöffnet, und heraus quillt ein ebenfalls mehrfach gewickeltes und verknotetes, hellblaues Halstuch. Das mit Abstand Interessanteste aber sein Gesicht: abgemagert, die Wangenknochen stehen ein gutes Stück hervor. Ein schwarzer Schnurr- und Kinnbart umgibt rundherum den schmallippigen Mund, der es offenbar nicht gewohnt ist, sich zu einem Lächeln zu verziehen. Der für Kommandos gemacht zu sein scheint, nicht für Konversation. Lange Koteletten gehen ansatzlos in das über, was den Haupteindruck auf jeden Besucher macht: seine mehr als schulterlangen, pechschwarzen Haare, mit einem Lederband im Nacken zusammengebunden. Und, als ob das noch nicht reichen würde, eine ebenfalls schwarze Baskenmütze, die er nicht modisch zur Seite weisend trägt, sondern zentriert auf der Kopfmitte. Nichts an diesem Mann ist verspielt, alles ist funktional und bar jeder Effekthascherei.

Unsere Freude darüber, in dieser Dunkelkammer jemanden getroffen zu haben, hätte sich in einem herzlichen Lächeln Bahn brechen wollen, doch angesichts seiner abweisenden Mimik bleibt es auf der Strecke. Aber dann kommt auch *sie* aus der Dunkelheit: Josés Lebensgefährtin Annemie, und unsere Herzen gehen auf.

Fast einen Kopf größer als ihr Freund und ebenfalls spindeldürr. Ihr Gesicht noch knochiger, ihr Kinn weit ausladend, ihre langen, braunen Haare, zu einem imposanten Dutt gesteckt, unter einer schwarzen Skimütze. Die ganze Frau ist eingehüllt in Jacken und Pullover und Hemden und Tücher, die ihre Erscheinung zunächst fülliger machen, als sie in Wirklichkeit ist. Auch ihr breiter Mund ist ernst, als sie auf uns zuschreitet. Ihre Augen scheinen vieles gesehen zu haben, was ihnen Angst gemacht hat. Doch dann, als sie sich uns bis auf wenige Meter genähert hat, bricht plötzlich ein strahlendes Lachen hervor, mit einer warmen Stimme begrüßt sie uns Männer und umarmt Lorena »Leia« Salas. Die beiden haben sich bei der Vorproduktionsreise für einige Minuten gesehen und stehen seitdem in Mailkontakt. Schlagartig ist die Situation gerettet, und wir fühlen uns willkommen.

Dann lassen wir einige besonders schwere Ausrüstungsgegenstände in einem uns bislang verborgen gebliebenen Schuppen der beiden nahe dem »Hafen« zurück. Wir nehmen aber alle so viel mit, wie wir schleppen können, auch José trägt mehrere Kisten und dazu einen schweren Rucksack. Zum ersten Mal entwickeln wir einen Hauch von Sympathie für diesen chilenischen Basken-Reiter. Dann geht es auf einem schmalen und recht rutschigen Fußpfad an den Klippen entlang, fünf bis zehn Meter oberhalb des tosenden Pazifik. Dementsprechend vorsichtig und langsam tasten wir vier uns weiter, vor Kälte schnatternd, während José, Annemie und Lorena (die nicht so viel trägt) uns sehr schnell abhängen. Nach einigen Hundert Metern erreichen wir eine Ansammlung von Blockhütten oberhalb des Strandes, verteilen unser Gepäck auf das Haupt- und das Gästehaus, in dem etwa acht Betten oder Matratzen in vier beinahe kahlen Zimmern zur Verfügung stehen. Dann treffen wir uns in der Küche zu einem ersten Aufwärmgespräch. Ein Ausdruck, der in mehreren Bedeutungen zutrifft.

Kerzenschein. Chris, Flo, Thorsten, Lorena und ich klemmen uns hinter den gewaltigen Holztisch und lassen uns den heißen Tee munden, den Annemie auf dem uralten Feuerofen gebraut hat. Langsam wird es wärmer, wir kommen zur Ruhe. Und auch die Gastgeber selbst, befreit von jeder unnötigen Kleidung (José hat seinen Pullover ausgezogen, darunter trägt er ein breit kariertes Baumfällerhemd; Annemie hat sich aus ihren Jacken, Schals und ledernen Überhosen geschält), haben ein wenig von ihrer anfänglichen Distanz verloren. Für Annemie heißt das, dass sie jetzt munter drauflos plappert und dazu fast ständig lächelt. Für José, dass er hier und da einen Kommentar abgibt und bereits manchmal seinen Mund zu einem Grinsen verzieht.

Wer sind die beiden, warum leben sie auf dem letzten Zipfel der »Zivilisation«, was hat sie zusammengeführt? Tausend Fragen haben wir, und Annemie beginnt geduldig, sie zu beantworten. Wenn man José direkt anspricht, antwortet auch er! In einem harten, chilenischen Dialekt-Spanisch, das selbst Lorena aus Santiago de Chile hier und da Falten des Unverständnisses auf die Stirn treibt. Doch ihre beiden Geschichten, die irgendwann zu einer wurden, sind so spannend und außergewöhnlich, dass wir kein Ende finden.

Vor zwölf Jahren suchte der US-amerikanische ehemalige Unternehmer (Esprit, North Face) und damals schon zu einem Naturschützer konvertierte Douglas Tompkins für Yendegaia, die südlichste seiner in den neunziger Jahren überall zusammengekauften *estancias* in Patagonien und Feuerland, einen Wildhüter. Dafür war José Alvarado Machuca genau der Richtige: früherer Holzfäller, Reitlehrer, Ausfahrer, Gelegenheitsarbeiter, Hausbauer und Gärtner. Er durchritt und durchwanderte seitdem das unvorstellbar riesige Areal, achtete auf den Bestand der Tiere und der Bäume; ein vollkommen auf sich gestellter Landschaftsgärtner im Dienst eines ehemaligen Modezaren. Acht Jahre lang lebte er als einziger Mensch dort, wo sich Fuchs und Hase gute Nacht sagen. Acht Jahre ganz allein auf Yendegaia, im unzugänglichsten Teil von Feuerland, idealer Standort für einen Einsiedler vom Format Josés.

Annemie Eyer, Belgierin, Tausendsassa auch sie – und Weltumseglerin. Irgendwann war es der feurigen Flämin im dicht besiedelten Europa zu eng, und sie zog aus, die Einsamkeit zu suchen. Erspartes hatte sie nicht im Übermaß, aber doch genug, um mit ihrem Segelboot die Ozeane zu durchpflügen und hier und da auch einen Hafen anzusteuern, um Lebensmittel zu kaufen und ihre besorgten Freunde und ihre aufgelösten Eltern zu beruhigen. Eine mobile Eremitin, eine Abenteurerin, eine Außenseiterin. Dann kam im Jahr 2006 die Umsegelung Feuerlands. Der Sturm auf dem Pazifik wurde zum Orkan, und das Boot Annemies drohte mehrfach zu kentern. Die Belgierin hatte schon fast mit ihrer Existenz abgeschlossen, als sie eine Bucht vor sich sah, in die sie sich mit letzter Kraft retten konnte. Am Ufer stand José, half ihr das Segelboot zu sichern, heizte mächtig ein, kochte ihr Tee und gab ihr trockene Kleidung.

Seit diesem Tag haben die beiden sich zusammengeschlossen: Zweisiedler am Ende der Welt!

Die Geschichten brechen über uns herein wie die Wellen des Ozeans, mit jedem Satz wird uns die Dimension ihrer wohl einmaligen Beziehung ein bisschen klarer. Dankbar trinken wir den Tee und verschlingen die Erzählungen der beiden. Wir hören still und fasziniert zu, reagieren mit Staunen und zunehmendem Respekt. José seinerseits findet das nicht schlecht und geht noch einen Schritt weiter aus sich heraus, parliert wie ein Alleinunterhalter, lässt uns Kostproben seines rabenschwarzen Humors genießen und holt sogar zu großen Gesten aus. Das Eis ist gebrochen, ein für allemal.

Während die Kerzen langsam hinunterbrennen, fühlen wir uns in dieser einzigartigen Umgebung pudelwohl, es ist weit nach Mitternacht. Als ich das realisiere, gehe ich kurz ins benachbarte Gästehaus und hole zwei Supermarkttetrapacks Rotwein, um mit den anderen zu feiern. Es soll noch eine lange, wunderbare, emotionale Nacht werden. Heute, am Anfang unseres Abenteuers Feuerland, ist mein Geburtstag.

Tag 37

Biberburger

Die Bahía Yendegaia, jene Bucht, in der Annemie einen sicheren Hafen und einen festen Freund gefunden hat, ist wunderschön gelegen, wie wir am frühen Morgen sehen, als wir uns aus unseren vor Feuchtigkeit klammen Schlafsäcken schälen. Sie bildet das Ende eines lang gezogenen, blaugrün schimmernden Fjordes, den an beiden Seiten etwa fünfhundert bis achthundert Meter hohe und steile Hügelketten einrahmen. Hier, wo eine Gruppe von drei nebeneinanderstehenden Holzhäusern steht – wie eine Einladung für die Seeleute direkt am von Seetang, Muscheln und Kieseln übersäten Strand –, haben sich die Kordilleren an den Rändern dezent verflacht, um den wohligen Eindruck nicht zu schmälern. Saftige Wiesen bedecken dieses breite, liebliche Tal, die Fortsetzung des Fjordes, ihr Grün wuchert bis zum Wasser.

Dieses opulente Landschaftsgemälde, das sich vor unseren noch vorsichtig blinzelnden Augen ausbreitet, ist eigentlich schon zu viel des Guten, jedenfalls um diese Uhrzeit. Doch die Estancia Yendegaia, unsere Heimat für die nächsten und zugleich letzten Tage unserer Reise, zündet sofort zu Beginn weitere Feuerwerke der Sinneslust: Direkt neben den Blockhäusern weiden ein Dutzend Wildpferde, die José und Annemie auf ihrer letzten Treibjagd gefangen haben. Kräftige, große, stolze Tiere sind es, fast ohne Furcht vor uns verschlingen sie in Kleingruppen ihr Frühstück, Farbtupfer in Weiß, Schwarz und allen möglichen Brauntönen. Zwischen ihnen hindurch begeben wir uns ins Haupthaus, um auch uns für diesen vermutlich wieder einmal langen Tag zu stärken.

Drinnen wird schon wieder gelacht. Lorena, offenbar bereits eine Weile vor uns aufgestanden, sitzt am Holztisch in der gemütlichen Küche und tratscht mit Annemie, die beiden trinken Tee und essen Brot. Wir gesellen uns zu ihnen, machen uns unseren Kaffee und stopfen duftende Rühreier in uns hinein. Endlich einmal eine Morgenmahlzeit ohne Hektik, wir »fantastischen vier« genießen jede Minute. Nebenbei wird ein Drehplan für diesen und die nächsten drei Tage entworfen.

»Feuerland bietet vier Jahreszeiten an einem einzigen Tag«, hat José uns gestern Nacht erklärt, »morgens Frühling, mittags Sommer, nachmittags Herbst und abends Winter. Aber darauf kann man sich nicht verlassen, wie man sich hier auf nichts verlassen kann. Manchmal kommt der Winter mittags und der Sommer erst bei Sonnenuntergang. Aus heiterem Himmel kann es zu jeder Tageszeit anfangen zu schneien, und wenn es aussieht, als würde es den ganzen Tag regnen, kommt plötzlich die Sonne raus.«

Mit anderen Worten: Alles hängt vom Wetter ab, und unsere geplanten Ausritte werden vermutlich entweder im Regen stattfinden oder bei Schneesturm! Na ja, wir nehmen und drehen, was wir kriegen!

»Wo ist eigentlich José?«, frage ich Annemie, die gerade genüsslich eine unserer Zigaretten raucht und die Asche in eine Dose schnippt.

»Draußen.«

»Lange schon?«

»Ja, viel länger als halb sechs hält er es im Bett nicht aus!« Annemie lächelt, aber ihre Augen verraten eine Spur Traurigkeit. Vielleicht, weil ihr Partner sie oft allein lässt, vielleicht, weil sie sich manchmal genau so einsam fühlt wie damals auf ihrem Segelboot.

»Und was hat er so gemacht?«

»Er ist ausgeritten, ein paar Stunden. Jetzt ist er vor dem Haus, gleich hier vorn, beim Seiteneingang!«

Mit einer Zigarette und jeweils einem Becher Kaffee bewaffnet, schlendern wir hinaus, um ihn zu begrüßen. José dreht uns den Rücken zu, er bückt sich über einen Holzblock, sein langes schwarzes Haar ergießt sich aus der Baskenmütze über den weißen Pullover, den er heute trägt. Als wir ihn von beiden Seiten umkreist haben und sehen, was er so treibt, schwindet das Lächeln aus Thorstens Gesicht:

»Stopp, José!« Ungläubig richtet der sich auf, sein Gesicht ist ein einziges Fragezeichen.

»Warte, ganz kurz, ich hole nur schnell die Kamera!«

Während der Oberschwabe zu unserer Hütte rennt, begreifen auch wir anderen den Grund für die plötzliche Hektik: José ist gerade dabei, einen Biber zu häuten. Feuerländische Haushaltspflichten mit langem Küchenmesser.

Als die Kamera surrt, die Schärfe wie immer exakt auf Josés grauschwarzen Augen, beuge ich mich auf einen anderen Holzblock hinunter und beginne eine lockere Konversation, während er mit dem Schneidewerkzeug die Haut schichtweise vom roten Fleisch trennt, mit jedem Sichelschnitt ein paar Zentimeter mehr.

»José! In Europa hat der Biber eigentlich einen guten Ruf«, beginne ich meine diesbezüglichen Anmerkungen. »Man ist glücklich, wenn man mal einen zu Gesicht bekommt. Und er steht unter Naturschutz!«

José lässt ein abfälliges Brummen vernehmen, er hebt nicht einmal den Kopf.

»Hier scheint das wohl nicht so zu sein?«, frage ich weiter. Auf seine Antwort müssen wir noch geraume Zeit warten, er scheint so vertieft zu sein, dass sein Mund sich nicht öffnen will. Schließlich aber erbarmt er sich unser.

»Ach, diese Viecher! Die sind eine einzige Plage, sonst nichts!«, wettert er mit seinem scharfen Messer in der Hand. »Sie vermehren sich wie die Karnickel, sie bauen einen Staudamm nach dem anderen, überall, auch hier vorne im Tal, und mir fehlt dann das Wasser in meinem Hausfluss! Nein«, jetzt richtet er sich für einen kurzen Augenblick auf und blitzt mich mit bösen Augen an, »nein, der Biber hat hier in Feuerland überhaupt keinen guten Ruf, der ist eine Pest. Und sonst nichts!«

Ich habe diese Antwort schon erwartet, denn wir hatten vor einigen Jahren zum selben Thema bereits einen Beitrag für den Weltspiegel produziert, einige Hundert Kilometer nördlich von hier, in den tundraartigen Weiten unweit der grünen Grenze zwischen Chile und Argentinien. Damals war das Biberproblem noch einigermaßen lokalisierbar, heute hingegen scheint es, nach Josés eindrücklicher Schilderung, überall in Feuerland virulent zu sein, bis in den südlichsten Zipfel. Für die gesamte Region gilt: Die wenigen Touristen, die sich bis hierher durchschlagen, suchen vor allem die Ruhe, die Weite und die Unberührtheit der grandiosen Natur. Ruhe und Weite: kein Problem. Unberührt aber ist die Natur längst nicht mehr, sondern zerstört. Umgekippte, umgefallene, umgestürzte Bäume überall, als ob Planierraupen komplette Wälder niedergewalzt hätten. Sinnlos ragen die blanken Stümpfe aus dem Erdreich, neben ihnen auf dem Boden: die ehemals starken Stämme und die kraftvollen Kronen, mittlerweile grässlich verwelkt. Verantwortlich für das Massensterben von jahrhundertealten, sensiblen Südbuchen: ein Säugetier der nimmersatten Art.

Castor canadensis, der Kanadische Biber. Mit seinen messerscharfen Zähnen kann er in einer Nacht bequem einen ausgewachsenen Baum fällen. Der Schuppenbreitschwanz zieht breite Schneisen der Verwüstung in die einzigartige Wildnis. Vor sechzig Jahren wurden fünfzig Biber nach Feuerland importiert, um hier eine Pelzindustrie aufbauen zu können. Aus der wurde nichts, ganz im Gegensatz zum Bibernachwuchs. Aus fünfzig Tieren wurden hundert, dann tausend, dann zehntausend und schließlich hunderttausend.

Diese Invasion der Breitschwänze versuchen Männer wie José oder Mark Kniprath, ein Jäger aus Alaska, den die entnervten chilenischen Behörden als Terminator angestellt haben, mit den ihnen zur Verfügung stehenden Mitteln zu stoppen. Einen Staudamm hat Mark uns gezeigt, im Busch, eine gewaltige Biberburg, fast zehn Meter lang und zwei Meter hoch. Warum man den nicht einfach einreiße, haben wir gefragt. Marks sarkastische Antwort: »Weil die Viecher den Damm in zwei Tagen komplett wieder aufbauen, das ganze Riesending!«

Mit solchen Dämmen stauen die Biber Bäche zu Teichen auf, damit die Eingänge zu ihren Biberburgen immer hübsch unter Wasser stehen: Als Schutz vor Feinden, die es hier aber praktisch nicht gibt! Und dafür brauchen die Tiere Holz, sehr viel Holz. Überall finden sich Bäume, die nur angenagt sind, aber noch stehen, versehen mit hellen Kerben in etwa einem halben Meter Höhe. Der Biber als solcher hat so unglaublich viel zu nagen, dass er eine besonders effektive Arbeitsweise benutzt, die sogenannte Sanduhrtechnik: Er spart es sich, den Baum komplett zu fällen, und beißt sich nur durch die Hälfte. Denn das schlaue Nagetier weiß: Die Stürme in Feuerland werden schon den Rest besorgen. Effizienz der besonderen Art. So schafft es der *castor* mit halbem Arbeitseinsatz die volle Anzahl von ihm »benötigter« Bäume niederzumachen. Als Außenstehender mag man diese tierische Ingenieurskunst, dieses rastlose Abbruchunternehmen bewundern, als chilenischer Förster ärgert man sich schwarz!

Nagen bis zum Umfallen, die letzten intakten Wälder Feuerlands werden zum Opfer der Biber, für deren Beseitigung Naturburschen wie Mark und José die Lizenz zum Töten haben. Immer wieder schnappen bei beiden die Fallen zu, die den Oberschenkelknochen eines Menschen mühelos zerfetzen könnten. Wenn dann wieder eine der schwimmenden Riesenratten hineingeraten ist, gibt es bei den Biberfängern einen kleinsten gemeinsamen Nenner. Sowohl Mark als auch José sind scharf auf das Fell: Mark verkauft es, und José macht daraus warme Kleidung. Das Biberfell ist extrem dicht. Der Mensch hat pro Quadratzentimeter sechshundert Haare, der Biber weit über zwanzigtausend.

Bei der weiteren Verwendung des Bibers (ohne Fell) haben Mark und José jedoch unterschiedliche Ansätze: Während der Chilene die etwa fünfzig Pfund schweren Brocken schlicht und einfach in handliche Stücke zerteilt und an sein Hunderudel verfüttert (was zu einem Gebell führt, das man noch am Südpol hören könnte), benutzt der Kanadier Rosmarin. Und Knoblauch. Und Öl und einen Schuss Weißwein. Biberburger! Nur Jungtiere eigneten sich dafür, meint Mark, bei Knabber-Greisen erinnere die Konsistenz schon sehr stark an Schuhsohlen.

Anbraten oder ausrotten, das ist die Frage in Feuerland. Für die Forstbehörden stellt sie sich nicht. Über die kulinarischen Vorzüge des Gegners zu diskutieren, das finden sie geschmacklos und lassen am Biber grundsätzlich kein einziges gutes Haar. Allzu lange hatten sie dem fruchtbaren und zerstörerischen Treiben der Nagetiere tatenlos zugesehen. Doch nun, der Import von »Schlächtern« wie Mark ist der Beweis, hat eine der größten Massenausrottungen in der Geschichte des Naturschutzes begonnen. Des Guten zu viel war dem zuständigen Landwirtschaftsministerium in Santiago jener Moment, als die ersten *castores* über die Magellanstraße aufs Festland vorgerückt waren. Nun musste kurzer Prozess gemacht werden. Mit Helikoptern und Hunderten von Hilfsjägern will man die Biber ins Nager-Nirwana schicken. Gefangene werden nicht gemacht!

Nikolas Soto Volkert, so etwas wie der Generalstabschef im Ministerium, drückte sich der ARD gegenüber folgendermaßen aus: »Wir müssen vorgehen und planen wie für einen Krieg«, meinte er, und man hatte den Eindruck, gleich wolle er in ein hysterisches, böses Lachen ausbrechen. »Wir werden die Vernichtung des Bibers mit großer Disziplin durchführen. Und mit klar definierten Zielen. Wir werden den Feind ausmerzen wie einen Tumor. Danach werden wir die Gesundheit des Ökosystems wieder herstellen.«

Der Schuppenbreitschwanz dagegen sieht die Lage aus seiner Perspektive völlig anders: Er schweigt, nagt und vermehrt sich. Selbst Mark Kniprath, der die Killerkommandos leiten soll, sieht das insgeheim ähnlich: Wenn von den hunderttausend Tieren nur ein einziges Biberpärchen das große Gemetzel in Feuerland überleben sollte, meint er trocken, dann geht das Spiel von Neuem los. José, der achtunddreißigjährige Naturbursche, betrachtet die Dinge weniger martialisch, weniger philosophisch, aber genauso pessimistisch: »Es werden immer mehr«, raunt er uns beim Filetieren zu, »dieser Kampf hört niemals auf!«

Unser erster Ausritt beginnt, die Pferde werden gesattelt. Annemie und José: vollkommene Profis. Mit ihren Tieren gehen sie mit traumwandlerischer Sicherheit um, umrunden unseren betulichen Konvoi mehrfach, helfen hier, rücken den Sattel dort zurecht und leiten die Gruppe über sichere Wege. Nur dass Thorstens Gaul Sobado diese Wege als nicht geeignet empfindet und der Herr Reiter keine Mittel hat, dagegen etwas zu tun. So bricht Sobado stets nach rechts aus und verirrt sich in buschiges Gelände, wahlweise auch mal nach links. Tränen laufen über unsere Wangen, wenn José oder Annemie das planlose Zweiergespann wieder einmal einfangen müssen. Florians Pferd heißt Comanche und bleibt zwar in der Spur, doch ein inniges Verhältnis bauen die beiden weder jetzt noch während des restlichen Tages auf.

Immer grandioser wird die Landschaft, als wir vom Strand in ein riesiges, etwa drei Kilometer breites und wohl zwanzig Kilometer langes Tal hinaufkommen. Schwarze und wegen der Feuchtigkeit hier und da silbrig schimmernde Felsmassive erheben sich an seinen Rändern. Die Vegetation wird langsam eintöniger und lässt die küstennahen Farben hinter sich zurück: die Hecken, deren Beeren feuerrot und weithin sichtbar blinken, weiße Gänseblümchen, lilafarbene Goldgarben, gelber Löwenzahn ... Ab jetzt gewinnt der einzigartige, herbe Charme Feuerlands die Oberhand. Alles verschwimmt in einem einzigen Schwarzweißbraunocker und vor allem: Die Bäume werden fahl. Wie Skelette stehen sie reglos in Gruppen, man glaubt wirklich nicht, dass aus diesen Gerippen in jedem Frühling wieder neue Knospen hervorbrechen können. Die Natur ist durch die permanenten Klimaschwankungen, durch die oft extremen Temperaturen und die furchtbaren Stürme in einem ständigen Überlebenskampf. Genau wie die beiden Zweisiedler.

»Die schlimmste Zeit in meinem Leben hier in Feuerland war«, sagte uns José gleich in der ersten Nacht bei Kerzenschein und einem Becher Rotwein, »als ich nach einem Sturz vom Pferd meinen Arm gebrochen hatte. Ich konnte nicht arbeiten und das war eine Katastrophe. Hier muss man jeden Tag seine Pflichten erledigen, denn die Natur ist unbarmherzig: Man muss sein Holz schlagen, man muss fischen, man muss jagen, um zu überleben!«

Wenn Sobado es zulässt, filmt Thorsten, wie Chris, Annemie, José und ich durch das immer wieder von Regenschauern befeuchtete, meist aber sonnendurchflutete Tal reiten.

»Ihr habt unverschämtes Glück!« José schüttelt den Kopf. »Es ist schon Mittag, und eigentlich hätte es längst einen Orkan oder wenigstens einen Schneesturm geben müssen!«

Dann möchten Thorsten und Florian, dass wir an dem mit Basaltfindlingen bestückten Flussufer vorbeireiten, was klaglos akzeptiert wird.

»So, und jetzt bitte durch den Fluss reiten, exakt hier, bis auf die andere Seite!«

»Muss das sein?«, frage ich mit aufbrandendem Groll, und Christopher scheint meinen Überlegungen insoweit zu folgen, als er sagt: »Ich bin doch nicht blöd!«

»Das können wir nicht beurteilen«, flöten die beiden Kameraleute in gefährlichem Tonfall. »Aber was wir sehr wohl beurteilen können, ist die Notwendigkeit, durch diesen Fluss zu reiten. Und zwar hier. Und zwar jetzt!«

Chris und ich schauen uns an und blicken dann auf diesen Fluss, vielleicht fünfzehn bis zwanzig Meter breit, ausgerechnet hier! José und Annemie finden das Ganze nicht problematisch und sagen:

»Ihr müsst euch weit hinunterlehnen, gegen die Strömung!«

»Warum eigentlich?«, fragt Chris.

»Weil ihr sonst hineinfallt!«

Die Kameras beginnen zu drehen: Wie Max und Moritz grinsend kauern Flo und Thorti nebeneinander auf dem (trockenen) Ufer und rufen unisono: »Uuuuund – bitte!«

Es geht los, hinunter über die Steine, ins Wasser, immer tiefer sinken die Pferde, immer tiefer. Zuerst ziehen wir die Beine noch an, so weit es geht, doch auf den warnenden Blick von José hin lassen wir sie wieder in die Steigbügel sinken. Und dann passiert es: Frostiges, zwei Grad kaltes Gletscherwasser strömt in unsere Motorradstiefel, die Pferde schnauben, und am liebsten hätten wir mitgemacht. Dass man vom anderen Ufer, wo die beiden Kameras säuberlich aufgebaut sind, kein Wiehern hört, ist alles. Für Chris jedenfalls, der sich gesundheitlich bislang recht wacker geschlagen hat, ist dieser Augenblick der Anfang vom Ende. Den ganzen Tag über stecken wir in unseren eiskalten, nassen, triefenden Stiefeln, und am Abend steckt er mit beginnender Lungenentzündung im Bett.

Es geht weiter: Fang des Abendessens. Hier hat sich der Fluss in nebeneinanderliegende, langsam fließende Seen aufgefächert, torfig-sumpfig der Boden dazwischen. Und wir, mit Angeln bewaffnet. Mit noch ein paar zusätzlichen Literchen Eiswasser in den Tretern lassen wir die Haken platschen. Chris ist der Held des Tages. Drei Prachtexemplare holt er aus dem schwarzbraunen Gewässer: köstliche, wohlschmeckende, herrlich frische, nicht einmal im Nanogrammbereich verseuchte, munter zappelnde, orangeweiße Lachsforellen. Stolz wie ein peruanischer Oskar steht er hustend und zitternd mit seinem Fang im Wasser. Auch José steuert zwei Exemplare bei, ich schaue in die Anglerröhre. Als dann Thorsten und Florian wieder ihren Spitzbubenblick aufsetzen, reicht es mir: An diesem Nachmittag ist mit mir nicht mehr gut Kirschen essen. Wie ein eigensinniger Wasserbüffel bahne ich mir meinen Weg zurück zu den Pferden. Drehschluss, Feierabend!

Beim Zurückreiten nerven Thorti, Flo und ich uns gegenseitig. Beißende Kommentare, spitze Bemerkungen. In meine Richtung: Überforderung! Sklaventreiber! In ihre Richtung: Überforderung! Sklaventreiber! Als dann Sobado mitten auf dem Höhepunkt des Schlagabtauschs wieder ausbüxt, verpufft die Spannung aber schon wieder. Gegen Sonnenuntergang erreichen wir die Holzhäuser am Strand.

Eine heiße Dusche wäre wunderbar, ist aber selbstverständlich ausgeschlossen. Später, nachdem wir unsere Haut mit harten Handtüchern wenigstens warm gescheuert haben, versammeln sich alle in der Küche, wo sonst. Es gibt zunächst eine Brühwürfelsuppe mit Brot, und dann wird es immer festlicher. Fünf krosse Lachsforellen, der Duft könnte Steine erweichen. Und damit ist noch lange nicht Schluss, denn als Hauptgang haben José und Annemie heute eine Delikatesse auf dem Speiseplan. Für mich sind sie seit meiner Drehreise nach Ushuaia, der südlichsten Stadt der Welt, drüben auf der argentinischen Seite, die besten Meeresfrüchte auf diesem Planeten. Das Göttermahl des Beagle-Kanals, das Manna Feuerlands, der Nektar der australen Natur: *centollas,* Königskrabben! Ein ausgewachsenes Exemplar kann von Bein zu Bein beziehungsweise Arm zu Arm über einen Meter groß werden. Und das Ganze gibt es heute Abend nicht französisch-sparsam, hauchdünn und übersichtlich arrangiert, sondern geradezu bayrisch-deftig und im Übermaß. Meine Herrn, selten so genossen! Wir fallen über den Riesentopf mit den massiven, nach dem Kochen orangefarbenen Krabbenscheren her und entlocken ihnen das unbeschreibliche, weiße Fleisch. Ein Eiweißschock ungeahnten Ausmaßes, der für die komplette siebenwöchige Reise gereicht hätte: und zugleich eines der köstlichsten Geburtstagsessen meines Lebens!

Chris hat als erster genug, in jeder Beziehung, und begibt sich mit roter Nase und schmerzender Brust zu Bett, aus dem wir ihn die nächsten beiden Tage nicht mehr hervorlocken können.

Tag 38

Pferdenarren

Zweiter Tag in Feuerland, heute bleibt zum Biberschlachten keine Zeit. Auf die Ehre der Anwesenheit unseres Motorradprofis Chris, den wir mit Medikamenten aus unserer Reiseapotheke, Plätzchen und einigen Litern heißem Tee in Thermoskannen versorgt haben, müssen wir verzichten. Aus seinem Zimmer in der Holzhütte ist eine Krankenstation geworden, nicht mal wach geworden ist der Gute, als wir seine Nachttischkommode fast lautlos vollgestellt haben. Nach einem relativ schnellen Frühstück satteln wir die Pferde, ein ganztägiger Ausritt steht unmittelbar bevor.

»Hey, Tommy«, wendet sich Florian an mich, und der Tonfall deutet darauf hin, dass es um etwas Grundsätzliches gehen muss. »Ich hab' da kein gutes Gefühl!«

»Wobei?« Ich weiß wirklich nicht, was er damit meint.

»Das Reiten, das passt mir gar nicht!«

Als ich daraufhin erst mal nichts sage und ihn belustigt anschaue, geht er nun in die Details ...

»Tommy, gestern, das war schon nicht einfach für mich, obwohl es ja nur ein paar Stunden waren. Ich hasse Pferde. Als Kind bin ich mal abgeworfen worden. Aber jetzt, hey, den ganzen Tag ... Ich glaub', das pack' ich nicht!«

»Ja, aber ... Wer soll denn die zweite Kamera bedienen?«

»Brauchen wir doch nicht unbedingt. Lass mich heute zuhause, und morgen bin ich dann wieder dabei. Okay?«

»Sorry, Flo«, beginne ich verbindlich, aber in der Sache hart, »wenn es heute nicht wichtig ist, dass du dabei bist, dann ist es morgen auch nicht wichtig. Mensch, gestern hat es doch gut geklappt. Du und dein Pferd, ihr seid ein gutes Team!«

»Pffff«, stößt der Mann unter seiner orangefarbenen Schirmmütze abfällig hervor, »Team! Ich find' das gar nicht gut.«

»Muss aber sein, tut mir echt leid. Du musst ja nicht gleich galoppieren. Immer schön den Ball flach halten, ganz gemächlich. Wir passen schon auf dich auf!«

Der Oberschwabe schüttelt den Kopf, wendet sich erbost ab und steigt fluchend auf Comanche, seinen groß gewachsenen Hengst. Dann geht es los. Vorne José, wie immer mit Baskenmütze, Reiterhose und Stiefel, heute aber zusätzlich mit einer grauschwarzen Regenjacke ausstaffiert, und die in noch mehr Pullover sowie Wind abweisende Outdoor-Klamotten gehüllte Annemie. Dann folge ich neben Producerin Lorena, und am Ende trottet die Kameraabteilung einher. Alles wie gehabt. Auch der Weg ist zunächst derselbe wie gestern, an den flachen, torfigen Feuchtgebieten vorbei, in denen man jetzt wieder prächtige Lachsforellen fischen könnte, und entlang des vor Kälte klirrenden Eisbachs. Es geht weiter durch mehrere kleine, von Stürmen grotesk verwehte und verzerrte Wäldchen. Gruselig, das wäre übertrieben, aber beklemmend in jedem Fall. Ständig müssen sich die Pferde in dem

Dickicht durch enge Tunnel zwängen und wir die Köpfe einziehen, um knorrigen Ästen und zurückpeitschenden Zweigen auszuweichen, die von unseren Vorreitern zur Seite gebogen wurden.

Erst als wir in den offenen, savannenartigen Teil des lang gezogenen Tals hineinkommen, wird wieder verstärkt geredet. Ich plaudere Stunde um Stunde angeregt mit der Belgierin und dem Chilenen, während wir uns langsam, aber stetig bergan bewegen.

»Was ist denn nun genau dein Job hier?«, frage ich den *gaucho*.

»Ich arbeite daran, dass die Natur wieder ins Gleichgewicht kommt. Das kann man niemals ganz schaffen, aber jeden Tag tue ich mein Bestes.«

»Und das heißt?«

»Ich räume die Pfade von Sturmholz, ich versuche, Waldbrände zu verhindern, ich vertreibe manchmal Rucksacktouristen, wenn sie Müll hinterlassen und ihre Feuerstellen nicht löschen. Aber vor allem«, José hebt nun seinen Zeigefinger und senkt seine Stimme bedeutungsschwanger, »vor allem kämpfe ich gegen die unnatürliche Population von drei Spezies: Biber, Wildkühe, Wildpferde!«

»Das ist dein Job?«

»Ja!«

»Und was machst du mit den Tieren?«

»Die Biber schlachte ich und verfüttere sie an meine Hunde, habt ihr ja schon gesehen. Von den Kühen nehme ich ab und zu mal eine für Annemie und mich, die meisten aber verkaufe ich an andere Farmen.«

»Und die Pferde?«, frage ich kritisch.

»Keine Sorge, die werden alle verkauft, an andere *estancias* und an Züchter in ganz Chile. Natürlich erst, nachdem ich sie gebändigt habe!«

»Du bist Pferdeflüsterer, auch das noch?«

»Ja, bin ich. Und zwar einer der besten im Land. Mein Vater hat mir das beigebracht.«

Wir kommen an flachen Teichen vorbei, in denen ebenfalls diese fahlen, vom Wind klein gewehten Baumstämme stehen: wie leblos, bar jeden Blattes. Unendliche Weiten ... Ein Ausdruck, der jedem Enterprise-Fan ein Begriff ist. Irgendwie passt er auch für Feuerland und selbst für diese *estancia* namens Yendegaia. Auch wenn wir jetzt schon den zweiten Tag auf ihr umherreiten, haben wir noch immer nur einen Bruchteil gesehen. Zweihundert Kilometer lang und zweihundert Kilometer breit ist dieses Landgut, vierzigtausend Quadratkilometer. Das sind Dimensionen, die jeden, der wie ich an westfälische, münsterländische Bauernhöfe gewöhnt ist, mit den Ohren schlackern lassen. José sagt, er brauche fünf Tage zu Pferd, um auch nur das nördliche Ende des Großgrundbesitzes zu erreichen, also zehn, um wieder zu Annemie zurückzukommen. Und wenn er ihn einmal umrunden wolle, dieses Monstrum, aus dem Ex-Modezar und Umweltaktivist Douglas Tompkins irgendwann einmal ein Naturreservat machen möchte, würde es fast einen Monat dauern. In Patagonien im Allgemeinen und in Feuerland im Besonderen ist alles größer, als man es sich vorstellen kann. Außer der Bevölkerungsdichte: Im Großraum São Paulo wohnen zwanzig Millionen Menschen. Auf unserer Farm, obwohl sie mehr als doppelt so groß ist, zwei: José und Annemie.

Wir reiten nebeneinander, auch mal im Trab, es klappt schon recht gut. Irgendwie habe ich den Eindruck, mein Hengst ist guter Laune oder zumindest nicht von mir angenervt. Ich pfeife mir vor Freude ins Hemd. Ein Blick zurück auf Thorsten und vor allem Florian, wo von Euphorie rein gar nichts zu spüren ist. Go Flo hat, wie gesagt, ein eher kritisches Verhältnis zu Pferden. Die Kameramänner dümpeln in unserem Schlepptau hintendrein, Thorsten wie gestern ohne Leitungsfunktion, heißt ohne Kontrolle über sein Pferd, Florian ohne rechten Spaß. Irgendwie ahne ich, was die beiden hinter meinem Rücken despektierlich grummeln, aber was soll's!

Nach beinahe drei Stunden dann der Showdown, direkt vor meinen Augen: Comanche tritt in ein mit Moos bedecktes und daher nicht erkennbares, winziges Erdloch. Nur wenige Zentimeter tief, doch das Pferd scheut, gerät augenblicklich in Panik und bäumt sich auf. Schreiend, aber ansonsten wie ein nasser Sack fällt Florian aus mindestens zwei Metern Höhe auf den feuchten Boden. Bitterlich klagend bleibt er liegen und wartet, bis wir ihn wieder aufrichten. Nur einen Steinwurf entfernt, etwa dreißig Meter weiter, und wir wären einmal mehr in einem Steinfeld gewesen: mit Millionen von Findlingen von der Größe einer Melone bis zu der eines Kühlschranks. Wenn der Sturz dort passiert wäre, nicht auszudenken. Jedenfalls: Das war knapp! Genauso sieht es auch Flo, der jetzt lauthals vor sich hin flucht und von Stunde zu Stunde mehr Aggressionen gegen seinen Klepper aufbaut, gegen seine generelle Lebenssituation und gegen mich. Irgendwann steigt er unter lautem Protest ab und will laufen. Das geht auch gut bis zum nächsten Fluss, wo er fatalistisch wieder aufsteigt ...

Nun wird die Gegend immer steiniger, und die Pfade werden steiler. Über eine felsige Moräne reiten und laufen wir bis zu einem letzten, kleinen Waldstück empor, wo wir rasten. Als ich meinem Hengst liebevoll ein paar besonders knackige, junge Heckenpflanzen kredenze, rümpft Flo nur sarkastisch-spöttelnd seine Nase. Noch immer scheint die Sonne, obwohl es schon weit nach Mittag ist. Idylle am Fuß eines Geröllfelds, das ein Gefälle von über sechzig Grad hat. Dort müssen wir gleich hoch, hat José uns gesagt, für einen Ausblick, der es in sich haben soll. Nach einer halben Stunde Pause setzen wir uns in Bewegung, die Pferde bleiben angebunden. Flo übrigens hat sich ausbedungen, aus allen möglichen Perspektiven den nahen, kristallin glitzernden Fluss zu drehen, um seine wunden Knochen zu schonen. Übrigens eine gute Wahl, wie Thorsten und ich später beim Schnitt in Rio sehen werden, seine Aufnahmen sind das i-Tüpfelchen in dieser Filmsequenz.

Thorsten hat den Standort für sein Stativ entdeckt: Von dort aus will er in einer einzigen Einstellung drehen, wie Annemie, José und ich auf einem besonders steilen Grat emporkraxeln, dann in einem langen Schwenk verfolgen, wie wir auf Höhe der Kamera nach links weiterwandern, um schließlich exakt an jener Stelle haltzumachen, wo er sowohl unsere entzückenden Rücken sieht als auch das Panorama, das sich nun vor uns ausbreitet. Leider dauert der Aufstieg mal zu lange, mal laufen wir nicht eng genug zusammen. Mal bleiben wir an einem falschen Ort stehen, mal fangen wir zu früh an zu reden und mal zu spät. Dann wiederum habe ich angeblich meine Arme verschränkt, sodass mein Oberkörper gegenüber dem eher schmächtigen José zu massiv wirkt. Wie dem auch sei, wir wiederholen unsere Ankunft auf der Aussichtsplattform ungezählte Male, bis wir auf dem letzten Loch pfeifen. Aber auch diese Anstrengung hat sich im Nachhinein gelohnt, denn nur so stellt sich jener überraschende Eindruck im Film ein, in dem erst zuletzt erkennbar wird, wo wir uns gerade befinden: vor dem hoch aufragenden Gletscher Stoppani, einer einzigen Augenweide. Vor uns schlängelt sich der Fluss durchs scharfkantige Tal, in dem Florian in einer Entfernung von maximal achthundert Metern gerade seine Einstellungen dreht. Direkt dahinter liegen die Ausläufer der gigantischen Eisfläche, die sich in drei Himmelsrichtungen erstreckt und den Eindruck erweckt, mit dem gleißenden Himmel zu verschmelzen. Schlicht und einfach grandios!

Hitzeflimmern über dem weißblauen, ewigen Eis, das laut José nicht mehr ewig ist: Jedes Jahr schmilzt der Gletscher um einige Dutzend Meter, wie er uns anschaulich aus seinen mittlerweile zwölf Jahren Erfahrung auf Yendegaia berichtet. Eine fortgesetzte, nicht enden wollende Tragödie. Die Auswirkungen der menschlichen Unvernunft sind global zu spüren, auch in diesem Paradies.

Letztes Interview des Tages: José, eigentlich ja nicht so der wortgewaltige Typ, kommt geradezu ins Schwärmen, als ich ihn nach seiner Liebe zur Natur frage.

»Mir fehlt es hier an rein gar nichts. Ich vermisse nichts, was ich in irgendeinem Supermarkt kaufen könnte. Ich habe köstliches Wild zur Auswahl, das Fleisch von wilden Kühen, frische Lachsforellen fast das ganze Jahr und herrliche Königskrabben. Das alles gibt es hier, dazu Kräuter und Gemüse und frisches Quellwasser. Es gibt alles hier, was wir brauchen. Und das Schönste von allem ist: Du kannst alles machen, ohne dass irgendjemand sich aufregt oder was dagegen hat!«

So redet der Naturbursche sich in Rage, seine schwarze Mähne flattert im Wind, dies ist die Quintessenz seines Daseins. Zurückgezogen, aber offenbar sogar schon grundsätzlich glücklich, bevor Annemie sein Schicksal teilte. Entbehrungsreich und knallhart das Leben, speziell im mindestens sechsmonatigen Winter, eine Konsequenz der erbarmungslosen Natur. Aber dafür auch ein von äußeren, konventionellen, zivilisatorischen Zwängen vollkommen freies Leben. Wie ein fast unverdientes Glück muss es diesem Eremiten dann vorgekommen sein, dass eine Weltumseglerin aus dem fernen Europa in seiner Bucht ankerte und er die Freude seitdem teilen kann.

Und dann sagt er noch einen Satz, der José Alvarado Machucas Naturphilosophie auf den Punkt bringt:

»In einer Stadt wäre ich kreuzunglücklich!«

Wir sammeln Florian ein und reiten zurück, selbst Thorstens Sobado hat nun ein Ziel: die heimatliche Koppel. Es ist wie verhext: Zuerst wollte er nicht und hielt die komplette Karawane mit seinen Abstechern in die Pampa auf, und nun kann es ihm gar nicht schnell genug gehen. Immer wieder verfällt Sobado in einen Trab und kann von den Profis unter uns nur mit Mühe daran gehindert werden, dass daraus ein amtlicher Galopp wird. Thorsten flucht, und Florian wechselt lieber gleich sein Fortbewegungsmittel: Comanche wird jetzt von José geritten, die topfitte Lorena nimmt Josés Hengst, und Flo freundet sich mit dem frei werdenden, eher sanften Pferd von Lorena an. Sicher ist sicher. Es ist stockdunkel, als wir daheim ankommen.

Der Rest des Festmahls von gestern steht noch zur Verfügung, stellen wir in der Küche fest. Aber Meeresfrüchte dieser Spitzenqualität und dazu Labberbrot? Das geht jetzt überhaupt nicht, finden Thorsten, Florian und ich. Gemeinsam, und damit gleichzeitig die gestrige und heutige Formkrise beendend, beschließen wir, Spätzle zu kochen.

»¿Späzz... qué?« Sowohl Lorena und Annemie als auch José denken jetzt wohl insgeheim an Sauerkrautauflauf und schauen kritisch über den Holztisch zu uns herüber. Aber wir lassen uns nicht beirren. Flo kocht ein rundum gelungenes, angedicktes Rotweinsößchen, und ich assistiere dem oberschwäbischen Kunstkoch Thorsten bei seinem Unterfangen. Dieses scheitert beinahe daran, dass keine Spätzlepresse zur Verfügung steht, aber ich kann mühelos improvisieren. Mit Hammer und dickem Nagel perforiere ich den Boden einer aus dem Müll gefischten, gründlich gereinigten Konservendose: Und *voilà,* der Flüssigteig rinnt durch die Löchlein ins brodelnde Salzwasser, fertig sind die Spätzle. Es hat zwar lange gedauert, sehr lange, doch als wir schließlich alle beisammen sitzen (sogar Chris hat sich für die Nahrungsaufnahme aus seinem Schlafsack geschält), gibt es anerkennende, manchmal gar zustimmende Kommentare von allen Seiten.

Ein guter Tag, bis auf den einen oder anderen Unfall.

Tag 39

Yendegaia, Feuerland

Mitte November ist es, wir nähern uns dem Hochsommer auf der südlichen Hemisphäre. In Feuerland bedeutet das, dass man besser noch einen Pullover zusätzlich überstreift, um in seinem Schlafsack nicht zu erfrieren. Als ich, nachdem ich den unausweichlichen nächtlichen Ausflug so lange hinausgezögert habe, bis es keine zivilisatorisch angemessene Alternative mehr gibt, endlich meine Taschenlampe greife, in meine Stiefel klettere, meine Motorradjacke überziehe und dann in die Nacht und zum hölzernen Plumpsklo hinausstapfe, schneit es!

Am nächsten Morgen brummen und klingeln unsere Handys, die man hierzulande lediglich als Wecker benutzen kann, fast gleichzeitig. Man möchte sich liebend gern noch einmal umdrehen, doch zu wichtig ist dieser Tag für unsere Dreharbeiten, um nicht sofort aufzustehen und sich des entscheidenden Kriteriums für den heutigen Erfolg oder Misserfolg zu vergewissern: Wie ist das Wetter? Der Schnee ist geschmolzen, die Sonne kämpft sich gerade durch die tiefen Wolken hindurch. Auch der dritte Tag in Folge, so scheint es jedenfalls zu dieser Stunde, verspricht uns Sonnenschein: Wenn Götter reisen!

Ein beinahe hastiges Frühstück, es steht unter der Formel »minus eins plus drei«, soll heißen: Chris ist noch immer nicht auf den Beinen und kämpft, von Antibiotika unterstützt, um ein Ende von Kopf- und Brustschmerzen. Doch wir haben für unseren filmischen D-Day neue Gehilfen gewonnen, drei Königskrabbenfischer, die seit gestern auf ihrer Suche nach den submarinen Riesenspinnen in der Bucht von Yendegaia ankern. Sie sind robuste Feuerländer, und das heißt zugleich: gute Reiter. Und so willigen sie gegen ein Trinkgeld gern ein, für einen Tag als Treiber zu fungieren.

Wir satteln erneut die Pferde. Ich freue mich, während Thorsten und Florian sich jeden Kommentars enthalten. Unser Plan: José und Annemie werden mit ihren Helfern ausreiten, um entweder Wildkühe oder am besten gleich Wildpferde zu fangen. Mehrere Szenarien sind denkbar, hier einmal grob gestaffelt nach Schulnoten:

Sehr gut: ein Dutzend Wildpferde im Sonnenschein.

Gut: ein Dutzend Kühe. Das Wetter ist so lala.

Befriedigend: eine Handvoll Pferde respektive ein paar Kühe bei Nieselregen.

Ausreichend: Die Pferde entwischen, aber wir können sie immerhin kurz filmen.

Mangelhaft: Die beiden klapprigen Kühe sind im Schneesturm nicht zu sehen.

Ungenügend: kein Tier, egal bei welchem Wetter.

»Alles ist möglich, nichts ist sicher.« Auch für diesen entscheidenden Tag der Treibjagd gilt Chris Kalafatovics Südamerikamotto. Der Druck auf unseren Schultern aber, mit unseren Dreharbeiten irgendwo im oberen Drittel der Notenskala zu landen, ist gewaltig. Denn wenn unser Film durchgehend gut werden soll, brauchen wir am Ende noch einmal einen bildlichen Höhepunkt – und keine jämmerliche Kuh. Um unsere Chancen zu optimieren, biete ich José an, mich ebenfalls als Treiber zu betätigen, vielleicht im Hintergrund. Er schaut mich aus seinen schwarzen Augen an und sagt kühl:

»Unsere Reitpferde sind selbst noch fast Wildpferde, ich habe sie gerade erst gezähmt. Ihr ganzes Leben waren sie frei, und sie lieben noch immer die Höchstgeschwindigkeit. Wenn sie jagen, dann geht's ab, aber richtig!«

»Und man kann sie nicht zügeln?«

»Selbst ich kann das fast nicht und du schon gar nicht!«, José schüttelt abfällig mit seinem Kopf.

»Also soll ich's lieber lassen?«

»Entweder, du kannst richtig gut reiten oder nicht. Deine Entscheidung!«

»Und Lorena?«

»Der trau' ich es zu!«

Ich hatte es schon geahnt, und so ist es nun auch gekommen: Ich werde nicht mit von der Partie sein. Die Kameraabteilung grinst wortlos in sich hinein. Momente wie dieser sind nicht vergnügungssteuerpflichtig, aber ich habe mir zur Regel gemacht, den Rat von Experten stets sehr ernst zu nehmen. Wenn man mit dem Kopf durch die Wand will und ihre Warnungen in den Wind schießt, kann es mitunter lebensgefährlich werden. Wie in Baghdad zur Zeit der Selbstmordattentate und der Entführungen, wie in Mosambik in den Überschwemmungsgebieten des Limpopo, wie in den Townships von Johannesburg, wie in den Favelas von Rio de Janeiro, wie im tiefen Dschungel des Amazonas, wie beim Aufstieg auf den Chimborazo in Ecuador; wie im (ebenfalls nicht mehr ewigen) Eis der Antarktis, wie im Hauptquartier von Internet-Neonazis in Kalifornien, wie im geheimen Ausbildungscamp der UÇK im Grenzgebiet zum Kosovo, wie in jeder kriegerischen Auseinandersetzung: Es gibt immer einen, auf dessen Rat man besser hören sollte. Wenn man es nicht tut, steigen die Chancen rasant, aus einer kritischen Situation eben nicht mehr mit heiler Haut herauszukommen. Für mich heißt das heute: Ich klettere mit Florian auf einen Hügel oberhalb der Stelle, an der die erhofften Wildfänge schließlich den letzten Fluss vor der Koppel durchqueren sollen.

Die anderen reiten weiter. Verteilt auf mehrere Pferderücken: das fünfunddreißig Kilo schwere Spezialstativ, die HD-Kamera, der Rucksack mit Batterien und Tapes und Thorsten selbst. Mit dem Verdoppler in unserer Kamera können Flo und ich beobachten, wie die Gruppe sich langsam durch das sumpfige Tal vorwärtskämpft und unseren Vollblutkameramann an einer strategisch ungeheuer geschickten Stelle absetzt: Einen Steinwurf entfernt von jenem ockerbraunen Felsvorsprung, der extrem weit ins Tal hinein reicht und dessen Breite beinahe halbiert. Wenn die Tiere, getrieben von den Reitern, aus dem oberen, breiten Tal auf uns zu rennen, müssen sie auf ihrer Flucht genau dort entlangkommen: wie in einer erzwungenen Schleife um das natürliche Hindernis herum.

José, Annemie, Lorena und die drei geborgten Krabbenfischer ziehen weiter und entschwinden unseren Blicken, als sie in leichtem Trab in ein Waldstück reiten. Jetzt heißt es für uns nur noch: warten, warten, warten. Nach anderthalb Stunden werde ich plötzlich so unverschämt müde, dass mir die Augen zufallen. Ich wehre mich zwar noch eine Weile und rauche Kette, genau wie Flo, aber irgendwann übermannt es mich: Da, wo ich gerade sitze, lege ich mich auf die Felsen und bin in zehn Sekunden weggetreten.

Etwa eine Stunde später, von mir geschätzt und von *action camera operator* Florian bestätigt, wache ich mit blauen Flecken am Rücken wieder auf.

»Und?«

»Nichts!«

Wir sitzen auf unserem Ausguck anderthalb Kilometer hinter Thorsten, der noch immer dort bei dem Felsen ausharrt, trinken O-Saft aus rechteckigen Behältnissen, diskutieren über alles Mögliche und: warten. Schon als ich einschlief, hatte die Sonne ihren Zenit längst überschritten. Jetzt herrscht genau jenes kraftvolle, klare Spätnachmittagslicht, das die Trübheit der Tagesmitte verdrängt und schließlich jede Farbschattierung gestochen scharf hervorhebt und unterstreicht. Diese Tageszeit gehört zu den besten Momenten für die Kameraleute.

Jetzt wäre es eigentlich recht, denke ich bei mir.

Als ob irgendjemand meinen Gedanken zugehört hätte: etwas tut sich plötzlich im Tal vor uns. Wir wissen lange nicht, was es ist. Zuerst schrecken mehrere Vögel auf und flattern flüchtend in die Bäume. Dann hört man ein dumpfes Geräusch, das langsam lauter wird, zunächst können wir es überhaupt nicht lokalisieren. Und dann geschieht es. Aus dem hinteren Tal bricht neben der Felskante eine Wand aus Tierkörpern hervor, genau an der Stelle, wo Thorsten kauert. Sogar jetzt entdecken die wunderschönen Tiere ihn nicht und galoppieren direkt auf ihn zu. Erst kurz vorher, ein weiteres Mal panisch verschreckt, machen sie einen Schlenker um ihn herum, nur wenige Meter von ihm entfernt. Ein Bild, das man sich zwar einen halben Tag erträumt hat, doch jetzt, als wir es mit eigenen Augen sehen, wirkt es wie eine Überraschung.

Etwa zehn Wildpferde, schätze ich in den ersten Sekunden: Füchse, einige Schimmel, einige Braune, einige Rappen, sogar zwei Fohlen sind mit von der Partie, ungelenk und ein wenig tapsig, die ausgewachsenen Tiere haben sie zum Schutz in ihre Mitte genommen. Die langen Mähnen schwingen im Wind, die Hufe stampfen dutzendfach, das Wasser spritzt in alle Himmelsrichtungen. Und da: noch eine Gruppe, noch einmal eine Handvoll Tiere. Genau so ungebändigt und rasant folgen sie der Hauptgruppe. Diese vielleicht anderthalb Minuten, die es dauert, bis die letzten Tiere und hinter ihnen José und Annemie und die anderen Treiber aus unserem Blickfeld wieder entschwinden, genau neben dem Standort von Florian und mir, gehören zu den schönsten Momenten unserer fast siebenwöchigen Tour. Pure Kraft, reine Ästhetik, ungezügelte Geschwindigkeit. Fassungslos starre ich auf diese Explosion natürlicher Schönheit und halte buchstäblich den Atem an. Kein Gedanke daran, dass nun unser Film jenen Schluss bekommt, den er unserer Meinung nach verdient hat, kein Abwägen, kein Resümee. Man steht einfach da und genießt jede Sekunde dieser einmaligen Präsentation, mit der Feuerland uns verabschiedet. Bilder, die sich einbrennen in unsere Seelen, dazu der Sonnenschein, dazu unsere unbändige Freude.

Unsere Erleichterung am Abend, als wir die insgesamt sechzehn Tiere in der Koppel friedlich nebeneinander grasen sehen, ist körperlich zu spüren. Jener Augenblick, der nun hinter uns liegt, ist der Höhepunkt unseres Besuchs bei José und Annemie und zugleich das Feuerwerk am Ende unseres »Abenteuers Südamerika«.

Tag 40

Pferdeflüstern auf die harte Tour

Der letzte halbe Tag auf Yendegaia, am frühen Nachmittag soll uns ein Boot vom Hafen abholen. Wir teilen uns auf: Chris, dem es heute wieder einigermaßen geht, und Lorena packen unsere Ausrüstung zusammen. Thorsten, Florian und ich beobachten derweil José bei seiner absoluten Spezialität: dem Zähmen von zweien der gestern frisch gefangenen Tiere. Für sie hat die erste Stunde mit ihrem neuen Lehrmeister geschlagen.

José nennt sie *baguales salvajes,* also Wildpferde, oder synonym *criollos,* Kreolen. Nicht von ungefähr derselbe Begriff, der auch ganze Volksgruppen in Mittel- und Südamerika bezeichnet. Letztere entstanden durch die Vermischung mehrerer Ethnien, vornehmlich der afrikanischen Sklaven mit Spaniern und Portugiesen während der Kolonialzeit. Hier nun ist also ein Pferd gemeint, das durch die Verschmelzung mehrerer Rassen entstanden ist, ein abgehärtetes, eigensinniges, kraftvolles und groß gewachsenes Tier. Täglich arbeitet José mit »seinen« Pferden, die er, wie gestern, irgendwo auf dem zweihundert mal zweihundert Kilometer großen Landgut gefangen hat. Der Achtunddreißigjährige ist das, was man im Volksmund Pferdeflüsterer nennt. Doch mit Flüstern hat das alles, anders als wir uns erhofften, nicht viel zu tun. Denn der *gaucho* mit der Baskenmütze wendet eine Zähmungsmethode an, die in weiten Teilen von Chile und Südamerika gängig ist: das einseitige Ausbinden. Tierfreunde wenden sich mit Grausen ab, sie nennen es Tierquälerei.

José verwendet viel Zeit darauf, seine Lederpeitsche zu präparieren. Winzige, längliche Streifen reißt er aus einer Plastiktüte heraus und knotet sie sorgfältig an das Ende der Rute. Als er testet, ob alles am richtigen Fleck ist, knallt es so laut, dass wir uns erschrecken, obwohl wir uns auf dieses Schnalzen vorbereitet haben. Um wie viel dramatischer muss dieses Geräusch auf das Objekt der Zähmung wirken, das bislang nur die Natur kannte?

Dann fängt José aus der benachbarten Koppel zwei Kandidaten, indem er ein Lasso in einem riesigen Rund über seinem Kopf schwingen lässt. Mit absoluter Präzision erwischt er jedes Mal ein Pferd. Zwei Versuche, zwei Treffer. Vor allem eines ist ein Wildfang: Es bäumt sich auf, versucht zu fliehen, zerrt verzweifelt an dem Tau. Doch José hat es bereits am Gatter festgebunden, das Pferd ist gefangen.

Lange dauert es, bis der Naturbusche es gesattelt hat. Und noch länger, bis auch das Halfter angelegt ist, immer wieder will der Hengst ausbrechen. Als es schließlich doch funktioniert hat, befestigt José das Halfter am Sattel und zieht es so stramm fest, dass das Pferd gezwungen ist, zur Seite zu schauen.

Und nun: Der Dompteur lässt die Peitsche knallen, das Tier gerät umgehend in Panik. Aber: Weil sein Hals zur Seite gebunden ist, kann es nicht flüchten. Es dreht sich in aberwitziger Geschwindigkeit im Kreis. Immer wieder, immer wieder. Uns wird schon schlecht beim bloßen Zuschauen.

»Jeden Tag läuft das Gleiche ab«, sagt José zwischen zwei ohrenbetäubenden Hieben in die Luft, »eine Viertelstunde bis zu einer halben Stunde lasse ich sie links herum im Kreis drehen, um sie an das spätere Dirigieren zu gewöhnen, dann noch mal die gleiche Zeit rechts herum. Das mache ich etwa einen Monat. Dann sind die Tiere bereit für den ersten Ausritt.«

Mit diesen erzwungenen, täglichen Kreisbewegungen wird der Wille des Tieres gebrochen. Nicht die feine englische Art, aber so hat José es von seinem Vater gelernt. Auf diese Weise zähmen José und viele andere in Chile binnen drei bis vier Monaten mehrere Pferde gleichzeitig.

José sagt, er könne in das Herz eines Pferdes schauen, er wisse, wie das Tier sich fühle. Nun klingt er genauso wie ein einfühlsamer Pferdeflüsterer. Wir denken uns dazu: Das Pferd wird vermutlich derzeit nicht allzu gut drauf sein, nachdem es so brutal im Kreis herumgetrieben wurde. Und was wir auch noch denken: Feuerland – ein raues Klima, ein hartes Leben.

Ein eindrückliches Bild entsteht schließlich noch, als wir all unser Gepäck auf dem Rasen vor der Haupthütte zusammengestellt haben. Der Berg ist einen halben Meter hoch, und man muss zehn ausladende Schritte tun, um einmal um ihn herumzulaufen. Wir stellen uns gerade vor, wie oft wir die zwei Kilometer zum Hafen gehen müssen, um alles verladefertig zu haben. Doch da kommt José schon angeritten, wie ein strahlender Gladiator, und in seinem Schlepptau beziehungsweise dem seines Pferdes hängt eine überdimensionierte Holzpalette.

»Aufladen!«, brüllt José grinsend, und wir tun dankbar, wie uns geheißen wurde. Schon eine Viertelstunde später zieht Josés Pferd unsere kinematographischen Habseligkeiten über den Strand und den glitschigen Felsweg oberhalb der Brandung, mühelos und stetig.

Dann die Verabschiedung: herzlich und andauernd. Immer wieder kommt vor allem Annemie, die schokoladensüße Belgierin, um uns zu knuddeln. Selbst José gibt sich 'nen Ruck und umarmt die Truppe. Wir haben es offenbar geschafft, die beiden in den vergangenen Tagen in ihrer selbst gewählten Einsiedelei nicht allzu sehr zu stören. Die zwei sind deutlich aufgeschlossener, als es noch bei unserer ersten Begegnung den Anschein hatte, und wir Fernsehfuzzis haben unser Bestes gegeben, unserem Ruf als interesselose, überhebliche und blasierte Zyniker möglichst nicht gerecht zu werden.

Als wir uns dann eingeschifft (oder um korrekter zu formulieren, eingebootet) haben, stehen die beiden eng umschlungen noch eine geraume Weile da und winken. Solange, bis wir auf dem heute Mittag grün schimmernden Fjord verschwunden sind.

Der Kapitän und sein Bootsmann grinsen uns zu und heben den Daumen. Mit dem bunt bemalten Fischkutter »Karina I« geht es nun nach »Hause«. In unseren orangeroten Rettungswesten sehen wir fünf aus wie fehl am Platz, aber die Besatzung gönnt uns keine Ausnahme. Die Gischt spritzt so hoch, dass wir unsere Zigaretten in der hohlen Hand halten müssen. Nach etwa zwei, drei Stunden: erneutes Umladen. Diesmal auf einen offenen Pick-up, der bereits auf uns wartet. Wir sind auf die Insel Navarino geschippert worden und befinden uns jetzt südlich des Beagle-Kanals. Eine Stunde lang geht es anschließend auf hügeligen, aber meistens gut geteerten Straßen in die Hauptstadt der Provinz Chilenische Antarktis, nach Puerto Williams. Als wir gerade durch die typisch feuerländischen Sumpfgebiete fahren und die fahlen, wirren, verwehten und verrenkten Baumstümpfe auf beiden Seiten der Straße überhand nehmen, sagt Florian in seiner oberschwäbisch-begnadeten Trockenheit:

»Haben die hier eigentlich keine gescheiten Förster?«

Wir lachen, bis wir in einer netten Pension einchecken.

Tag

41

Full House

Heute passiert kameramäßig nicht mehr viel, außer dass Thorsten und Florian beginnen, die Kameras und das gesamte Equipment wieder einmal gründlich zu säubern, zu putzen, mit Öl einzureiben und von Feuchtigkeitsresten und Staub zu befreien. Dass wir mit unserer Tour unsere hochsensiblen Ausrüstungsgegenstände ein ums andere Mal über Gebühr belastet und hier und da auch mal in Teilen geschrottet haben: das ist eine Tatsache, wenn auch eine unvermeidliche. Doch dass man uns vorwerfen könnte, nicht sorgsam mit unserem Equipment umgegangen zu sein: undenkbar!

Ich nutze die Zeit für einen Spaziergang durch diesen putzigen 2500-Seelen-Ort. Drei Gaststätten, zwei Lebensmittelläden, fünf Hotels (geschätzt) und viele sorgfältig und grellbunt bemalte, kleine Holzhäuser. Zwischen Ushuaia auf argentinischer und Pu-

erto Williams auf chilenischer Seite des Beagle-Kanals gibt es einen gnadenlosen Wettbewerb um Guinness-Einträge und Touristen, den ich hiermit ein für alle Mal beende:
Ushuaia ist die südlichste Stadt der Welt.
Puerto Williams ist das südlichste Dorf der Welt.
Und damit basta!

Ich habe erfahren, dass hier in Puerto Williams die letzte Yámana lebt, also die letzte Nachfahrin der Ureinwohner Feuerlands. Ein Volksstamm, der im eiskalten, rauen Klima ohne Kleidung auskam und nur deshalb überleben konnte, weil die Yámani einige Tausend Kalorien pro Tag zu sich nahmen, vor allem durch den Verzehr von schierem Robben- und Seelöwenfett!

Ein wunderschöner Spaziergang in eine Siedlung vor den Toren des Dörfchens, einige Nachfragen bei den Nachbarn, und dann steht sie auch schon vor mir: Cristina Calderón, zweiundsiebzig Jahre alt. Sie ist die letzte, die die Sprache ihrer Ahnen spricht. Wenn sie stirbt, wird eine weitere Kultur ausgelöscht sein! Eine nicht gerade herzliche alte Dame, die mich mit kritischem Blick beäugt. Erst als ich eine Stunde mit ihr rede, taut sie auf und freut sich auf meinen nächsten Besuch. Über Señora Calderón und das betrübliche Schicksal ihres Volkes würde ich gern im nächsten Jahr einen Weltspiegel anbieten. Mal schauen, ob sich die Damen und Herren Redakteure für die Geschichte genauso begeistern wie ich!

Der Rest des Tages vergeht mit erneutem Packen und mit Pokerspielen in der einzigen Gaststätte, in der man rauchen darf und es gleichzeitig Bier gibt. Weder sagt das Lorena zu, noch ist Christopher schon körperlich wieder so weit, um daran teilnehmen zu können. Florian und Thorsten gewinnen eine Runde nach der anderen. Die Kameraabteilung triumphiert über die Redaktion, die Bilder über den Text, und ich zahle die Zeche.

Ein genialer Abschluss einer genialen Reise.

Tag

42

*Que la fuerza
te acompañe*

Ein kleines, für unser Gepäck eigentlich zu kleines Flugzeug mit zwei Propellern sammelt uns auf dem winzigen Flughafen von Puerto Williams ein und schraubt sich heulend hinauf über den Beagle-Kanal, durch den schon Charles Darwin segelte. Noch einmal ist das Glück uns hold, bei fast strahlendem Wetter werden wir von dieser grandiosen Landschaft verabschiedet.

Wir sind stolz, dieses Abenteuer bewältigt zu haben, in den vergangenen sieben Wochen alles geschafft zu haben, was wir uns vorgenommen hatten, und noch viel mehr. Peru erscheint vor unserem geistigen Auge, Bolivien und die chilenischen Weiten. Die Anden, unsere »vielköpfigen Freunde«, die zugleich unsere Herausforderer waren. Müde, ausgezehrt, erschöpft lassen sie uns nun wieder los, und es ist genau wie am ersten Tag: gähnen oder gucken, schlafen oder schauen? Die Landschaft gewinnt auch dieses Mal!

Letzter Eintrag: Flug retour nach Punta Arenas. Lorena bleibt dort für ein oder zwei Tage zurück. Sie muss Zollformalitäten klären und unseren gewichtigen Kamerakran verschiffen. Dann geht's in die chilenische Hauptstadt, wo Prinzessin Leia ihren Freunden und ihrem Mann von den Abenteuern erzählen und sich nach einigen sportlichen Aktivitäten ans nächste Exposé setzen wird, für den nächsten Film, hoffentlich wieder für die ARD. Der Rest fliegt schon heute weiter nach Santiago de Chile, wo die Restgruppe sich dann endgültig auflöst.

Christopher Kalafatovic Gallegos nimmt die nächste Maschine über Lima zurück nach Cuzco, wo er seiner Frau und seinem hübschen Jungen über den hinter ihm liegenden Wahnsinn berichten wird, seine Grippe auskuriert, vielleicht mit ein paar vitaminreichen Fruchtsäften vom Markt, und dann seine nächste Reisegruppe begrüßt. Möglicherweise Japaner mit Geländewagen, möglicherweise Mexikaner mit Motorrädern, möglicherweise durstige Russen, in jedem Fall aber wird es kreuz und quer durch die Anden gehen.

Florian Bentele steht vor seiner zweiten Odyssee über Santiago, Amsterdam und Frankfurt bis nach Stuttgart, wo er seiner Freundin und einige Tage später auch seiner Familie und seinen Kollegen von AV Medien über die Serie von Unzumutbarkeiten, aber auch diesen fortwährenden Rausch der Bilder Bericht erstatten wird.

Und schließlich Thorsten Thielow und ich selbst: Über São Paulo wird es zurück nach Rio de Janeiro gehen, wo wir uns zwei Tage Freizeit (eigentlich sind es nur anderthalb) mit unseren Familien ausbedungen haben. Anschließend werden wir vermutlich ein kleines Hotelzimmer anmieten, um dem Trubel in unserem Studio zu entgehen, denn nach unserer Rückkehr bleiben uns gerade mal zwei Wochen bis zur Abnahme unseres Filmes; ein lächerlicher Zeitraum, in dem wir uns keinerlei Ablenkung und Störung leisten dürfen. Dann folgen die Farbkorrektur in Stuttgart, die Thorsten übernehmen wird, die Tonmischung im SWR und die Sprachaufnahme. Die Phase der »Postproduktion«: Noch einmal vierzehn Tage volle Konzentration, noch einmal müssen wir alle übrig gebliebenen Kraftreserven mobilisieren, noch einmal Überstunden schieben bis zum Abwinken. Doch vor unserem Auge entsteht mit jedem gesetzten Schnitt, mit jeder angelegten Musik, mit jedem getexteten Satz ganz langsam eine wohltuende Vision ...

Susanne Sterzenbach, unsere Redakteurin, wird uns in den Produktionsräumen im zweiten Untergeschoss des SWR, der sogenannten »blauen Hölle«, an einem lauschigen Vormittag, bewaffnet mit Automatencappuccino, mit offenen Armen empfangen, so wie bei den beiden vergangenen Feiertagsproduktionen. Wir werden eine Weile plauschen, und irgendjemand wird sagen: »Können wir dann mal?«

Thorsten wird mit seiner Maus den Startknopf des AVID-Computers anklicken, und der Film wird die bis dahin schwarzen Monitore in ein Farbenmeer verwandeln. Susanne wird dabeisitzen, hier und da eine Notiz auf einen Zettel kritzeln und als erste Zuschauerin Zeuge unserer Abenteuer in den Anden werden: gebannt, aufmerksam, wohlwollend. Und manchmal wird sie lachen!

In diesen Minuten werden wir nicht in einem schwäbischen Untergeschoss sitzen, sondern durch unser Südamerika fahren. Und den Wind spüren, die Kälte, die Gerüche und die Einzigartigkeit der Menschen.

Südamerika: diese Explosion der Farben, diese einzigartige Kombination von überfüllten Pracht- und einsamen Überlandstraßen, Urwaldriesen neben dürrem Geäst, prallem Leben neben spärlicher Vegetation. Bitterer Matetee am Río de la Plata und süßer Caipirinha am Zuckerhut. Einzige und zugleich bezeichnende Gemeinsamkeit: beide Getränke machen gesellig.

Südamerika: dieser fantastische, riesige, sprachlich in einen spanischen und einen portugiesischen Teil halbierte, von Europäern kolonialisierte und bis heute ausgebeutete Subkontinent. Wo man fast keinen Farbigen sieht, wie in Buenos Aires, und fast keinen Weißen, wie in Salvador.

Schweißperlen auf unserer Haut unten am Amazonas, Eiskristalle auf unseren Dreitagebärten hoch oben in den Anden. Wo Fußball zur Religion erhoben wird und Musik zur Geisteshaltung. Tangoklänge reichen bis auf das Kopfsteinpflaster in San Telmo, Baile Funk dröhnt bis in den Stadtdschungel oberhalb der Favelas von Rio de Janeiro, Teufelstänzer mit ihren Blasinstrumenten erwecken andine Gottheiten im bolivianischen Altiplano aus jahrtausendelangem Schlaf.

Brasilianische Leichtigkeit, argentinische Emotion, chilenisches Preußentum, bolivianische Distanz, peruanischer Stolz. Unfassbare Weite und Stille in Uruguay. Gesetzloses, verrücktes, lärmendes Chaos in Paraguay. Jede Region: eine eigene Welt.

Unsere Motorradreise entlang der traumhaften Anden, sie war nichts anderes als eine letzte Liebeserklärung an unsere Heimat der vergangenen sechs Jahre: an das faszinierende Südamerika.

Stimmen der Reisegefährten

ELKAR PAÚL OCHOA, 38, CUZCO, PERU, FAHRER
»Es war eine magische Reise – zusammen mit einer Gruppe von Abenteurern, die stets das Unmögliche versucht hat. Zugleich war es die professionellste Crew, die mir je begegnet ist.«

ERNESTO »CHE« PAIVA, 37, CUZCO, PERU, FAHRER
»Für mich persönlich war das Besondere, dass ich zum ersten Mal bis nach Chile gekommen bin. Eine faszinierende Reise; aber ich habe noch nie so viel gearbeitet wie in den letzten Wochen!«

HENRY GOMEZ, 38, CUZCO, PERU, FAHRER
»Nach mittlerweile fünfzehn Jahren als Fahrer muss ich sagen: Ich habe noch nie eine Gruppe gehabt, auf die ich so lange warten musste, ständig war noch irgendwas zu drehen; die sind alle durchgeknallt. Ich habe angefangen zu trinken und zu rauchen!«

EDUARDO AGUILAR, 25, CUZCO, PERU, MECHANIKER
»Es war wahnsinnig hart, fast jeden Tag war irgendwas an den Motorrädern zu reparieren, die Belastungen waren extrem hoch. Aber es hat einen Riesenspaß gemacht.«

CHRISTOPHER »CHRIS« GALLEGOS KALAFATOVIC, 38, CUZCO, PERU, MOTORRADPROFI
»Es war das größte Abenteuer meines Lebens, verbunden mit dem Privileg, einem deutschen Team als Protagonist und als Experte anzugehören und dadurch die besten Strecken und die schönsten Landschaften zeigen zu können. Ich bedanke mich bei der ARD für diese Möglichkeit, die ich niemals vergessen werde. Ich stehe

dem Team zur Verfügung, wann immer ich gefragt werde.
Todo posible – nada seguro.
(*»Alles ist möglich – nichts ist sicher«*).

AXEL LISCHKE, 35, BERLIN/RIO, TONTECHNIKER
»Ein Abenteuer auf den steinigsten und staubigsten Wegen, die ich je erlebt habe, entlang der steilsten Hänge, an denen ich je gestanden habe, hinauf auf die höchsten Berge der Anden mit den atemberaubendsten Blicken und durch die wüstesten Täler, die man sich vorstellen kann: im wahrsten Sinne eine Reise der Extreme. Wären da nicht die Kollegen, auf die man sich verlassen kann, der Humor, die deftige Herzlichkeit des Teams und nicht zuletzt die aufopferungsvolle Unterstützung unserer peruanischen Fahrer. Ich wüsste nicht, ob ich diese Tour durchgestanden hätte. Ein einmaliges Erlebnis!«

FLORIAN BENTELE, 31, STUTTGART, KAMERAMANN
»Für mich persönlich war diese Drehreise durch Peru, Bolivien und Chile die schönste, aufregendste, spannendste – aber mit Abstand auch die anstrengendste, die ich jemals in meinen Reisejahren erlebt habe. Mit Sicherheit auch die gefährlichste! Den größten Dank zur Realisierung unseres Reiseprojekts erhalten unsere Fahrer José (nur von Lima bis Cuzco), Paúl, Eduardo, Ernesto und Henry. Die es mit uns nicht einfach hatten, aber immer, meist am Limit des Machbaren, uns jeden Wunsch für das beste Bild erfüllt haben. Die Zusammenarbeit des gesamten Drehteams war für mich buchstäblich perfekt. Sensationelle Bilder an sensationellen Orten ...«

THORSTEN THIELOW, 31, RIO DE JANEIRO,
KAMERAMANN UND CUTTER
»Das war Südamerika express. Reisen am Limit. Mit Volldampf durchs Paradies. Fahren bis der Arzt kommt beziehungsweise da

krank sein, wo kein Arzt mehr kommt. Schlafen nie länger als bis zum Morgengrauen. Essen – besser nicht drüber sprechen. Die bislang sicherlich körperlich anstrengendste Drehreise während meiner Zeit im ARD-Büro Rio de Janeiro, aber auch die faszinierendste. Es war ein großes Privileg, dabei gewesen zu sein. (Jetzt verstehe ich auch, warum Kameramänner bevorzugt in den Vorruhestand gehen).«

VERENA VON SCHÖNFELDT, 42, BUENOS AIRES,
PRODUZENTIN PERU
»Auf Reisen durch spektakuläre Landschaften, wo nicht viele Menschen hinkommen. Beeindruckende Begegnungen mit anderen Kulturen. Ein Privileg unserer Arbeit. *Parabéns* [herzlichen Glückwunsch] den beiden Motoriders, sie haben irre Kilometer in atemberaubenden Landschaften und Ländern bewältigt, und *parabéns* für das Team, das beide begleitet hat. Mit zwei Kameramännern und einem Tonmann wurde dieser ganze Wahnsinn meisterlich eingefangen. Das, was ich bisher sehen konnte, ist ein Bilderfeuerwerk, eine wahre Augenweide, die zusammen mit dem Text von Thomas sicherlich diese Wahnsinnstour unvergesslich in Bild und Text und Ton brennen wird.
Viva Latinoamerica, que la fuerza te acompañe.
(*»Es lebe Lateinamerika, die Kraft möge mit Dir sein«*).

NADIA ARZE, 31, LA PAZ, PRODUZENTIN BOLIVIEN
»Die Reise durch Bolivien war ein Auf und Ab der Gefühle, wie jede Produktion mit der ARD. Jede einzelne Aktion war andersartig und ließ eine volle Zufriedenheit entstehen. Selbst die Dinge, die nicht so rundliefen, waren wahre Vitaminstöße für unsere kollektive Erkenntnis. Für mich war es ein wunderschönes Erlebnis, eine ganz neuartige Reise durch Bolivien und eine verwandelte Perspektive, um meine Heimat Bolivien zu betrachten. Der Titicaca-See, der Salar de Uyuni, die Andengipfel: All diese Orte

waren faszinierend und durch eine Kamera noch besser zu sehen. Ich muss zugeben, dass die Nacht in Zelten sehr, sehr kalt war. Trotzdem hat mir diese Erfahrung in der bunt zusammengewürfelten Gruppe sehr gefallen; sie war wichtig für die erstaunliche Ausgeglichenheit im Team. Auch die Nacht im Licht des Vollmonds auf dem gefrorenen Salzsee war unglaublich, auch wenn die Situation schon sehr verrückt und beklemmend war.«

LORENA SALAS, 43, SANTIAGO DE CHILE,
PRODUZENTIN CHILE
»An einem Abenteuer dieser Größenordnung teilnehmen zu können erscheint mir wie ein Privileg. Nicht nur allein wegen der zurückgelegten Strecken, sondern auch wegen der Möglichkeit, sich einer neuen Form des Journalismus anzunähern, die dichter an den Personen ist. Das Leben von anderen Menschen zu teilen ist wohl eine der besten Formen, um ihre Kultur zu verstehen und zu verinnerlichen. Die Orte, die wir auf unserer Reise besucht haben, sind einzigartig in der Welt; für uns entsteht damit gleichzeitig eine große Verantwortung, diese Orte dem Zuschauer auf die bestmögliche Art und Weise zu präsentieren. Es war eine riesige Herausforderung, die wir nur mit persönlichen Opfern bewältigen konnten, aber ich bin mir sicher, dass das Ergebnis eine Entschädigung für alle diese Anstrengungen sein wird: unser Film!«

Sendetermine

ERSTE FASSUNG
ARD, Silvester, 31.12.2010, 45 Min., 19.15–20.00 Uhr

ZWEITE FASSUNG
3sat, Ostern, 21.4.2011, 90 Min., 20.15–21.45 Uhr

DRITTE FASSUNG
Phönix, Ostern, 25.4.2011, 2 x 45 Min., 20.15–21.45 Uhr

In den dritten Programmen der ARD, auf 3sat und auf Phönix laufen bis heute Wiederholungen der Reisedokumentation. Infos über die nächsten Termine auf *www.dumontreise.de*

PAPERBACK, 280 SEITEN
ISBN 978-3-7701-8252-7
PREIS 14,99 € [D]/15,50 € [A]
AUCH ALS E-BOOK ERHÄLTLICH

Als Spion am Nil

4500 Kilometer ägyptische Wirklichkeit

von Gerald Drißner

Große Kulturgüter und großartige Strände – so kennt man Ägypten. Der überwiegende Teil des nordafrikanischen Landes jedoch ist anders. Die Menschen sind arm, folgen den alten Regeln und sind zutiefst religiös. Sie sind herzlich, humorvoll und liebenswert. Der Autor nimmt den Leser mit auf seine Reisen in fünfzehn Dörfer und Städte. Er fährt mit dem Minibus, der ihn in fast jeden Winkel des Landes bringt. Die Gespräche im Bus drehen sich um Gott, den ägyptischen Alltag, Korruption und abstruse Verschwörungstheorien. Die Fahrten münden mal in Pannen und nicht selten in einem Abenteuer. So erfährt der Autor, warum die meisten Ägypter noch nie die Pyramiden besucht haben und was eine deutsche Firma, die Autokennzeichen herstellt, mit dem korrupten Mubarak-Regime verbindet. Er besucht das Dorf im Nildelta, in dem der Terrorpilot des 11. September aufgewachsen ist, und die Stadt, in der die mächtige Muslimbruderschaft gegründet wurde. Er fährt in Gegenden, in denen die Revolution bis heute nicht angekommen ist und wird dort von der Polizei auf Schritt und Tritt verfolgt.

Und immer wieder wird er bei seinen Reisen als Spion verdächtigt und landet deshalb fast in einem Militärgefängnis.

PAPERBACK, CA. 352 SEITEN
ISBN 978-3-7701-8256-5
PREIS 14,99 € [D]/15,50 € [A]
AUCH ALS E-BOOK ERHÄLTLICH

Empire Antarctica

Eis, Totenstille, Kaiserpinguine

von Gavin Francis

Übersetzt von Christina Schmutz und Frithwin Wagner-Lippok

Für Gavin Francis erfüllt sich ein Lebenstraum, als er die Arztstelle in Halley, dem Basislager einer britischen Forschungsstation, bekommt. Halley liegt völlig abgeschieden an der antarktischen Caird Coast und weit von allen bewohnten Kontinenten entfernt. An diesem äußersten Ende der Welt erlebt Francis im Kreis eines kleinen Forscher- und Technikerteams das ewige Schweigen der Eismassen und eine tiefe Einsamkeit – ohne Zerstreuung, ohne Abwechslung, ohne Spuren menschlicher Geschichte. Von konstant taghellen Sommertagen über den dreieinhalbmonatigen dunklen Winter führt er den Leser durch ein antarktisches Jahr. Er erlebt die physischen und mentalen Belastungen bei Temperaturen von minus 50 Grad Celsius, die Stimmungen, die das Leben im Eis auslöst, eine immerweiße Landschaft, in der die Legenden und Mythen von Polarforschern wie Shackleton, Scott, Amundson oder Admiral Byrd weiterleben. Auf seinem Außenposten im Eis verschaffen Gavin die Kaiserpinguine überraschenden Trost. »Empire Antarctica« ist eine bewegende Erzählung über die Dienstzeit eines Arztes auf dem einsamsten Kontinent unseres Planeten.

PAPERBACK, CA. 336 SEITEN
ISBN 978-3-7701-8250-3
PREIS 14,99 € [D]/15,50 € [A]
AUCH ALS E-BOOK ERHÄLTLICH

Die Suche nach Indien

Eine Reise in die Geheimnisse Bharat Matas

von Dennis Freischlad

Über viele Jahre hinweg hat der Dichter und Künstler Dennis Freischlad in Indien gelebt, er hat sich als Übersetzer und Bibliothekar, Farmer, Koch und Hostelmanager verdingt. Nun begibt er sich auf einen weiteren Roadtrip durch *Bharat Mata,* Mutter Indien, um jenen indischen Geheimnissen nahezukommen, die zwischen Mensch und Mythologie einen einzigartigen Zugang zur Welt bilden. Auf der Suche nach Indien reist Dennis Freischlad auf abenteuerlicher Route mit seinem Motorrad vom tempelreichen Süden des Landes über das paradiesische Kerala und das schillernd-zerstörerische Mumbai bis in die Steppe des romantischen Rajasthan. Weiter geht es mit dem Zug in den Punjab, um schließlich an den Ufern des Ganges im mystischen Varanasi anzukommen, der heiligsten Stadt der Hindus.

Hinsichtlich Erfahrungen, Begegnungen und Intensität wird es eine Reise durch das »reichste Land der Welt«. Der Indienkenner schildert den Alltag, die Geschichte und Gegenwart der Inder in spannenden, poetischen und oft skurrilen Begegnungen und erzählt aus erster Hand von ihren Träumen und Realitäten, immerwährenden Katastrophen und Hoffnungen.

PAPERBACK, CA. 464 SEITEN
ISBN 978-3-7701-8257-2
PREIS 16,99 € [D]/17,50 € [A]
AUCH ALS E-BOOK ERHÄLTLICH

Wolkenpfad

Zu Fuß durch das Herzland der Inka

von John Harrison
Übersetzt von Christina Schmutz und Frithwin Wagner-Lippok

Der »Wolkenpfad« verläuft hoch über dem Rücken der Anden, durch raues Land. Kälte, Niederschläge und Höhe machen Harrison während seiner mehrmonatigen Fußreise vom Äquator bis zu den magischen Ruinen der Inka-Stadt Machu Picchu wahrhaftig zu schaffen. Die Menschen, auf die er in den Bergen trifft, haben kaum je einen Weißen gesehen. Harrisons Buch lässt die extremen Landschaften, die er unter den Vulkanen der Anden durchstreift, und die extremen Lebensbedingungen der Menschen ebenso lebendig werden wie die zahlreichen Ruinen des Inka-Imperiums am Weg, die er eingehend würdigt.

Er läuft den Camino Real ab, den Königsweg, auf dem einst die Staffelläufer der Inka aus allen Winkeln des Reiches Nachrichten zu den Herrschern beförderten. Das Gelände ist eine einzige Herausforderung, der Weg beschwerlich. Die vielen Unwägbarkeiten der Reise, die Ängste und die Einsamkeit, kaum einmal unterbrochen durch kurze Aufenthalte in Gebirgsdörfern, werden feinfühlig und spannend erzählt.

PAPERBACK, 272 SEITEN
ISBN 978-3-7701-8251-0
PREIS 14,99 € [D]/15,50 € [A]
AUCH ALS E-BOOK ERHÄLTLICH

»*Beste Symbiose von Krimi und Infotainment …*«
Rüdiger Nehberg, TARGET

Der Mann, der den Tod auslacht

Begegnungen auf meiner Reise durch Äthiopien

von Phiipp Hedemann

»Wer nicht reist, wird immer glauben, dass seine Mutter die beste Köchin ist«, lautet ein afrikanisches Sprichwort. Philipp Hedemann wollte wissen, wie andere Mütter kochen und reiste mit dem Geländewagen mehrere Tausend Kilometer durch Äthiopien. Er ließ sich von einem Aidsheiler den Teufel austreiben, lachte mit dem äthiopischen Lachweltmeister, besuchte die heilige Quelle des blauen Nils, bestieg den höchsten Berg des Landes und wäre beinahe Mönch geworden. Er traf Flüchtlinge in trostlosen Lagern und versuchte, das Rätsel der Bundeslade, in der die Zehn Gebote verwahrt werden, zu lüften. Er fürchtete in der Danakil, der heißesten Wüste der Welt, von Rebellen entführt zu werden, und trainierte mit äthiopischen Wunderläufern. Er feierte mit bekifften Rastafaris den Geburtstag Haile Selassies und fütterte wilde Hyänen …

»Der Mann, der den Tod auslacht« erzählt von abenteuerlichen Reisen und spannenden Begegnungen und porträtiert unterhaltsam ein geheimnisvolles und widersprüchliches Land im Osten Afrikas.

PAPERBACK, 256 SEITEN
ISBN 978-3-7701-8253-4
PREIS 14,99 € [D]/15,50 € [A]
AUCH ALS E-BOOK ERHÄLTLICH

Das verlorene Paradies
Eine Reise durch Haiti und die Dominikanische Republik
von Philipp Lichterbeck

Was tut man, wenn man während eines Vodou-Rituals in Haiti plötzlich zum Objekt der Zeremonie auserkoren wird? Was haben Sextouristen in der Dominikanischen Republik mit Kolumbus gemein? Warum ist Haiti eines der ärmsten Länder der Welt, obwohl Milliarden von Dollars in die winzige Nation gepumpt werden? Philipp Lichterbeck ist mehrere Monate durch die Dominikanische Republik und das erdbebenversehrte Haiti gereist. In Sosúa traf er einen Aussteiger, der die Menschheit mit seinen Raumschiffen retten will, in den dominikanischen Zentralkordilleren den Hexenjäger Bernardo Távarez und in Port-au-Prince zwei Bildhauer, die aus Schrott und Menschenschädeln Weltkunst montieren. Er war auf seiner Reise ganz unten: bei den Minenarbeitern, die den Halbedelstein Larimar schürfen. Und er war ganz oben: auf der Citadelle La Ferrière, dem »Machu Picchu Haitis«. Philipp Lichterbecks einundzwanzig Stories sind mal witzig, mal abenteuerlich, mal tragisch. Zusammengesetzt ergeben sie das Porträt einer Insel, auf der Schönheit, Kreativität und Witz neben Korruption, Gewalt und Ausbeutung existieren.

PAPERBACK, 384 SEITEN
ISBN 978-3-7701-8258-9
PREIS 14,99 € [D]/15,50 € [A]

»*Ein spektakuläres
Reportage-Buch*«
Stern

Mein russisches Abenteuer

*Auf der Suche nach der wahren
russischen Seele*

von Jens Mühling

Als der Journalist Jens Mühling in Berlin
den russischen Fernsehproduzenten Juri
kennenlernt, verändert sich sein Leben.
Juri, der deutschen Sendern erfundene Geschichten über Russland verkauft, sagt: »Die
wahren Geschichten sind viel unglaublicher
als alles, was ich mir ausdenken könnte.«
Seitdem reist Jens Mühling immer wieder
nach Russland, getrieben von der Idee,
diese wahren Geschichten zu finden.
Die Menschen, denen er unterwegs begegnet, sind das echte Russland. Eine Einsiedlerin in der Taiga, die erst als Erwachsene
erfahren hat, dass es jenseits der Wälder
eine Welt gibt. Ein Mathematiker, der
tausend Jahre der russischen Geschichte
für erfunden hält. Ein Priester, der in der
atomar verseuchten Sperrzone von Tschernobyl predigt. »Mein russisches Abenteuer«
ist eine Reiseerzählung, die durch das heutige Russland führt. Aus ganz persönlicher
Perspektive porträtiert Jens Mühling eine
Gesellschaft, deren Lebensgewohnheiten,
Widersprüche, Absurditäten und Reize
hierzulande nach wie vor wenigen vertraut
sind.

PAPERBACK, CA. 512 SEITEN
ISBN 978-3-7701-8259-6
PREIS 16,99 € [D]/17,50 € [A]
AUCH ALS E-BOOK ERHÄLTLICH

»*Ein poetisches Buch –
interessant, schockierend und
zutiefst fesselnd ...*«
Daily Telegraph

Im Schatten der Seidenstraße

*Entlang der historischen Handelsroute
von China nach Kurdistan*

von Colin Thubron
Übersetzt von Werner Löcher-Lawrence

In Bussen, Zügen, klapprigen Taxis und Geländewagen, auf Eselskarren und Kamelen folgt Colin Thubron dem Verlauf der ältesten und berühmtesten aller historischen Handelsrouten. Im Herzen Chinas beginnend, steigt sie auf in die zentralasiatischen Gebirgsmassive, führt durch Uiguren-Land, durch Usbekistan, Kirgisistan und Afghanistan und zieht sich schließlich durch die weiten Ebenen des Iran und den kurdischen Teil der Türkei bis ins alte Antiochia am Mittelmeer. In sieben Monaten legt Colin Thubron mehr als elftausend Kilometer zurück. Mit Zähigkeit, Ausdauer und bewundernswertem Durchhaltevermögen meistert er die Strapazen und Gefahren seiner geradezu epischen Reise. Den Rucksack nur mit dem Nötigsten gefüllt, das Geld in einer leeren Flasche Mückenschutzmittel versteckt, Sandstürmen, Schnee und Hitze trotzend, sucht er nach den Spuren einer Jahrtausende alten Geschichte und ist immer und überall ein sensibler Beobachter, neugieriger Gesprächspartner und glänzender Erzähler, der sich auf die Menschen, denen er begegnet, einlässt und ihre Identität erspürt. Das geradezu poetisch geschriebene Werk zeigt Thubrons tiefe Passion für die Belange und die Geschichte einer Weltgegend, die uns weithin unbekannt ist.